中国特色社会主义政治经济学蓝皮书系列

国家社科基金重大项目"中国特色社会主义政治经济学探索"（批准号：16ZDA002）阶段性成果

主编／王立胜

中国政治经济学学术影响力评价报告

2020
ERLINGERLING

主编／王立胜 程恩富

执行主编／周绍东

山东城市出版传媒集团·济南出版社

编委会

主　　编　王立胜　程恩富

执行主编　周绍东

成　　员　(按姓氏笔画排序)

　　　　　　邓　悦　任　艳　余　江　谷　田　李　晶

　　　　　　李学桃　杨偲劢　张　宵　郑　敏　郎廷建

　　　　　　姚一君　曹子逸　韩雨龙　潘敬萍

学术支持单位

中国社会科学院中国文化研究中心

中国政治经济学学会

武汉大学马克思主义理论与中国实践协同创新中心

国家社科基金重大项目"中国特色社会主义政治经济学探索"课题组

武汉大学人文社会科学青年学术团队

(中国特色社会主义政治经济学话语体系研究)

目 录

第一章 中国政治经济学学术影响力评价概述 / 1

　　一、开展中国政治经济学学术影响力评价工作的意义 / 1

　　二、中国政治经济学学术影响力评价的基本思路 / 2

　　三、中国政治经济学学术影响力评价的方法 / 4

第二章 中国政治经济学最具影响力的 300 篇学术论文（2012—2019） / 9

第三章 分主题最具影响力的学术论文（2012—2019） / 32

　　一、中国特色社会主义政治经济学/当代中国马克思主义政治经济学 / 32

　　二、社会主义市场经济理论 / 36

　　三、习近平新时代中国特色社会主义经济思想 / 41

　　四、政治经济学视野下的生产力研究 / 45

　　五、政治经济学视野下的生产方式研究 / 48

　　六、政治经济学视野下的生产关系研究 / 51

　　七、劳动价值论相关问题研究 / 55

　　八、唯物史观与政治经济学 / 59

　　九、《资本论》及其手稿研究 / 62

　　十、政治经济学学科体系、学术体系和话语体系研究 / 66

　　十一、政治经济学方法论研究 / 70

十二、政治经济学视野下的所有制理论研究 /74

十三、政治经济学视野下的分配理论研究 /77

十四、政治经济学视野下的经济增长与高质量发展研究 /80

十五、政治经济学视野下的国有企业改革研究、混合所有制研究 /84

十六、政治经济学视野下的新发展理念研究 /87

十七、政治经济学视野下的现代化经济体系研究 /91

十八、以人民为中心的发展思想研究 /94

十九、社会主义社会主要矛盾研究 /98

二十、政治经济学视野下的经济新常态研究 /101

二十一、政治经济学视野下的供给侧结构性改革研究 /104

二十二、政治经济学视野下的乡村振兴和精准扶贫研究 /108

二十三、政治经济学视野下的开放经济和"一带一路"倡议研究 /111

二十四、政治经济学视野下的人类命运共同体研究 /114

二十五、政治经济学视野下的当代资本主义新发展研究 /118

二十六、政治经济学视野下的国际经济危机和金融危机研究 /121

二十七、政治经济学视野下的国际价值理论研究 /124

二十八、政治经济学视野下的经济全球化和逆全球化研究 /128

二十九、政治经济学视野下的新自由主义研究 /131

三十、政治经济学视野下的新科技革命研究 /135

第四章 中国政治经济学最具影响力的学术载体（2012—2019） /139

一、学术机构影响力评价 /139

二、学术刊物影响力评价 /142

附 录 中国政治经济学最具影响力学术论文（2012—2019）概述 /144

后 记 /304

第一章　中国政治经济学学术影响力评价概述

一、开展中国政治经济学学术影响力评价工作的意义

中国政治经济学是对新中国成立以来特别是改革开放以来经济建设实践的经验总结和理论概括。2016年7月8日，习近平总书记在主持经济形势专家座谈会时指出，"要加强研究和探索，加强对规律性认识的总结，不断完善中国特色社会主义政治经济学理论体系，推进充分体现中国特色、中国风格、中国气派的经济学科建设"。2017年5月，中共中央印发《关于加快构建中国特色哲学社会科学的意见》，其中明确提出：要发展中国特色社会主义政治经济学，丰富发展马克思主义哲学、政治经济学、科学社会主义。

2016年以来，学界围绕"建设和发展中国特色社会主义政治经济学"这一重大命题，开展了持续而深入的研究，促成了广泛而热烈的讨论，形成了大量学术成果，政治经济学迎来了新中国成立以来第三次研究高潮。目前，"中国特色社会主义政治经济学"已形成了一系列相对固定的研究主题、学者群体、研究机构和传播载体，呈现出良好的发展势头，为中国特色哲学社会科学体系的建设提供了重要标杆。2017年，本课题组首次开展了中国特色社会主义政治经济学的学术影响力评价工作，取得了良好的社会反响。2019年，为进一步扩大学术评价范围，拓宽学科视野，该年度评

价报告更名为"中国政治经济学学术影响力评价报告"。

二、中国政治经济学学术影响力评价的基本思路

党的十八大以来，马克思主义政治经济学基本原理同中国特色社会主义建设实践紧密结合，提出了一系列新思想、新论断，马克思主义政治经济学焕发出新的生机与活力。从独立的学科范畴来看，中国政治经济学学术评价，呈现出以下几个方面的特点。

第一，中国政治经济学学术评价的文献覆盖面较广。根据研究对象的历史阶段差异，马克思主义政治经济学自然地分为资本主义政治经济学和社会主义政治经济学两部分。中国政治经济学是社会主义政治经济学的"中国版本"，是马克思主义政治经济学的中国化。因此，在理论体系和学科内容上，中国政治经济学与马克思主义政治经济学、社会主义政治经济学既相互联系又存在差别，体现了一般性与特殊性的结合。因此，在对中国政治经济学进行影响力评价时，文献收集范围就不能仅仅局限于"中国政治经济学"这个名词，而是要涵盖"马克思主义政治经济学""社会主义政治经济学""社会主义经济理论""资本论""习近平新时代中国特色社会主义经济思想"等多个学术范畴。当然，需要对以上这些主题的文献进行甄别和梳理，需要明确指出的是，"中国政治经济学"的文献谱系是以坚持辩证唯物主义和历史唯物主义等马克思主义分析方法作为基本特点的，超出这个范围的文献，本报告就不再将其归于"中国政治经济学"的学术体系。

第二，中国政治经济学学术评价的文献基础是在期刊上公开发表的学术论文。学术影响力评价的标准是多样的，不同学科的影响力评价标准具有很大差异。对人文社会科学特别是理论性较强的学科而言，学术论著的影响力是学术影响力评价的重要标准。学术论著主要包括期刊刊载的学术

论文、公开出版的专著（包括教材或其他形式的书籍）。从影响力评价的角度而言，这三类论著的重要性都是不言而喻的。但是，因为专著被引用的数据难以收集且不宜进行标准化处理，所以难以作为学术影响力评价标准。因此，本报告的学术影响力评价是以学者在期刊上发表的学术论文作为评价基础的，即以期刊论文作为评价的数据源头。在此基础上，本报告测算了中国政治经济学研究机构、学术刊物以及研究主题的学术影响力。

第三，在学术评价中对理论性研究和应用性研究同等重视。在学科归属上，政治经济学属于理论经济学范畴，但是，政治经济学对于分析和研究现实经济问题具有重要意义，特别是在中国经济发展和改革的进程中，政治经济学理论创新发挥着重要的指导作用。为此，在学术影响力评价中，本报告不仅关注了那些纯理论研究，同时也注意收集和整理那些运用政治经济学理论方法研究中国现实问题和政策问题的文献，将"公有制与混合所有制""按劳分配""经济增长与高质量发展""现代化经济体系""供给侧结构性改革""乡村振兴战略""一带一路倡议"等主题词纳入学术影响力评价范围。

第四，涵盖了中国学者研究当代资本主义经济的文献。中国学者运用政治经济学方法，对当代资本主义经济新变化的研究，也应被涵盖在中国政治经济学的范围里。因此，这里的"中国"，并不是研究对象意义上的中国，而主要是指"中国"学者。当然，我们也十分希望在今后的研究中，能够把国际化视野的中国政治经济学文献纳入评价体系中，特别是国外学者开展的"中国模式""中国道路""中国经验""中国奇迹"等主题的研究。此外，在选择"当代资本主义经济"的研究文献时，我们重点关注了那些联系中国经济问题和社会主义经济建设的研究，特别是把那些对当代资本主义与社会主义经济运行方式进行比较研究的文献纳入了评价范围中。

第五，对部分主题的研究文献进行了拓展。本年度评价报告选择了三十个政治经济学研究主题进行影响力评价，需要说明的是，部分主题并不完全局限于政治经济学范畴，典型的如"唯物史观""社会主义主要矛盾""以人民为中心的发展思想"等。在选取这些主题的文献时，本报告采取的原则和程序是：在根据主题词搜索得到的文献中，首先选择那些从政治经济学视野出发进行的研究，然后选择那些运用马克思主义方法论而开展的交叉研究文献、多学科研究文献、整体性研究文献，最后剔除那些单纯局限于哲学、法学、政治学和历史学等单一学科的文献。以"唯物史观与政治经济学"主题为例，《重新发现唯物史观中的法与正义》一文尽管进入了搜索后得到的样本库，但由于集中于法学领域，因此应被剔除。《论唯物史观与剩余价值理论的结合——以马克思〈资本论〉及其创作过程为例》一文则体现了政治经济学和唯物史观方法论的结合，因此被作为样本保留下来。

三、 中国政治经济学学术影响力评价的方法

本报告评价方法主要采取了学术论文影响力评价、学术载体影响力评价以及研究主题影响力评价的方法，其中学术载体影响力评价方法和研究主题影响力评价方法将在后续相应章节进行介绍。

（一） 文献来源

本报告选取的文献来自中国知网（中国知识基础设施工程，China National Knowledge Infrastructure，CNKI）下属的中国期刊全文数据库（CJFD）。目前，CJFD 是世界上最大的连续动态更新的中国期刊全文数据库。在文献选取方面，本报告采取"单主题"和"双主题"两种不同的搜索方式。单主题搜索方式是在中国期刊全文数据库中采用文献检索方式，在检索"主题"项中选用"中国政治经济学""当代中国马克思主义政治经济学""中国社会主义政治经济学""社会主义经济理论""习近平新时代中国特色社会主义经济思想"等关键词。双主题搜索方式是在中国期刊全

文数据库中采用高级检索方式,在检索"主题"项中选用"公有制""按劳分配""新发展理念""资本论""生产力—生产关系""以人民为中心""供给侧结构性改革""现代化经济体系""高质量发展""乡村振兴战略""一带一路倡议"等并含"政治经济学"关键词进行搜索。文献覆盖时间段为 2012 年 1 月 1 日至 2019 年 12 月 31 日。

根据以上方法,剔除短讯、会议综述、书评、广告等信息含量较小的以及重复的篇目,最终得到 2952 篇期刊文献。这些文献构成了整个评价的文献基础。

(二)评价指标选取和权重设计

1. 评价指标选取

评价学术论文影响力时,主要考虑三个方面的内容。一是发表该论文的期刊影响因子,二是论文的被引用次数,三是论文的被下载次数。我们采用的是中国知网期刊全文数据库提供的期刊复合影响因子,被引用次数和被下载次数通过中国知网直接查出。对于中国知网期刊全文数据库中没有记录复合影响因子的期刊,我们统计该期刊总发表篇数和总被引用次数,通过"影响因子=被引用次数/发表篇数"这一公式得出每一个期刊的影响因子近似值,最后算出这些期刊影响因子的平均值作为无影响因子期刊的复合影响因子。由于评价排序只能通过单一指数进行,因此需要计算期刊影响因子、被引用次数和被下载次数三者在学术影响力指数中所占的权重。

2. 指标权重的确定

我们采用了层次分析法(AHP)为二级指标进行赋权。层次分析法采用优先权重作为区分方案优劣程度的指标。优先权重是一种相对度量数,表示方案相对优劣的程度。我们采用 a_{ij} 作为要素 i 与要素 j 的比较结果,a_{ij} = i 指标的重要性/j 指标的重要性 = A_i/A_j,含义为"i 指标的重要性是 j 指标的重要性的倍数",将各指标按两两比较的结果构成的矩阵称为 AHP 判断矩阵(见表 1-1)。

表1-1 Saaty引用的1-9比率标度

标度	定义	含义
1	同样重要	两元素对某准则同样重要
3	稍微重要	两元素对某准则，一元素比另一元素稍微重要
5	明显重要	两元素对某准则，一元素比另一元素明显重要
7	强烈重要	两元素对某准则，一元素比另一元素强烈重要
9	极端重要	两元素对某准则，一元素比另一元素极端重要
2,4,6,8	相邻标度中值	表示相邻两标度之间折中时的标度
上列标度倒数	反比较	元素i对元素J的标度比为a_{ij}，反之为$1/a_{ij}$

判断矩阵具有如下性质：

$$a_{ij} = \frac{1}{a_{ij}} \tag{1}$$

由于比率标度的选择带有主观性，我们同时采取专家打分法使比率标度的选择更具客观性。我们邀请五位专家分别对三个二级指标的相对重要程度打分（见表1-2）。

表1-2 专家打分表

相对重要度	专家1	专家2	专家3	专家4	专家5
a_{11}	1	1	1	1	1
a_{12}	5	7	5	5	5
a_{13}	1	3	1/3	1/3	3
a_{21}	1/5	1/7	1/5	1/5	1/5
a_{22}	1	1	1	1	1
a_{23}	1/5	1/5	1/5	1/5	1/7
a_{31}	1	1/3	3	3	1/3
a_{32}	5	5	5	6	7
a_{33}	1	1	1	1	1

对专家们的意见集中度，我们采取其平均值作为判断标准，可得出以

下数据：

$\overline{a_{12}} = 5.4, \overline{a_{13}} = 1.533, \overline{a_{23}} = 0.189; \overline{a_{21}} = 0.189, \overline{a_{31}} = 1.533, \overline{a_{32}} = 5.6$

AHP 判断矩阵：记为 $A = (a_{ij})_{3*3}$

表1-3 层次分析法判断矩阵

Cr	A1	A2	A3
A1	1	5.4	1.533
A2	0.189	1	0.189
A3	1.533	5.6	1

要从判断矩阵中提炼出有用的信息，达到对事物的规律性认识，为决策提供出科学的依据，就需要计算判断矩阵的权重向量。我们选择用几何平均法求解判断矩阵的权重向量。

第一步：逐行计算 A 的行几何平均值 G_i（i 为行号，i = 1, 2, 3），公式为

$$G_i = \sqrt[3]{a_{i1} * a_{i2} * a_{i3}} = \sqrt[3]{\prod_{j=1}^{3} a_{ij}} \ (i = 1, 2, 3) \tag{2}$$

第二步：对行几何平均值 G_i 进行归一化，即为所计算的权重 W_i，公式为

$$W_i = G_i / \sum_{j=1}^{3} G_j \tag{3}$$

则 $W = (W_1 \ W_2 \ W_3)^T$ 即为所计算的权重向量

第三步：得解 $G_1 = 2.0229 \quad G_2 = 0.723 \quad G_3 = 2.0476$

$W_1 = 0.42 \quad W_2 = 0.15 \quad W_3 = 0.43$

$W = (0.42 \ 0.15 \ 0.43)^T$

综上，论文影响力三因素的权重为：论文发表期刊的影响因子占42%，论文被下载次数占15%，论文被引用次数占43%。

3. 指标的无量纲化处理

为了尽可能地反映实际情况，排除由于各项指标的量纲不同以及其数

值数量级间的悬殊差别所带来的影响，避免不合理现象的发生，我们需要对评价指标作无量纲化处理。无量纲化的过程实际上就是建立（单项评价指标的）评价函数的过程，即把指标实际值转化为评价值的过程。单项评价值是个相对数，它表明：从某项评价指标来看，被评价对象（在总体中）的相对地位，即被评价对象相对于总体某一对比标准（最高、最低、平均或其他水平）的相对地位。由于期刊影响因子、被引用次数和被下载次数这三个指标的量纲不同，故不能直接利用上面所得权重计算三者的加权和，因此需要我们对这三个指标进行无量纲化处理。

无量纲化的方法主要有三大类：直线型、折线型和曲线型。根据以上数据的特点，我们选取了简单易行的直线型处理方法——向量规范法，公式如下：

$$x^*_{ij} = \frac{x_{ij}}{\sqrt{\sum_{i=1}^{n} x_{ij}^2}} \times 100 \quad (4)$$

综上，基于无量纲化的数据，利用上文得到的指标权重，计算三者的加权和，就可以得到该篇论文的影响力指数。

4. 论文影响力的时滞调整

本年度报告对论文影响力进行了时滞调整。随着时间的推移，数据库收录的学术论文的引用量和下载量自然是不断提高的，这就可能产生这样一个问题，两篇发表在同一种期刊上的论文，下载量（或引用量）都是相同的，因此其影响力指数值也相同，但是，如果两篇文章发表的时间不同，那么发表时间较早的文章部分地是依靠更早地被收入数据库而获得更高影响力的（拥有更高的引用量和下载量），这就会产生早收录论文影响力高估、后收录论文影响力低估的问题。为了解决这个问题，本报告对论文影响力进行了时滞调整。具体做法是：2012—2019年论文影响力分别乘以0.65、0.7、0.75、0.8、0.85、0.9、0.95和1的调节系数（即组分距离5%，起点系数0.65），最终计算得出论文影响力系数。

第二章 中国政治经济学最具影响力的 300 篇学术论文（2012—2019）

采用第一部分介绍的影响力评价程序和方法，本报告遴选了 2012—2019 年中国政治经济学最具影响力的 300 篇学术论文（见表 2-1）。

表 2-1 中国政治经济学最具影响力的 300 篇学术论文（2012—2019）

（按影响力指数排序）

序号	题目	作者	刊物	发表时间
1	乡村振兴——中国农村发展新战略	王亚华、苏毅清	《中央社会主义学院学报》	2017 年 06 期
2	中国特色社会主义经济理论的产生和发展——市场取向改革以来学术界相关理论探索	王诚、李鑫	《经济研究》	2014 年 06 期
3	毛泽东是中国特色社会主义的伟大奠基者、探索者和先行者	王伟光	《中国社会科学》	2013 年 12 期
4	经济发展新常态中的主要矛盾和供给侧结构性改革	逄锦聚	《政治经济学评论》	2016 年 02 期
5	要坚持中国特色社会主义政治经济学的八个重大原则	程恩富	《经济纵横》	2016 年 03 期
6	以创新的理论构建中国特色社会主义政治经济学的理论体系	洪银兴	《经济研究》	2016 年 04 期
7	用唯物史观科学把握生产力的历史作用	马昀、卫兴华	《中国社会科学》	2013 年 11 期

（续表）

序号	题目	作者	刊物	发表时间
8	国有企业改革：成就与问题	荣兆梓	《经济学家》	2012 年 04 期
9	论新时代中国社会主要矛盾历史性转化的理论与实践依据	吕普生	《新疆师范大学学报（哲学社会科学版）》	2018 年 04 期
10	习近平新时代中国特色社会主义经济思想的发展背景、理论体系与重点领域	胡鞍钢、周绍杰	《新疆师范大学学报（哲学社会科学版）》	2019 年 02 期
11	习近平新时代对外开放思想的经济学分析	裴长洪、刘洪愧	《经济研究》	2018 年 02 期
12	伟大的实践深邃的理论——学习习近平新时代中国特色社会主义经济思想的体会	马建堂	《管理世界》	2019 年 01 期
13	中国特色开放型经济理论研究纲要	裴长洪	《经济研究》	2016 年 04 期
14	开拓当代中国马克思主义政治经济学的新境界	顾海良	《经济研究》	2016 年 01 期
15	生产结构、收入分配与宏观效率——一个马克思主义政治经济学的分析框架与经验研究	李帮喜、刘充、赵峰、黄阳华	《经济研究》	2019 年 03 期
16	中国经济发展进入新常态的理论根据——中国特色社会主义政治经济学的分析视角	郭克莎	《经济研究》	2016 年 09 期
17	中国经济新常态的趋势性特征及政策取向	张占斌	《国家行政学院学报》	2015 年 01 期
18	国有企业混合所有制改革：动力、阻力与实现路径	綦好东、郭骏超、朱炜	《管理世界》	2017 年 10 期
19	在马克思主义与中国实践结合中发展中国特色社会主义政治经济学	刘伟	《经济研究》	2016 年 05 期
20	中国特色社会主义政治经济学的民族性与世界性	逄锦聚	《经济研究》	2016 年 10 期

(续表)

序号	题目	作者	刊物	发表时间
21	市场经济只能建立在私有制基础上吗？——兼评公有制与市场经济不相容论	简新华、余江	《经济研究》	2016年12期
22	论建设中国特色社会主义政治经济学为何和如何借用西方经济学	方福前	《经济研究》	2019年05期
23	试论社会主义市场经济理论的创新和发展	胡家勇	《经济研究》	2016年07期
24	论中国特色社会主义政治经济学理论来源	王立胜、郭冠清	《经济学动态》	2016年05期
25	经济新常态中的精准扶贫理论与机制创新	刘解龙	《湖南社会科学》	2015年04期
26	习近平构建人类命运共同体思想与中国方案	胡鞍钢、李萍	《新疆师范大学学报（哲学社会科学版）》	2018年05期
27	"人类命运共同体"：马克思主义时代性观照下理想社会的现实探索	卢德友	《求实》	2014年08期
28	新时代乡村振兴与新型城镇化融合发展的理论依据与实现路径	卓玛草	《经济学家》	2019年01期
29	社会主义政治经济学的"中国特色"问题	杨春学	《经济研究》	2016年08期
30	马克思主义政治经济学是坚持和发展马克思主义的必修课	王伟光	《经济研究》	2016年03期
31	实施乡村振兴战略及可借鉴发展模式	蒋和平	《农业经济与管理》	2017年06期
32	如何走好新时代乡村振兴之路	魏后凯	《人民论坛·学术前沿》	2018年03期
33	马克思世界市场理论及其现实意义——兼论"逆全球化"思潮的谬误	杨圣明、王茜	《经济研究》	2018年06期
34	新时代中国特色社会主义政治经济学视阈下的"人类命运共同体"	刘伟、王文	《管理世界》	2019年03期

(续表)

序号	题目	作者	刊物	发表时间
35	坚持以人民为中心的发展思想	韩喜平	《思想理论教育导刊》	2016年09期
36	发展和运用中国特色社会主义政治经济学引领经济新常态	简新华	《经济研究》	2016年03期
37	用马克思主义政治经济学指导供给侧结构性改革	谢地、郁秋艳	《马克思主义与现实》	2016年01期
38	正确理解与认识坚持以人民为中心的发展思想	王明生	《南京社会科学》	2016年06期
39	从《资本论》看国际金融危机的生成和运行机制	张作云	《管理学刊》	2012年02期
40	中国特色社会主义政治经济学与供给侧结构性改革理论逻辑	肖林	《科学发展》	2016年03期
41	《资本论》与当代金融和经济危机作用的二重性	张作云	《华南师范大学学报（社会科学版）》	2012年04期
42	中国特色社会主义政治经济学：渊源、发展契机与构建路径	周文、宁殿霞	《经济研究》	2018年12期
43	社会总劳动的分配和价值量的决定	冯金华	《经济评论》	2013年06期
44	《资本论》和中国特色社会主义经济学的话语体系	洪银兴	《经济学家》	2016年01期
45	寻找供给侧结构性改革的理论源头	方福前	《中国社会科学》	2017年07期
46	关于中国经济新常态若干问题的解析与思考	张占斌、周跃辉	《经济体制改革》	2015年01期
47	新自由主义市场拜物教批判——马克思《资本论》的当代启示	李建平	《当代经济研究》	2012年09期
48	在发展实践中推进经济理论创新	黄泰岩	《经济研究》	2017年01期
49	唯物史观、动态优化与经济增长——兼评马克思主义政治经济学的数学化	乔晓楠、何自力	《经济研究》	2017年08期

(续表)

序号	题目	作者	刊物	发表时间
50	《资本论》在何种意义上与我们同时代——《资本论》的方法及其当代发展	沈斐	《经济学家》	2013年06期
51	美国员工持股计划及其对我国国企改革的启示	李政、艾尼瓦尔	《当代经济研究》	2016年09期
52	资本逻辑与马克思的三大社会形态理论——重读《资本论》及其手稿的新领悟	赵家祥	《学习与探索》	2013年03期
53	新自由主义积累体制的矛盾与2008年经济—金融危机	孟捷	《学术月刊》	2012年09期
54	国际价值链的"环节价值"是当代价值形态	李欣广	《管理学刊》	2015年03期
55	逆全球化与中国开放发展道路再思考	戴翔、张二震	《经济学家》	2018年01期
56	政治经济学的新境界：从人的全面自由发展到共享发展	李雪娇、何爱平	《经济学家》	2016年12期
57	马克思的《资本论》与古典政治经济学	王庆丰	《学术研究》	2013年08期
58	唯物史观理论演进的研究范式	曹典顺	《中国社会科学》	2019年08期
59	对经济高质量发展的马克思主义政治经济学解析	张俊山	《经济纵横》	2019年01期
60	新中国70年的经济增长：趋势、周期及结构性特征	李帮喜、赵奕菡、冯志轩	《管理世界》	2019年09期
61	中国经济改革对社会主义政治经济学根本性难题的突破	刘伟	《中国社会科学》	2017年05期
62	论习近平新时代中国特色社会主义经济思想	邱乘光	《新疆师范大学学报（哲学社会科学版）》	2018年02期

(续表)

序号	题目	作者	刊物	发表时间
63	认清当代资本主义的新发展	高放	《深圳大学学报（人文社会科学版）》	2012 年 01 期
64	论公有制理论的发展	杨春学	《中国工业经济》	2017 年 10 期
65	中国经济改革的实践丰富和发展了马克思主义政治经济学	吕政	《中国工业经济》	2017 年 10 期
66	混合所有制改革影响国有企业绩效的基本逻辑与路径	韩沚清、许多	《财会通讯》	2019 年 02 期
67	新发展理念的马克思主义政治经济学探讨	顾海良	《马克思主义与现实》	2016 年 01 期
68	论习近平新时代中国特色社会主义经济思想	韩保江	《管理世界》	2018 年 01 期
69	马克思的价值链分工思想与我国国家价值链的构建	崔向阳、崇燕	《经济学家》	2014 年 12 期
70	马克思主义是不断发展的理论——纪念马克思诞辰 200 周年	谢伏瞻	《中国社会科学》	2018 年 05 期
71	新发展理念与当代中国马克思主义经济学的意蕴	顾海良	《中国高校社会科学》	2016 年 01 期
72	中国道路与混合所有制经济	厉以宁	《中国市场》	2014 年 23 期
73	正确理解生产方式与生产关系及所有制范畴的关系	陈文通	《经济纵横》	2012 年 04 期
74	农村土地"三权分置"与新型农业经营主体培育	张广辉、方达	《经济学家》	2018 年 02 期
75	马克思经济学与资本主义	柳欣	《南开经济研究》	2013 年 06 期
76	论国企的根本问题是资本问题——《资本论》框架下的国企改革分析	张馨	《财贸经济》	2014 年 07 期

(续表)

序号	题目	作者	刊物	发表时间
77	新发展理念与精准扶贫的契合及实践路径	莫光辉、陈正文、王友俊	《广西社会科学》	2016 年 06 期
78	"中等收入陷阱"命题与争论：一个文献研究的视角	权衡、罗海蓉	《学术月刊》	2013 年 11 期
79	马克思主义经济学中国化研究述评	王昉	《经济学动态》	2013 年 07 期
80	"亚细亚生产方式"再探讨——重读《资本主义生产以前的各种形式》的思考	李根蟠	《中国社会科学》	2016 年 09 期
81	再论中国特色社会主义市场经济体制	周文、包炜杰	《经济学家》	2019 年 03 期
82	习近平新时代中国特色社会主义精准扶贫思想研究	潘慧、滕明兰、赵嵘	《上海经济研究》	2018 年 04 期
83	"互联网＋"推动的农业生产方式变革——基于马克思主义政治经济学视角的探究	周绍东	《中国农村观察》	2016 年 06 期
84	国有企业混合所有制分类改革与国有股最优比例——基于双寡头垄断竞争模型	陈俊龙、汤吉军	《广东财经大学学报》	2016 年 01 期
85	经济金融化行为的政治经济学分析——一个演化博弈框架	鲁春义、丁晓钦	《财经研究》	2016 年 07 期
86	坚持新发展理念，推动现代化经济体系建设——学习习近平新时代中国特色社会主义思想关于新发展理念的体会	刘伟	《管理世界》	2017 年 12 期
87	论作为政治经济学研究对象的生产方式范畴	吴宣恭	《当代经济研究》	2013 年 03 期
88	人工智能技术条件下"人的全面发展"向何处去——兼论新技术下劳动的一般特征	张新春、董长瑞	《经济学家》	2019 年 01 期

（续表）

序号	题目	作者	刊物	发表时间
89	五大发展理念：中国特色社会主义政治经济学的重要拓展	易淼、任毅	《财经科学》	2016 年 04 期
90	新时代社会主要矛盾的本质属性与形态特征	赵中源	《政治学研究》	2018 年 02 期
91	收入再分配的理论基础：基于社会贡献的原则	朱富强	《经济学家》	2014 年 08 期
92	中国特色社会主义政治经济学的"导言"——习近平《不断开拓当代中国马克思主义政治经济学新境界》研究	顾海良	《经济学家》	2019 年 03 期
93	中国特色社会主义政治经济学论纲	逄锦聚	《政治经济学评论》	2016 年 05 期
94	加快建设现代化经济体系的逻辑内涵、国际比较与路径选择	郭威、杨弘业、李明浩	《经济学家》	2019 年 04 期
95	论我国的奢侈品生产和消费——也论马克思《资本论》的奢侈品生产和消费思想	马伯钧	《社会科学》	2013 年 02 期
96	政治经济学应当格外重视对生产方式的研究	陈文通	《经济纵横》	2012 年 03 期
97	数字经济的政治经济学分析	裴长洪、倪江飞、李越	《财贸经济》	2018 年 09 期
98	对马克思恩格斯有关合作制与集体所有制关系的再认识	苑鹏	《中国农村观察》	2015 年 05 期
99	论构建中国特色社会主义政治经济学	张占斌、钱路波	《管理世界》	2018 年 07 期
100	论新时代我国社会主要矛盾的变化	颜晓峰	《中共中央党校（国家行政学院）学报》	2019 年 02 期
101	从中国经济发展大历史和大逻辑认识新常态	蔡昉	《数量经济技术经济研究》	2016 年 08 期

(续表)

序号	题目	作者	刊物	发表时间
102	马克思恩格斯的国际交往理论与"一带一路"建设	张峰	《马克思主义研究》	2016 年 05 期
103	不能脱离马克思的理论框架来发展劳动价值论	蒋南平、崔祥龙	《经济纵横》	2013 年 10 期
104	社会主义政治经济学的历史演变——兼论中国特色社会主义政治经济学的历史贡献	张宇	《中国特色社会主义研究》	2016 年 01 期
105	理解习近平新时代中国特色社会主义经济思想的六个维度	张开、顾梦佳、王声啸	《政治经济学评论》	2019 年 01 期
106	赶超型工业化的模式变迁与经常项目顺差——一个经济史和政治经济学的分析视角	王剑锋、顾标、邓宏图	《财经研究》	2013 年 07 期
107	全球生产网络视角的供给侧结构性改革——基于政治经济学的理论逻辑和经验证据	谢富胜、高岭、谢佩瑜	《管理世界》	2019 年 11 期
108	"一带一路"战略开启具有"人类命运共同体"意识的全球化发展的新时代	陈健、龚晓莺	《经济学家》	2017 年 07 期
109	新时代中国社会主要矛盾转化及其深远影响	栾亚丽、宋则宸	《宁夏社会科学》	2018 年 01 期
110	"国企争议"与国有企业创新驱动转型发展	李政	《学习与探索》	2012 年 11 期
111	大国市场开拓的国际政治经济学——模式比较及对"一带一路"的启示	黄琪轩、李晨阳	《世界经济与政治》	2016 年 05 期
112	中国要素收入分配研究进展述评	郝枫	《经济学动态》	2013 年 08 期
113	以智能化为核心的新科技革命与就业——国际学术研究述评	王娟、尹敬东	《西部论坛》	2019 年 01 期
114	"经济社会人假说"与中国经济学构建	冯根福	《当代经济科学》	2019 年 01 期

（续表）

序号	题目	作者	刊物	发表时间
115	乡村振兴的资本、土地与制度逻辑	陈文胜	《华中师范大学学报（人文社会科学版）》	2019年01期
116	深刻理解坚持以人民为中心的发展思想	王增杰	《人民论坛》	2016年11期
117	五年来"一带一路"研究的进展、问题与展望	白永秀、何昊、宁启	《西北大学学报（哲学社会科学版）》	2019年01期
118	非劳动生产要素参与收入分配的理论辨析	洪银兴	《经济学家》	2015年04期
119	全球化的政治经济学及中国策略	蔡昉	《世界经济与政治》	2016年11期
120	流通费用、交易成本与经济空间的创造——《资本论》微观流通理论的当代建构	鲁品越	《财经研究》	2016年01期
121	中国特色社会主义政治经济学对西方经济学理论的借鉴与超越——学习习近平总书记关于中国特色社会主义政治经济学的论述	韩保江、张慧君	《管理世界》	2017年07期
122	建设现代化经济体系的内涵和功能研究	洪银兴	《求是学刊》	2019年02期
123	构建中国特色社会主义政治经济学的方法论原则	蔡继明、靳卫萍	《国家行政学院学报》	2016年02期
124	70年所有制改革：实践历程、理论基础与未来方向	葛扬、尹紫翔	《经济纵横》	2012年10期
125	中国经济学如何研究共享发展	刘凤义	《改革》	2016年08期
126	逆全球化与美国"再工业化"的不可能性研究	苏立君	《经济学家》	2017年06期
127	新科技革命、全球化与社会主义自主发展论	罗文东	《社会主义研究》	2012年01期

(续表)

序号	题目	作者	刊物	发表时间
128	经济治理体系和治理能力现代化：政府与市场的双重视角	刘承礼	《经济学家》	2015年05期
129	我国国有企业自主创新能力现状与提升路径	李政	《哈尔滨工业大学学报（社会科学版）》	2012年01期
130	试论马克思劳动价值论在国际交换领域的运用和发展	丁重扬、丁堡骏	《毛泽东邓小平理论研究》	2013年04期
131	马克思生产力理论所蕴含的生态经济思想	余锦龙	《中国特色社会主义研究》	2013年04期
132	改革开放以来中国经济持续高增长的理论及实践	程承坪、邱依婷	《中国软科学》	2018年02期
133	国际价值、国际生产价格和利润平均化：一个经验研究	冯志轩	《世界经济》	2016年08期
134	习近平新时代中国特色社会主义经济思想的逻辑主线与实践路径研究	陈健	《经济学家》	2018年03期
135	马克思主义所有制理论是政治经济学分析的基础	吴宣恭	《马克思主义研究》	2013年07期
136	生产方式理论：经典范式与现代创新	于金富	《经济学家》	2015年10期
137	产业结构变迁与中国经济增长——基于马克思主义政治经济学视角的分析	杨仁发、李娜娜	《经济学家》	2019年08期
138	以"五大发展理念"把握、适应、引领经济发展新常态	杨嘉懿、李家祥	《理论月刊》	2016年04期
139	中国社会主要矛盾转化与供给侧结构性改革	胡鞍钢、程文银、鄢一龙	《南京大学学报（哲学·人文科学·社会科学）》	2018年01期
140	"一带一路"与"人类命运共同体"	明浩	《中央民族大学学报（哲学社会科学版）》	2015年06期

(续表)

序号	题目	作者	刊物	发表时间
141	中国特色社会主义政治经济学必须坚持马克思劳动价值论——纪念《资本论》出版150周年	刘伟	《管理世界》	2017年03期
142	中国居民收入分配"葫芦型"格局的理论解释——基于城乡二元经济体制和结构的视角	陈宗胜、康健	《经济学动态》	2019年01期
143	邓小平社会主义市场经济理论的丰富内涵及重大贡献	魏礼群	《国家行政学院学报》	2014年05期
144	当前欧债危机的政治经济学分析	李本松	《理论月刊》	2012年08期
145	共产党和工人党视野中的资本主义新变化	聂运麟	《马克思主义研究》	2012年02期
146	国别价值、国际价值和国际贸易	冯金华	《世界经济》	2016年10期
147	对新时代中国特色社会主义现代化经济体系建设的几点认识	张俊山	《经济纵横》	2018年02期
148	习近平新时代中国特色社会主义经济思想的源流和主线	韩保江、王佳宁	《改革》	2018年03期
149	"供给侧结构性改革"的政治经济学释义——习近平新时代中国特色社会主义经济思想研究	韩保江	《经济社会体制比较》	2018年01期
150	产品内国际分工对国际价值的影响及启示	陈永志、花文苍	《经济学家》	2015年11期
151	资本主义的新变化是"证伪"还是"证实"了马克思主义？	陈学明	《西南大学学报（社会科学版）》	2012年06期
152	凝结了中国智慧的马克思主义政治经济学——党的十八大以来我国的经济理论创新	黄晓勇	《管理世界》	2017年09期
153	新时代社会主要矛盾的转化与理论分析	孙亮	《学校党建与思想教育》	2019年04期

(续表)

序号	题目	作者	刊物	发表时间
154	论马克思异化劳动理论与资本批判理论的统一——《1844年经济学哲学手稿》与《资本论》的比较研究	孙熙国、尉浩	《中国高校社会科学》	2014年04期
155	以新发展理念破解经济发展的不平衡不充分	杨嘉懿	《理论月刊》	2019年02期
156	"一带一路"战略的质疑与回应——兼论人类命运共同体构建的国际认同	刘传春	《石河子大学学报(哲学社会科学版)》	2016年01期
157	供给侧结构性改革的政治经济学	方敏、胡涛	《山东社会科学》	2016年06期
158	从单一生产到联合生产的国际价值决定论	宋树理、姚庐清	《世界经济》	2019年11期
159	再论生产力、生产方式与生产关系之间的关系——基于人类社会生产变迁史的思考	黄涛、韩鹏	《西部论坛》	2012年03期
160	也谈国际价值规律及其作用的特征	何干强	《政治经济学评论》	2013年01期
161	中国经济改革历史进程的政治经济学分析	刘伟、方敏	《政治经济学评论》	2016年02期
162	怎样认识我国社会主要矛盾的转化	卫兴华、赵海虹	《经济纵横》	2018年01期
163	新时代高质量发展的政治经济学理论逻辑及其现实性	任保平	《人文杂志》	2018年02期
164	流域分工视角下长江经济带高质量发展初探——一个马克思主义政治经济学的解读	易淼	《经济学家》	2019年07期
165	关于中国特色社会主义政治经济学的若干问题	张宇	《国家行政学院学报》	2016年02期
166	深刻把握乡村振兴战略——政治经济学视角的解读	王立胜、陈健、张彩云	《经济与管理评论》	2018年04期

(续表)

序号	题目	作者	刊物	发表时间
167	马克思生产关系二维理论体系形成过程的系统考察	程启智	《学海》	2013 年 01 期
168	唯物辩证法视阈下新时代社会主要矛盾变化探析	刘希刚、史献芝	《河海大学学报（哲学社会科学版）》	2018 年 01 期
169	跨越"中等收入陷阱"必须警惕"新自由主义"	段学慧	《河北经贸大学学报》	2012 年 06 期
170	牢牢把握发展混合所有制经济的方向——关于混合所有制经济同基本经济制度的关系的一点看法	周新城	《经济理论与经济管理》	2014 年 12 期
171	"一带一路"经济学的学科定位与研究体系	白永秀、王泽润	《改革》	2017 年 02 期
172	大国崛起失败的国际政治经济学分析	冯维江、张斌、沈仲凯	《世界经济与政治》	2015 年 11 期
173	论"以人为本"人本主义与"以人民为中心"	胡钧、施九青	《改革与战略》	2016 年 11 期
174	坚持国有企业改革与坚持社会主义制度	钱津	《河北经贸大学学报》	2012 年 01 期
175	论国有企业改革的分类与分流	钱津	《经济纵横》	2016 年 01 期
176	习近平新时代精准扶贫思想形成的现实逻辑与实践路径	陈健	《财经科学》	2018 年 07 期
177	供给侧结构改革的政治经济学逻辑	张如意、任保平	《人文杂志》	2016 年 06 期
178	论攻坚阶段的国有企业改革——国有企业深化改革必须正确认识的几个基本问题	简新华	《学术研究》	2012 年 10 期
179	基于社会生产和再生产模型的国际价值量决定机理研究	刘晓音、宋树理	《世界经济》	2017 年 10 期
180	中国特色绿色发展道路的阶段性特征及其实现的路径选择	李梦欣、任保平	《经济问题》	2019 年 10 期

(续表)

序号	题目	作者	刊物	发表时间
181	科学认识新时代中国特色社会主义的主要矛盾	张三元	《思想理论教育》	2017年12期
182	人工智能与现代化经济体系建设	乔晓楠、郗艳萍	《经济纵横》	2018年06期
183	现代化经济体系：生产力、生产方式与生产关系的协同整体	周绍东、王立胜	《中国高校社会科学》	2019年01期
184	改革开放以来马克思主义经济学在中国的运用及经验	蒋南平、汤子球	《经济学动态》	2014年01期
185	中国特色社会主义政治经济学方法论研究——兼对生产一般与资本一般机理关系的考订	许光伟	《经济纵横》	2019年02期
186	习近平新时代中国特色社会主义经济思想中的构建开放型经济新体制研究	濮灵	《经济学家》	2018年04期
187	新时代我国社会主要矛盾判断的理论内蕴	许晓丽	《重庆大学学报（社会科学版）》	2019年05期
188	供给侧结构性改革的马克思主义政治经济学分析	丁任重、李标	《中国经济问题》	2017年01期
189	习近平新时代中国特色社会主义经济思想	顾梦佳、王腾、张开	《政治经济评论》	2019年03期
190	《资本论》生态经济思想的基本特征及其当代价值	吉志强	《广西社会科学》	2013年02期
191	政府债务削减的政治经济学分析——来自发达国家长期历史的启示	杨攻研、刘洪钟	《世界经济与政治》	2015年01期
192	论资源配置中的市场调节作用与国家调节作用——两种不同的"市场决定性作用论"	程恩富、孙秋鹏	《学术研究》	2014年04期
193	政治经济学批判与唯物史观	隽鸿飞	《学习与探索》	2013年02期
194	中国国有企业改革：经验、困境与出路	周敏慧、陶然	《经济理论与经济管理》	2018年01期

(续表)

序号	题目	作者	刊物	发表时间
195	关于新时代中国特色社会主义"主要矛盾"的理解与意义	杨生平	《贵州社会科学》	2017年11期
196	中国特色社会主义经济学的新篇章——习近平系列重要讲话中阐发的经济思想	顾海良	《毛泽东邓小平理论研究》	2014年04期
197	中国特色社会主义政治经济学的辩证法	蔡继明	《改革》	2016年02期
198	对计划与市场关系的再认识——从列宁到邓小平	张兴祥、洪永淼	《中国经济问题》	2019年01期
199	试论社会主义初级阶段的时代特征及主要矛盾要求的变化	张强、王定国	《思想战线》	2015年S1期
200	论马克思生产力理论的两个维度：要素生产力和协作生产力	程启智	《当代经济研究》	2013年12期
201	马克思主义政治经济学与以人民为中心的发展思想	刘儒、刘鹏、杨潇	《西安交通大学学报（社会科学版）》	2016年02期
202	习近平新时代中国特色社会主义经济思想的一致性、整体性与创新性——纪念新中国成立70周年	庄尚文、朱晨之、许成安	《首都经济贸易大学学报》	2019年02期
203	坚持和完善"公主私辅型"基本经济制度的时代内涵——基于新自由主义的国际垄断资本主义意识形态工具性质研究	程言君、王鑫	《管理学刊》	2012年04期
204	习近平中国特色社会主义经济思想的时代背景与理论创新	裴长洪、赵伟洪	《经济学动态》	2019年04期
205	论《资本论》的经济危机理论体系——兼论社会主义与市场经济的兼容性	裴小革	《经济学动态》	2013年09期
206	马克思经济危机理论释义及其当代价值	卢江	《经济学家》	2019年08期
207	习近平新时代中国特色社会主义经济思想的理论贡献和实践价值	刘长庚、张磊	《经济学家》	2018年07期

(续表)

序号	题目	作者	刊物	发表时间
208	双重结构失衡困境与破解路径探索：供给侧结构性改革的政治经济学分析	徐宏潇	《经济问题探索》	2016年06期
209	《资本论》再研究：文献、思想与当代性	聂锦芳	《中国高校社会科学》	2013年06期
210	中国特色社会主义政治经济学的理论溯源和生成背景	杨承训	《毛泽东邓小平理论研究》	2016年02期
211	改革开放以来我国劳动报酬的变动分析——基于以人民为中心发展思想的视角	胡莹、郑礼肖	《经济学家》	2019年07期
212	当代资本主义再认识：当代资本主义基本矛盾的新解读	颜鹏飞、刘会闯	《理论学刊》	2013年09期
213	国有企业改革逻辑与实践的演变及反思	杨瑞龙	《中国人民大学学报》	2018年05期
214	习近平经济思想的创新思维	王立胜	《当代世界与社会主义》	2016年05期
215	"一带一路"战略与人类命运共同体建构	赵宪军	《湖南省社会主义学院学报》	2016年01期
216	习近平新时代中国特色社会主义经济思想的理论内涵和逻辑结构	王朝科	《教学与研究》	2019年01期
217	现代化经济体系的科学内涵及建设着力点	石建勋、张凯文、李兆玉	《财经问题研究》	2018年02期
218	中国特色社会主义政治经济学的历史逻辑	王立胜	《政治经济学评论》	2016年04期
219	论双重结构下的混合所有制改革——从微观资源配置到宏观制度稳定	卢江	《经济学家》	2018年08期
220	人民币汇率制度选择的政治经济学	王晋斌	《经济理论与经济管理》	2013年09期

(续表)

序号	题目	作者	刊物	发表时间
221	40年经济改革逻辑和政治经济学领域的重大突破	洪银兴	《经济学家》	2018年12期
222	马克思生产力理论的嬗变与唯物史观的形成	赵华灵	《当代世界与社会主义》	2012年01期
223	法治经济：习近平社会主义市场经济理论新亮点	裴长洪	《经济学动态》	2015年01期
224	政治经济学视域下的金融资本全球化探究	银锋	《湖南财政经济学院学报》	2013年01期
225	经济全球化的实践困境与"一带一路"建设的新引擎	权衡	《世界经济研究》	2017年12期
226	习近平以人民为中心的政治经济学说	韩庆祥	《人民论坛》	2016年01期
227	正确认识当代资本主义的新变化	刘丽萍	《产业与科技论坛》	2012年12期
228	防范化解金融风险的政治经济学研究	姬旭辉	《经济学家》	2019年02期
229	时代的"叩问"与政治经济学的"应答"——兼论中国特色社会主义政治经济学的科学内涵与理论担当	付文军	《经济学家》	2019年05期
230	资本、资本逻辑与资本拜物教——兼论《资本论》研究的逻辑主线	付文军	《当代经济研究》	2016年02期
231	论中国特色社会主义政治经济学的国家主体性	王立胜	《学习与探索》	2016年08期
232	我国理论经济学研究2012年的新进展及面临的重大实践问题	邱海平	《经济纵横》	2013年02期
233	以新发展理念引领人类命运共同体构建	王岩、竟辉	《红旗文稿》	2017年05期
234	习近平经济思想与马克思主义政治经济学的内在关系	王岱、范希春	《当代世界与社会主义》	2019年02期

(续表)

序号	题目	作者	刊物	发表时间
235	新中国70年来经济发展模式的关键：央地关系的演进与变革	李康	《经济学家》	2019年10期
236	农村"三变"改革的"中国特色社会主义政治经济学"意义	张敏娜、陆卫明、王军	《西北农林科技大学学报（社会科学版）》	2019年01期
237	习近平新时代中国特色社会主义对外开放思想的政治经济学分析	陈伟雄	《经济学家》	2018年10期
238	国际价值与等价交换	余斌	《福建论坛（人文社会科学版）》	2014年05期
239	新自由主义与国际金融危机	徐崇温	《毛泽东邓小平理论研究》	2012年04期
240	从融入到推动：中国应对全球化的战略转变——纪念改革开放40周年	戴翔、李远本、张二震	《国际贸易问题》	2018年04期
241	中国特色社会主义政治经济学核心理论定位研究	刘谦、裴小革	《经济学家》	2019年01期
242	中国特色社会主义政治经济学史建设中需侧重的几个问题	刘清田	《经济学家》	2019年10期
243	分配理论与农民专业合作社盈余分配原则——兼谈《中华人民共和国农民专业合作社法》的修改	孔祥智、周振	《东岳论丛》	2014年04期
244	马克思重建个人所有制的再解读——以生产关系的二重性为分析视角	何玉霞、刘冠军	《社会主义研究》	2013年01期
245	经济全球化下马克思国际价值理论的创新与发展	赵景峰	《中国市场》	2012年04期
246	唯物史观视野中的人类命运共同体	张雷声	《马克思主义研究》	2018年12期
247	供给侧结构性改革的当下情境及其下一步	李娟伟、周晓唯	《改革》	2016年12期

(续表)

序号	题目	作者	刊物	发表时间
248	高质量发展的政治经济学阐释	周文、李思思	《政治经济学评论》	2019 年 04 期
249	重写学术史与"话语体系"创新——中国特色经济学话语体系创新及其典型案例考察	叶坦	《经济学动态》	2014 年 10 期
250	习近平新时代中国特色社会主义经济思想科学体系初探	陆立军、王祖强	《经济学家》	2018 年 05 期
251	供给侧改革背景下国有企业混合所有制改革的理论逻辑与实践路径	罗良文、梁圣蓉	《湖南社会科学》	2016 年 04 期
252	习近平经济思想探析	赵锦辉、吴三来	《经济学家》	2018 年 08 期
253	《资本论》形象的百年变迁及其当代反思	孙乐强	《马克思主义与现实》	2013 年 02 期
254	新时代我国社会主要矛盾转化需要深入研究的若干问题	庞元正	《哲学研究》	2018 年 02 期
255	马克思收入分配理论及现代启示	乔榛、徐龙	《河北经贸大学学报》	2014 年 02 期
256	劳动产权理论及其意义	李惠斌	《马克思主义与现实》	2013 年 03 期
257	以人民为中心的中国精准扶贫机制构建	陈莉	《改革与战略》	2017 年 02 期
258	马克思主义政治经济学的根本方法和具体方法——纪念马克思诞辰200周年	胡磊、赵学清	《经济学家》	2018 年 09 期
259	新中国·新时期·新时代：社会主要矛盾的演进理路及逻辑	王美玲	《东南学术》	2019 年 03 期
260	供给侧结构性改革中的马克思主义政治经济学	余斌	《河北经贸大学学报》	2016 年 05 期
261	中国特色社会主义政治经济学研究对象的探索	刘学梅、郭冠清	《经济学家》	2019 年 12 期

(续表)

序号	题目	作者	刊物	发表时间
262	从收入分配改革到现代国民财富分配体系的建立	靳卫萍	《经济学动态》	2013 年 10 期
263	《资本论》的所有制理论对社会主义事业的重要指导意义	吴宣恭	《经济学家》	2017 年 11 期
264	马克思主义社会矛盾理论视域下我国社会主要矛盾的转变	周海荣、何丽华	《社会科学》	2018 年 04 期
265	人类命运共同体内涵的质疑、争鸣与科学认识	刘传春	《毛泽东邓小平理论研究》	2015 年 11 期
266	"人类命运共同体"的实践路径和中国角色论析	丁工	《当代世界与社会主义》	2017 年 04 期
267	理解"混合所有制经济":一个文献综述	刘长庚、张磊	《政治经济学评论》	2016 年 06 期
268	习近平新时代中国特色社会主义经济思想引领经济强国建设	洪银兴	《红旗文稿》	2018 年 01 期
269	论马克思劳动价值论的立场、论证方法和理论逻辑	高林远	《四川师范大学学报(社会科学版)》	2019 年 01 期
270	壮大集体经济、实施乡村振兴战略的原则与路径——从邓小平"第二次飞跃"论到习近平"统"的思想	张杨、程恩富	《现代哲学》	2018 年 01 期
271	试论中国特色社会主义政治经济学的理论创新方向——基于马克思政治经济学批判的分析	黄华、程承坪	《经济学家》	2017 年 06 期
272	当代资本主义《经济研究》	马慎萧、段雨晨、金梦迪、李彬、田佳禾、金山、兰楠	《政治经济学评论》	2019 年 03 期
273	《资本论》视域下的供给侧结构性改革——基于马克思社会总资本再生产理论	盖凯程、冉梨	《财经科学》	2019 年 08 期

(续表)

序号	题目	作者	刊物	发表时间
274	社会再生产视角下的经济波动：一个马克思主义 RBC 模型	乔晓楠、王璟雯	《南开经济研究》	2019 年 01 期
275	习近平新时代中国特色社会主义经济思想：马克思主义政治经济学关于社会主义现代化建设的创新发展	魏建	《改革》	2018 年 11 期
276	习近平新时代中国特色社会主义经济思想的学理逻辑	张占斌、钱路波	《国家行政学院学报》	2018 年 06 期
277	习近平新时代中国特色社会主义金融思想研究	邹新悦、蔡卫星、潘成夫	《广东财经大学学报》	2018 年 02 期
278	马克思讲过"共享发展"吗？——兼评马克思主义中国化研究中的两种倾向	王华华	《社会主义研究》	2017 年 01 期
279	马克思经济理论的主要内容和研究逻辑——基于马克思主义基本原理整体视角	孙蚌珠	《思想理论教育导刊》	2013 年 03 期
280	论马克思按劳分配理论的形成、发展及其实现问题	胡连生	《理论探讨》	2013 年 05 期
281	国际金融和经济危机后我国发展面临的挑战	张作云	《管理学刊》	2014 年 03 期
282	怎样准确研读和把握马克思的经济学原理及其当代价值	卫兴华	《经济纵横》	2014 年 06 期
283	《资本论》是关于市场权力结构的巨型理论——兼论社会主义市场经济的理论基础	鲁品越	《吉林大学社会科学学报》	2013 年 05 期
284	循环经济理论探源与实现路径——《资本论》的生态语境	王建辉、彭博	《武汉大学学报（哲学社会科学版）》	2016 年 01 期
285	试论中国特色社会主义政治经济学的理论创新方向——基于马克思政治经济学批判的分析	黄华、程承坪	《经济学家》	2017 年 06 期
286	以马克思主义政治经济学引领供给侧结构性改革	王炫、邢雷	《经济问题》	2017 年 02 期

(续表)

序号	题目	作者	刊物	发表时间
287	创新中国特色社会主义发展经济学 阐释新时代中国高质量的发展	任保平	《天津社会科学》	2018 年 02 期
288	准确把握《资本论》的精髓是重构马列主义政治经济学的前提	鞠立新	《经济纵横》	2013 年 12 期
289	论马克思主义经济学中国化的几个问题	贾后明	《经济纵横》	2013 年 05 期
290	如何看待现阶段我国农民合作社的"规范性"?——一个政治经济学的探讨	李萍、田世野	《四川大学学报（哲学社会科学版）》	2019 年 01 期
291	改革开放 40 年乡村发展的历程与经验启示	王丰	《贵州财经大学学报》	2018 年 05 期
292	国家主体性、国家建构与建设现代化经济体系——基于西欧、美国与中国的现代化发展经验	周文、包炜杰	《经济社会体制比较》	2018 年 05 期
293	略论《资本论》中商品货币理论的价值——基于中国特色社会主义市场经济的审视	鲜阳红、张尊帅	《经济问题》	2015 年 01 期
294	服务产品国际价值的转形和国际转移及对中国服务贸易的启示	刘航、赵景峰	《马克思主义研究》	2012 年 03 期
295	新时代我国社会主要矛盾变化的历史逻辑与理论向度	张恒赫	《中国地质大学学报（社会科学版）》	2018 年 01 期
296	马克思收入分配理论基础探究——基于《资本论》的逻辑视角	王朝明、王彦西	《经济学家》	2017 年 10 期
297	《资本论》的逻辑起点与当代意义	丁堡骏、王金秋	《经济纵横》	2015 年 01 期
298	中国特色社会主义政治经济学史研究的新阶段新使命	李家祥	《南开经济研究》	2019 年 04 期
299	在社会主义市场经济伟大实践的基础上树立中国经济理论的自信	刘伟	《政治经济学评论》	2013 年 01 期
300	马克思经济学的研究对象与中国特色社会主义经济学的创新	顾海良	《当代经济研究》	2013 年 06 期

第三章　分主题最具影响力的学术论文（2012—2019）

本部分按研究主题进行分类，遴选了2012—2019年中国政治经济学最具影响力的学术论文。研究主题有三十个，包括中国特色社会主义政治经济学、当代中国马克思主义政治经济学、社会主义市场经济理论、习近平新时代中国特色社会主义经济思想等，涵盖了中国政治经济学研究的大部分领域。所有主题遴选的都是影响力排名前二十位的论文。同时，对研究主题进行概述，梳理了该主题的研究内容和代表性观点。

一、中国特色社会主义政治经济学/当代中国马克思主义政治经济学

中国特色社会主义政治经济学作为中国化马克思主义的重要组成部分，是对新中国成立以来特别是改革开放以来社会主义经济建设的经验总结和理论升华，是当代中国的马克思主义政治经济学。近年来，中国特色社会主义政治经济学蓬勃发展，在学理性研究和应用性研究两大方面都取得了一系列新成果。同时，作为马克思主义政治经济学、中国特色社会主义政治经济学的最新发展成果，习近平新时代中国特色社会主义经济思想的体系框架不断完善，业已成为指导我国建设现代化经济体系、推动经济高质量发展的指导思想。

习近平新时代中国特色社会主义经济思想是中国特色社会主义政治经济学的最新发展成果。作为其重要组成部分之一，习近平新时代中国特色社会主义经济思想正是在这一伟大实践中形成的，也将进一步指导中国社会主义经济建设事业的发展。顾海良（2016）认为，习近平总书记对中国特色"系统化的经济学说"形成的历史背景和社会根源及其实践基础和基本特征、时代意义和思想境界的深刻阐释，成为他在这一主题为"不断开拓当代中国马克思主义政治经济学新境界"讲话中的理论要义和思想精粹。王伟光（2016）提出，要通过认真学习马克思主义政治经济学基本原理，认真学习贯彻习近平总书记的重要讲话精神，真学、真懂、真信、真用马克思主义政治经济学，学会运用马克思主义政治经济学的立场、观点和方法，深化对我国社会主义经济发展规律的认识和把握，深化对当代资本主义内在矛盾及其发展趋势的认识和把握。

学理性是中国特色社会主义政治经济学的底色。作为马克思主义理论体系的主要内容，政治经济学以其鲜明的理论性，成为支撑整个马克思主义理论体系大厦的重要基石。提炼和总结中国特色社会主义政治经济学所具有的本质特征和理论特点，是构建中国特色社会主义政治经济学理论体系的重要前提。逄锦聚（2016）提出，中国特色社会主义政治经济学就本质而言，与马克思创立并由列宁、毛泽东等继承和发展了的马克思主义政治经济学一脉相承，是当代中国马克思主义政治经济学，是中国特色社会主义理论体系的重要组成部分。它既具有马克思主义政治经济学的本质规定性，即坚持马克思主义政治经济学的基本原理，又与时俱进，是时代化、中国化的马克思主义政治经济学。同时，马克思主义具有鲜明的特点，具体反映在中国特色社会主义政治经济学中，就表现为科学性、人民性、实践性、发展性和开放性，这是中国特色社会主义政治经济学的本质属性和要求，也是检验是否是真正中国特色社会主义政治经济学的试金石。洪银兴（2016）认为，它在生产关系上属于社会主义初级阶段的政治经济学，在生产力上属于中等收入发展阶段的政治经济学，任务是建立关于解放、发展和保护生产力的系统性经济学说。

中国特色社会主义政治经济学作为马克思主义政治经济学中国化的最新成果，深刻回答了实践和时代提出的新课题，有力地指导了我国经济发展实践，开拓了马克思主义政治经济学的新境界，丰富了人类经济思想宝库，具有重大的理论价值和实践意义。刘伟（2016）提出，中国特色社会主义政治经济学的核心命题在于考察如何坚持社会主义市场经济改革方向，主要任务在于分析如何调动各方面积极性，现阶段的根本目的在于阐释如何防止陷入"中等收入陷阱"。方福前（2019）认为，西方经济学虽有二重性，但其中包含积极有益的因素，可以根据西方经济学理论的政治性色彩，将其划分为政治性的经济理论、主干性的经济理论和基础性的经济理论，吸收和融通其有益成分为创建中国特色社会主义政治经济学所用，促进中国特色社会主义政治经济学的发展与繁荣。胡家勇（2016）表示，社会主义作为一种社会制度，市场经济作为一种资源配置机制，二者互相整合，可以生成新的制度、体制优势。而全面深化改革和全面建成小康社会新实践必将推动社会主义市场经济理论的深化和系统化。逄锦聚（2016）进一步提出，只有立足于我国国情和实践，吸取优秀传统文化，同时又能认真吸取别国经济学的有益成分和实践经验，提出具有主体性、原创性的理论观点，构建具有自身特质的学术体系、话语体系，才能真正形成自己的特色和优势，并为世界经济和经济学理论的发展贡献中国智慧。

中国特色社会主义政治经济学是对中国社会主义建设经验的总结，对实践发展发挥着重要的指导作用。中国特色社会主义政治经济学研究不仅仅停留在理论研究层面，而是形成了大量具有实际意义的应用性研究成果。周文、宁殿霞（2018）认为，中国特色社会主义政治经济学应围绕四个维度进行思考，即中国道路与世界历史辩证统一，唯物史观与问题导向有机结合，阐发政治经济学核心范畴的时代内涵，发掘中国特色社会主义市场经济成功实践的思想资源。杨春学（2016）提出：（1）要在综合考虑制度的工具价值和内在价值的基础上，进一步思考最适度的所有制结构问题；（2）在中国语境中，只有在中央与地方的政府结构中，并且充分考虑到官商关系，才能更有效地讨论政府与市场之间的关系，展现出经济治理结构的特性和面临的问题。程恩富（2016）补充了我国发展社会主义市场经济要坚持中国特色社会主义政治经济学的八个重大原则，即科技领先型的持续原则、民生导向型的生产原则、公有主体型的产权原则、劳动主体型的分配原则、国家主导型的市场原则、绩效优先型的速度原则、结构协调型的平衡原则和自力主导型的开放原则。

表3-1 研究主题"中国特色社会主义政治经济学/当代中国马克思主义政治经济学"最有影响力的二十篇学术论文（2012—2019）（按第一作者姓氏拼音排序）

序号	题目	作者	刊物	发表时间
1	要坚持中国特色社会主义政治经济学的八个重大原则	程恩富	《经济纵横》	2016年03期
2	论建设中国特色社会主义政治经济学为何和如何借用西方经济学	方福前	《经济研究》	2019年05期
3	开拓当代中国马克思主义政治经济学的新境界	顾海良	《经济研究》	2016年01期
4	中国特色社会主义政治经济学的"导言"——习近平《不断开拓当代中国马克思主义政治经济学新境界》研究	顾海良	《经济学家》	2019年03期
5	以创新的理论构建中国特色社会主义政治经济学的理论体系	洪银兴	《经济研究》	2016年04期
6	试论社会主义市场经济理论的创新和发展	胡家勇	《经济研究》	2016年07期
7	在发展实践中推进经济理论创新	黄泰岩	《经济研究》	2017年01期
8	在马克思主义与中国实践结合中发展中国特色社会主义政治经济学	刘伟	《经济研究》	2016年05期

(续表)

序号	题目	作者	刊物	发表时间
9	中国经济改革对社会主义政治经济学根本性难题的突破	刘伟	《中国社会科学》	2017 年 05 期
10	中国经济改革的实践丰富和发展了马克思主义政治经济学	吕政	《中国工业经济》	2017 年 10 期
11	中国特色社会主义政治经济学的民族性与世界性	逄锦聚	《经济研究》	2016 年 10 期
12	中国特色社会主义政治经济学论纲	逄锦聚	《政治经济学评论》	2016 年 05 期
13	马克思主义经济学中国化研究述评	王昉	《经济学动态》	2013 年 07 期
14	论中国特色社会主义政治经济学理论来源	王立胜、郭冠清	《经济学动态》	2016 年 05 期
15	毛泽东是中国特色社会主义的伟大奠基者、探索者和先行者	王伟光	《中国社会科学》	2013 年 12 期
16	马克思主义政治经济学是坚持和发展马克思主义的必修课	王伟光	《经济研究》	2016 年 03 期
17	马克思主义是不断发展的理论——纪念马克思诞辰200周年	谢伏瞻	《中国社会科学》	2018 年 05 期
18	社会主义政治经济学的"中国特色"问题	杨春学	《经济研究》	2016 年 08 期
19	五大发展理念：中国特色社会主义政治经济学的重要拓展	易淼、任毅	《财经科学》	2016 年 04 期
20	中国特色社会主义政治经济学：渊源、发展契机与构建路径	周文、宁殿霞	《经济研究》	2018 年 12 期

二、社会主义市场经济理论

中国经济体制改革是建立和完善社会主义市场经济体制的历史进程，成功实现公有制和市场经济的有机结合，是中国政治经济学重大理论创新之一。从某种意义上来说，中国特色社会主义政治经济学就是一部社会主义市场经济理论。社会主义市场经济体制发展到今天，面临着如何进一步凸显社会主义本质特征，如何在实践中坚持公有制主体地位，如何科学处理政府与市场在资源配置中的关系等一系列重大命题。

中国特色社会主义经济理论则是在1992年中国确定市场取向改革后对于中国特色社会主义市场经济运行机制、制度和规律的探讨，是马克思主义基本原理同具有改革开放时代特征的中国实际相结合的产物，不仅是对马克思主义经济学的坚持与继承，同时也是对其的突破与发展。王诚、李鑫（2014）对概念进行澄清，认为只要试图从研究理念上找寻"中国特色"，并秉承中华传统文化思想和社会主义思想，对于中国经济运行机制提出具有国际视野的理论分析和概括，无论采用何种工具，分析何种问题，都可称为中国特色社会主义经济理论。蒋南平、汤子球（2014）提出，这主要体现在经济理论运用模式的选择、中国经济学理论框架的建立、形成中国特色社会主义经济实践成果方面。在理论上，这一中国模式的形成具有革命性和科学性、原则性和灵活性、开创性和特色性、民族性、主导性和有效性、特殊性和普遍性；在实践中，出现了中国经济增长的奇迹，形成了具有中国特色的市场经济模式。张兴祥、洪永淼（2019）提出，邓小平在"什么是社会主义，如何建设社会主义"这一问题上回归到列宁的逻辑起点，并沿着相似的路径迸发，既继承后者的思想，又大大超越后者。他确立了解放思想、实事求是的思想路线，对计划与市场，计划经济和市场经济的关系作了重新思考，逐步形成自己的理论观点，开创了中国特色社会主义市场经济理论，这是对马克思、恩格斯经典社会主义经济理论的重大突破和理论创新，为经济文化落后国家如何建设社会主义探索出一条新路径，解决了社会主义与市场经济的兼容问题。魏礼群（2014）进一步提出，邓小平社会主义市场经济理论是深刻认识中国基本国情，科学认识社会主义本质和根本任务的重大成果。顾海良（2014）则提出，习近平系列重要讲话中阐发的经济思想，令中国特色社会主义经济学有了多方面的新的发展，形成了富有创新性的习近平经济思想，写就了"马克思主义基本原理和中国社会主义实践相结合的政治经济学"的新篇章。习近平经济思想运用从"国民经济的事实"出发到"问题意识"，再从"问题意识"到"问题倒逼"的方法，从历史、现实与未来内在联系的视域上揭示经济改革和发展理论的真谛。

公有制能否与市场经济相容，也是近年来讨论的热点。周文、包炜杰（2019）提出，应当摆脱关于"社会主义市场经济是不是市场经济"的语词之争，进一步揭示和阐明社会主义市场经济的体制优势，即发挥"社会主义基本制度"和"市场经济"两个方面优势，坚持政府与市场的辩证关系。从现代化经济体制层面把握社会主义市场经济，避免西方话语陷阱，积极构建以社会主义市场经济为基础的中国特色社会主义政治经济学。简新华、余江（2016）认为，市场经济需要企业自主经营、自负盈亏、产权明晰。公有制企业包括国有企业通过转机改制、实行现代企业制度，能够适应市场经济的要求，公有制从而能够与市场经济相结合。市场经济并不是只能建立在私有制基础上，以市场经济只能建立在私有制基础上的看法推导出的中国发展市场经济必须实行私有化的结论不能成立。这并不违背马克思主义政治经济学的商品经济和社会主义经济运行特征的基本原理，并不否定社会主义经济发展到高度成熟发达的高级阶段，所有制演进到单一公有制的时候，将不再是商品经济或者市场经济的长远趋势。

科学处理政府与市场在资源配置中的关系，是中国特色社会主义市场经济健康发展的重要推手。程恩富、孙秋鹏（2014）提出，要深刻认识和深入研究市场决定性作用和更好发挥国家作用之间的关系，发挥两者优势功能的互补性。既不能认为所有资源配置都由市场来决定，也不能理解为简单的政府放权，而是要在市场起一定决定性作用的同时，更好地让国家调节与市场调节结合，以便促进我国经济又好又快发展，让人民群众能够更多地分享经济社会发展成果。刘承礼（2015）进一步提出，根据理论与实践的探索，经济治理体系可以被理解为政府与市场对经济主体进行调节的制度体系，而经济治理能力则可以被界定为政府与市场对经济主体进行调节的能力。因此，在建立、完善和发展中国特色社会主义制度的过程中，经济治理体系和治理能力的现代化应该充分发挥政府与市场的作用，要用现代化的理念和方法来处理好政府与市场之间的关系。刘伟、方敏（2016）则认为，中国的经济改革是为了实现社会主义基本经济制度与市场经济有机结合，始终坚持在所有制结构改革与市场机制培育的统一中推进体制转轨，在企业产权制度改革与市场价格制度改革的统一中构建社会主义市场经济的内在竞争机制，在改革的历史可行性与必要性的统一、增量改革与存量改革的统一中不断往前发展。

表3-2 研究主题"社会主义市场经济理论"最有影响力的二十篇学术论文（2012—2019）

（按第一作者姓氏拼音排序）

序号	题目	作者	刊物	发表时间
1	论资源配置中的市场调节作用与国家调节作用——两种不同的"市场决定性作用论"	程恩富、孙秋鹏	《学术研究》	2014年04期
2	改革开放40年中国特色社会主义市场经济理论的发展与创新	程霖、陈旭东	《经济学动态》	2018年12期
3	中国特色社会主义经济学的新篇章——习近平系列重要讲话中阐发的经济思想	顾海良	《毛泽东邓小平理论研究》	2014年04期
4	论马克思主义经济学中国化的几个问题	贾后明	《经济纵横》	2013年05期
5	市场经济只能建立在私有制基础上吗？——兼评公有制与市场经济不相容论	简新华、余江	《经济研究》	2016年12期
6	改革开放以来马克思主义经济学在中国的运用及经验	蒋南平、汤子球	《经济学动态》	2014年01期

(续表)

序号	题目	作者	刊物	发表时间
7	经济治理体系和治理能力现代化：政府与市场的双重视角	刘承礼	《经济学家》	2015 年 05 期
8	在社会主义市场经济伟大实践的基础上树立中国经济理论的自信	刘伟	《政治经济学评论》	2013 年 01 期
9	中国经济改革历史进程的政治经济学分析	刘伟、方敏	《政治经济学评论》	2016 年 02 期
10	《资本论》是关于市场权力结构的巨型理论——兼论社会主义市场经济的理论基础	鲁品越	《吉林大学社会科学学报》	2013 年 05 期
11	当代中国社会主义政治经济学的理论来源和基本特征	孟捷	《经济纵横》	2016 年 11 期
12	法治经济：习近平社会主义市场经济理论新亮点	裴长洪	《经济学动态》	2015 年 01 期
13	中国特色社会主义经济理论的产生和发展——市场取向改革以来学术界相关理论探索	王诚、李鑫	《经济研究》	2014 年 06 期
14	有关中国特色社会主义经济理论体系的十三个理论是非问题	卫兴华	《经济纵横》	2016 年 01 期
15	邓小平社会主义市场经济理论的丰富内涵及重大贡献	魏礼群	《国家行政学院学报》	2014 年 05 期
16	略论《资本论》中商品货币理论的价值——基于中国特色社会主义市场经济的审视	鲜阳红、张尊帅	《经济问题》	2015 年 01 期
17	重写学术史与"话语体系"创新——中国特色经济学话语体系创新及其典型案例考察	叶坦	《经济学动态》	2014 年 10 期
18	中国社会主义市场经济理论与西方市场社会主义思潮之比较	张嘉昕、田佳琪	《学术交流》	2013 年 05 期
19	对计划与市场关系的再认识——从列宁到邓小平	张兴祥、洪永淼	《中国经济问题》	2019 年 01 期
20	再论中国特色社会主义市场经济体制	周文、包炜杰	《经济学家》	2019 年 03 期

三、习近平新时代中国特色社会主义经济思想

中国特色社会主义进入了新时代，我国经济发展也进入了新时代，基本特征就是我国经济由高速增长阶段转向高质量发展阶段。推动高质量发展是保持经济持续健康发展的必然要求，是适应我国社会主要矛盾变化和全面建成小康社会、全面建设社会主义现代化国家的必然要求，是遵循经济规律发展的必然要求。在此条件下，以习近平同志为核心的党中央对经济发展大势作出了科学判断，对经济工作作出了正确决策，对发展思路作出了及时调整，在实践中形成了以新发展理念为主要内容的习近平新时代中国特色社会主义经济思想。

习近平新时代中国特色社会主义经济思想是中国政治经济学的重要发展成果。理论界理解、研究和把握习近平新时代中国特色社会主义经济思想的发展渊源、理论内涵和实践价值，有利于紧随时代潮流、分析实践经验、形成思想共识。

习近平新时代中国特色社会主义经济思想蕴含深厚的理论渊源和实践基础。韩保江、王佳宁在《习近平新时代中国特色社会主义经济思想的源流和主线》（2018）中详细而全面地阐述道：从理论维度来看，习近平新时代社会主义经济思想充分继承了马克思主义政治经济学的立场、观点、方法和中国特色社会主义经济思想，汲取了中华传统文化和哲学思想的精髓，吸收了当代资本主义发展教训和西方经济学中的有益成果；从实践维度来看，习近平中国特色社会主义经济思想"形"于党的十八大之前习近平同志的个人经历和实践经验，"成"于党的十八大以来新时代中国特色社会主义经济建设的成功实践和理论归纳。

习近平新时代中国特色社会主义经济思想有丰富的理论内涵和完整的逻辑结构。韩保江、王佳宁在《习近平新时代中国特色社会主义经济思想

的源流和主线》(2018)中总结道：按照中央经济工作会议的论述，习近平新时代中国特色社会主义经济思想的基本理论框架是一个"1+7"的理论结构。"一个新发展理念"和"七个坚持"有机结合，辩证统一，共同构成一个逻辑严密、环环相扣、内容丰富的完整思想体系。张开、顾梦佳、王声啸在《理解习近平新时代中国特色社会主义经济思想的六个维度》(2018)中从六个维度探究习近平新时代社会主义经济思想的丰富内涵：马克思主义立场、观点和方法，是其理论底色；坚持加强党对经济工作的集中统一领导，保证我国经济沿着正确方向发展，是其本质特征；坚持以人民为中心的发展思想，解决新时代我国社会主要矛盾，是其根本立场；贯彻新发展理念，建设现代化经济体系，是其主要内容；深化供给侧结构性改革，解决新时代我国经济发展主要矛盾，是其工作主线；运用辩证方法做好经济工作，是其思想方法。这六个维度构成相互联系、相互促进的有机整体。马建堂在《伟大的实践深邃的理论——学习习近平新时代中国特色社会主义经济思想的体会》(2019)中总结道：习近平新时代社会主义经济思想，对中国经济改革发展问题作出了系统阐释，明确回答了经济形势怎么看、发展阶段怎么判、发展目标怎么定、经济工作怎么干等重大问题，系统完整、逻辑严密、博大精深、涵盖广泛。陈健在《习近平新时代中国特色社会主义经济思想的逻辑主线与实践路径研究》(2018)中提出，"以人民为中心"是习近平新时代社会主义经济思想的逻辑主线，"破解民生问题"这一导向贯串习近平新时代中国特色社会主义实践之中，新时代经济建设和经济发展更加凸显"以人民为中心"这一发展思想，新时代经济建设和经济发展进一步规定了"以人民为中心"这一根本原则。

习近平新时代中国特色社会主义经济思想对推动经济发展的具体实践有着指导意义。实践是认识发展的最终目的。陈健在《习近平新时代中国特色社会主义经济思想的逻辑主线与实践路径研究》(2018)中通过对这一经济思想"以人民为中心"的逻辑主线和现实依据的分析，精准地构建了

"以人民为中心"这一逻辑主线的实践路径：一是基于"以人民为中心"的立场不断丰富和完善发展中的体制机制；二是基于"以人民为中心"的发展思想完善基本经济制度；三是基于"以人民为中心"的立场完善我国现代化经济治理体系；四是基于"以人民为中心"的发展思想改革和完善共享共富的实践路径。潘慧、滕明兰、赵嵘在《习近平新时代中国特色社会主义精准扶贫思想研究》（2018）一文中研究了习近平中国特色社会主义经济思想在"精准扶贫"领域中的体现：基于我国扶贫攻坚的需要，习近平总书记在十九大报告中提出要"动员全党全国全社会的全部力量，坚持精准扶贫、精准脱贫"。坚持以人民为中心和新发展理念，形成"精准扶贫"的责任体系、工作体系、投入体系、政策体系等，为精准扶贫提供了方向指引和政策支持。王振坡、韩祁祺、王丽艳在《习近平新时代中国特色社会主义城乡融合发展思想研究》中则提出了习近平新时代社会主义经济思想对城乡融合发展的指导作用：该思想以要素融合为前提条件，以产业融合为关键之举，以空间融合为地理载体，以体制改革为基本保障，为探索城乡建设高质量发展提供理论指导和政策引领，为全球解决城乡现代化问题贡献了中国智慧。

表 3-3 研究主题"习近平新时代中国特色社会主义经济思想"最有影响力的二十篇学术论文（2012—2019）（按第一作者姓氏拼音排序）

序号	题目	作者	刊物	发表时间
1	习近平新时代中国特色社会主义经济思想的逻辑主线与实践路径研究	陈建	《经济学家》	2018 年 03 期
2	习近平新时代中国特色社会主义对外开放思想的政治经济学分析	陈伟雄	《经济学家》	2018 年 03 期
3	论习近平新时代中国特色社会主义经济思想	邱乘光	《新疆师范大学学报（哲学社会科学版）》	2018 年 02 期
4	习近平新时代中国特色社会主义经济思想	顾梦佳、王腾	《政治经济评论》	2019 年 02 期

(续表)

序号	题目	作者	刊物	发表时间
5	论习近平新时代中国特色社会主义经济思想	韩保江	《管理世界》	2018 年 01 期
6	习近平新时代中国特色社会主义经济思想的源流和主线	韩保江、王佳宁	《改革》	2018 年 03 期
7	"供给侧结构性改革"的政治经济学释义——习近平新时代中国特色社会主义经济思想研究	韩保江	《经济社会体制比较》	2018 年 01 期
8	习近平新时代中国特色社会主义经济思想引领经济强国建设	洪银兴	《红旗文稿》	2018 年 01 期
9	习近平新时代中国特色社会主义经济思想的发展背景、理论体系与重点领域	胡鞍钢、周绍杰	《新疆师范大学学报（哲学社会科学版）》	2019 年 02 期
10	习近平新时代中国特色社会主义经济思想的理论贡献和实践价值	刘长庚、张磊	《经济学家》	2018 年 06 期
11	习近平新时代中国特色社会主义经济思想科学体系初探	陆立军、王祖强	《经济学家》	2018 年 11 期
12	伟大的实践深邃的理论——学习习近平新时代中国特色社会主义经济思想的体会	马建堂	《管理世界》	2019 年 01 期
13	习近平新时代中国特色社会主义精准扶贫思想研究	潘慧、滕明兰、赵嵘	《上海经济研究》	2018 年 04 期
14	习近平新时代中国特色社会主义经济思想的理论内涵和逻辑结构	王朝科	《教学与研究》	2019 年 01 期
15	习近平新时代中国特色社会主义城乡融合发展思想研究	王振坡、韩祁祺、王丽艳	《现代财经》	2018 年 11 期
16	习近平新时代中国特色社会主义经济思想：马克思主义政治经济学关于社会主义现代化建设的创新发展	魏建	《改革》	2018 年 11 期
17	理解习近平新时代中国特色社会主义经济思想的六个维度	张开、顾梦佳、王声啸	《政治经济学评论》	2018 年 01 期

(续表)

序号	题目	作者	刊物	发表时间
18	习近平新时代中国特色社会主义经济思想的学理逻辑	张占斌、钱路波	《国家行政学院学报》	2018年06期
19	习近平新时代中国特色社会主义经济思想的一致性、整体性与创新性——纪念新中国成立70周年	庄尚文、朱晨之、许成安	《首都经济贸易大学学报》	2018年01期
20	习近平新时代中国特色社会主义金融思想研究	邹新悦、蔡卫星、潘成夫	《广东财经大学学报》	2018年02期

四、政治经济学视野下的生产力研究

生产力理论是马克思主义政治经济学理论体系的重要理论基石，也是马克思主义政治经济学的重要组成部分。生产力是不是政治经济学的研究对象？政治经济学应如何研究生产力？这是理论界长期以来争议不断的问题。近年来，围绕着中国特色社会主义政治经济学的生产力研究，学界阐发了一些新的理论观点。

在马克思主义政治经济学当中，研究对象不仅包括生产关系，也包括内容丰富的生产力理论。赵华灵（2012）、马昀、卫兴华（2013）都从唯物史观的角度阐明生产力是人们生产物质资料的能力。构成生产力的诸要素既包括劳动力和生产资料，也包括管理、分工协作、科学、自然力等。程启智（2014）提出，传统的生产力理论是一维的要素生产力理论，而马克思的生产力理论实际是由要素生产力和协作生产力构成的二维理论体系。卫兴华、聂大海（2017）也提出了中国特色社会主义政治经济学与马克思主义政治经济学在研究对象上的异同。相同点是二者都要研究生产关系。不同点是马克思主义政治经济学系统、全面、透彻地研究了资本主义生产关系；中国特色社会主义政治经济学要从理论上研究怎样更好、更快地发展生产力，但不是研究技术层面的生产力，而是研究社会层面的生产力。

也有观点认为，中国特色社会主义生产力理论是对马克思主义生产力理论的丰富和发展。余金成、于峰（2012）认为，政治经济学所要研究的生产关系并非孤立存在，它下连生产力，上挂上层建筑，呈现为三者互动的关系。本来意义上政治经济学虽然针对生产关系问题，却全面深入到生产方式、社会形态、意识形态诸多领域。此外，中国特色社会主义生产力理论也不能忽视对"生产力-生产关系"的深化研究。生产力与生产关系矛盾运动的原理是政治经济学的理论基础，正如王峰明（2019）提出，生产力与生产关系的矛盾运动是社会赖以存在的经济基础和历史变迁的根本动力。因此，不能把两者的矛盾解释为外部的机械对立，忽视了生产关系在生产力内部的作用，从而陷入客观唯心主义。

习近平新时代中国特色社会主义经济思想，开辟了马克思主义政治经济学思想的新境界，进一步丰富和发展了马克思主义关于生产力和生产关系的理论。党的十八大以来，我国社会经济发展进入新时代，以习近平同志为核心的党中央继续强调解放和发展社会生产力原则。顾海良（2015）从话语体系角度说明了党的十八大以来习近平系列重要讲话中关于生产力理论中国话语的新探索，如"发展生产力""保护生产力""最大限度解放和激发科技作为第一生产力所蕴藏的巨大潜能"等，提升了生产力理论中国话语的意蕴。胡鞍钢、张巍、张新（2018）也提出了全面发展以人民为中心的五大生产力：经济生产力、科技生产力、社会生产力、文化生产力和生态生产力。系统保护生产力机制也是中国特色社会主义政治经济学生产力理论的重要内容。任保平（2018）、华章琳（2015）、余锦龙（2013）等人认为，从政治经济学的意义上来说，绿色生产力的发展催生了绿色财富，绿色财富的理念推动了财富理论的创新，并在此基础上，强调保护和发展生产力。此外，任保平、李梦欣（2018）总结出绿色生产力发展的三条路径：治理和修复生态环境、促进产业生产力的绿色化、增强绿色产品的供给能力。

表3-4 研究主题"政治经济学视野下的生产力研究"最有影响力的二十篇学术论文（2012—2019）（按第一作者姓氏拼音排序）

序号	题目	作者	刊物	发表时间
1	马克思生产力论的生态维度及其当代价值	包庆德	《中国社会科学院研究生院学报》	2012年06期
2	论马克思生产力理论的两个维度：要素生产力和协作生产力	程启智	《当代经济研究》	2013年12期
3	生产力的二维理论：要素生产力和协作生产力及其互动演化——兼论马克思主义经济学在当代的发展与借鉴	程启智	《河北经贸大学学报》	2014年01期
4	马克思社会生产力学说的现代意义	杜建菊、王德礼	《求实》	2013年07期
5	新政治经济学的理论创新和学科建设——基于马克思主义生产力理论中国话语的思考	顾海良	《中国高校社会科学》	2015年03期
6	生产力的三层维度与决定论的多种表现——马克思主义历史决定论新探	关锋、刘卓红	《马克思主义研究》	2015年09期
7	全面发展以人民为中心的五大生产力	胡鞍钢、张巍、张新	《清华大学学报（哲学社会科学版）》	2018年08期
8	"生产的自然条件"与生产力发展的二重性——析马克思主义生产力理论之生态文明视角	胡建	《哈尔滨工业大学学报（社会科学版）》	2012年02期
9	论习近平"生态环境生产力"——当代中国马克思主义生产力观	华章琳	《学术论坛》	2015年09期
10	生产力理论的辩证认识与现实意义	李松龄	《经济问题》	2017年05期
11	重新理解马克思的生产力思想	马文保	《哲学研究》	2014年05期
12	用唯物史观科学把握生产力的历史作用	马昀、卫兴华	《中国社会科学》	2013年11期

(续表)

序号	题目	作者	刊物	发表时间
13	新时代中国特色社会主义绿色生产力研究	任保平、李梦欣	《上海经济研究》	2018年06期
14	文化生产力：马克思劳动价值论的当代创新——兼论社会主义价值创造的特点及旨归	孙大飞、徐婷	《西南交通大学学报（社会科学版）》	2015年08期
15	马克思主义政治经济学的研究对象与生产力的关系	卫兴华、聂大海	《经济纵横》	2017年01期
16	马克思生产力概念的辩证诠释及生态价值	徐海红	《中国地质大学学报（社会科学版）》	2018年01期
17	对马克思恩格斯理想社会生产力条件的再认识	余金成、于峰	《江汉论坛》	2012年04期
18	马克思生产力理论所蕴含的生态经济思想	余锦龙	《中国特色社会主义研究》	2013年04期
19	马克思生产力理论的嬗变与唯物史观的形成	赵华灵	《当代世界与社会主义》	2012年01期
20	马克思《资本论》及其手稿中的生产力概念	赵家祥	《党政干部学刊》	2012年06期

五、政治经济学视野下的生产方式研究

马克思主义政治经济学认为生产方式是社会存在与社会发展的决定力量，其研究对象是生产方式以及同它相适应的生产关系。中国特色社会主义政治经济学不仅以中国特色社会主义生产方式及其生产关系为研究对象，而且应对中国特色社会主义生产方式进行多色层的科学研究。因此，近年来学界围绕社会主义生产方式的研究，成为中国特色社会主义政治经济学的重要内容之一。

生产方式是马克思主义政治经济学的重要概念，马克思、恩格斯科学地确立了生产方式范畴，阐明了生产方式的主要地位与作用。陈文通

（2012）提出，为了准确理解生产方式的含义和澄清理论是非，首先需要重温马克思主义创始人关于生产方式的论述，进而搞清楚生产方式同生产关系和所有制范畴的关系。吴宣恭（2013）认为，生产方式最大量出现的含义之一是生产关系，即包括生产、交换、分配、消费关系的广义的生产关系，或者是马克思所说的"生产关系总和""社会生产关系""经济关系"，而不是仅在生产领域中发生的，与交换、分配关系并列的狭义的生产关系。周绍东（2016）进一步说明，马克思所指的生产方式具有两层含义：一是指劳动者在生产过程中与生产资料结合的方式，也即生产方式（一般）；二是指生产的社会形式，也即生产方式（特殊）。但是，传统社会主义经济理论却忽视或曲解了马克思主义政治经济学的生产方式理论。于金富（2015）总结了三个方面的消极影响：一是忽视生产方式的作用，曲解生产方式范畴，把生产方式排除在政治经济学研究对象之外；二是不顾本国实际国情机械地照搬马克思关于社会主义生产方式某些具体结论，未能创造性地探索社会主义生产方式新的实现形式；三是无视亚洲与东方社会历史的客观实际，把以欧洲与西方社会历史为基础的五种生产方式理论当作人类社会普遍的发展规律，忽视与回避对以亚洲为代表的东方国家生产方式的理论研究。

进入新时代，以数字技术为核心的科技革命与工业革命呈现出加速发展的趋势，对传统生产方式变革产生了重要影响。刘方喜（2017）提出，当前第三次工业革命正在引发价值原则、社会有机体、生产主体、生产资料所有制、生产关系等各方面的转型，而根本转型则在"劳动资料形式"变革所引发的物质生产基本范式的转换。周绍东（2016）提出，"互联网＋"作为一种新的技术形态，其作用不仅仅在于促进生产力本身的发展，它更多的是指生产方式的变革。乔晓楠、郜艳萍（2019）也阐明了新技术革命及其所引领的工业革命，不仅能够提高劳动生产率，推动生产力发展，而且也必然深刻地改变经济社会的生产方式，乃至影响世界经济格局。此外，具体到农业，文东升（2014）将马克思主义小农改造理论的中国化进程及其理论成果概括为"合作化""市场化"和"产业化"。王贻术（2014）也认为，20世纪以来，世界农业并未朝着马克思所预测的"地主—资产阶级—农业雇佣工人"的资本主义农业生产方式演进，相反，农业家庭生产经营方式得到了进一步的发展和巩固，但不能以此来否定马克思农业生产方式理论的科学性。

表3-5 研究主题"政治经济学视野下的生产方式研究"最有影响力的二十篇学术论文（2012—2019）（按第一作者姓氏拼音排序）

序号	题目	作者	刊物	发表时间
1	正确理解生产方式与生产关系及所有制范畴的关系	陈文通	《经济纵横》	2012年04期
2	政治经济学应当格外重视对生产方式的研究	陈文通	《经济纵横》	2012年03期
3	从经济史的角度看生产力、生产方式与生产关系之间的关系	黄涛、曹子勤	《内蒙古财经学院学报》	2012年01期
4	试析马克思主义"生产方式"范畴的中国化	靳书君、王凤	《社会主义研究》	2018年01期
5	"亚细亚生产方式"再探讨——重读《资本主义生产以前的各种形式》的思考	李根蟠	《中国社会科学》	2016年09期
6	论如何整体把握政治经济学基本理论——基于生产方式的范畴	林金忠	《学习与探索》	2012年11期
7	"大机器工业体系"向"大数据物联网"范式转换：社会主义"全民共建共享"生产方式建构的重大战略机遇	刘方喜	《毛泽东邓小平理论研究》	2017年10期
8	数字经济与资本主义生产方式的重塑——一个政治经济学的视角	乔晓楠、郗艳萍	《当代经济研究》	2019年05期
9	马克思晚期东方社会理论的转型——从"亚细亚生产方式"到"跨越'卡夫丁峡谷'"	涂成林	《学术研究》	2014年11期

(续表)

序号	题目	作者	刊物	发表时间
10	马克思"生产方式"范畴考释——以《资本论》及其手稿为语境	王峰明	《马克思主义与现实》	2014 年 04 期
11	资本主义生产方式的二重性及其正义悖论——从马克思《资本论》及其手稿看围绕"塔克—伍德命题"的讨论	王峰明	《哲学研究》	2018 年 08 期
12	马克思对资本主义生产方式的批判及其当代价值——基于人学的解读	王海传、岳丽艳	《求索》	2012 年 12 期
13	马克思农业生产方式理论及其现实反思	王贻术	《理论视野》	2014 年 06 期
14	小农生产方式的社会化——马克思主义小农改造理论的中国化探析	文东升	《中共福建省委党校学报》	2014 年 07 期
15	论作为政治经济学研究对象的生产方式范畴	吴宣恭	《当代经济研究》	2013 年 03 期
16	"三种社会形态论"与"四种生产方式论"再研究——以《资本论》及手稿为中心	郗戈	《马克思主义研究》	2017 年 04 期
17	生产方式理论：经典范式与现代创新	于金富	《经济学家》	2015 年 10 期
18	社会主义市场经济是新型社会主义生产方式——写在中国改革开放四十周年	余金成	《中国矿业大学学报（社会科学版）》	2018 年 06 期
19	《资本论》关于生产关系的整体分析	张雷声	《当代经济研究》	2017 年 04 期
20	"互联网+"推动的农业生产方式变革——基于马克思主义政治经济学视角的探究	周绍东	《中国农村观察》	2016 年 06 期

六、政治经济学视野下的生产关系研究

生产关系不仅是马克思主义哲学的一个重要范畴，更是马克思主义政

治经济学的研究对象。政治经济学自产生以来，探讨的主题就是国民财富的生产与分配规律，特别是在其中具有决定性作用的经济制度和生产关系。近年来，学术界围绕生产关系的相关问题进行了深入研究，取得了一系列的研究成果。

马克思主义政治经济学是在生产力与生产关系矛盾统一体的框架下，研究社会生产关系及其发展规律的科学。卫兴华（2012）提出，马克思所研究的生产关系，就是在生产四环节——"生产、分配、交换、消费"中的生产关系。既要区分广义的生产关系（生产、分配、交换、消费四方面的关系）和狭义的生产关系（主要是直接生产过程中的关系），也应研究作为资本主义历史条件和前提的资本原始积累的关系，特别是作为生产关系基础的生产资料所有制关系和生产资料与劳动力相结合的经济关系。何玉霞、刘冠军（2013）认为，生产关系是马克思、恩格斯在《德意志意识形态》中首次提到的概念，指人们在物质资料生产过程中结成的社会关系，它是生产方式的社会形式，又称社会生产关系、经济关系。程启智（2013）论述了马克思的生产关系理论实际上是一个由所有制和依赖关系构成的二维理论体系，二维生产关系理论是正宗的马克思的理论。胡钧、赵燕（2016）也提出正确理解和运用生产关系在生产力发展中起到推进作用，并指导我国当前经济发展，对中国人民树立道路自信、认清发展方向、增强发展凝聚力起到决定性作用。

中国特色社会主义政治经济学的核心是建立以人民为中心的社会生产关系。孙新建（2017）认为，构建以人民为中心的生产关系重点是要建立与以人民为中心经济发展相适应的社会生产关系基础体系，明确劳动者地位及相互间的关系，优化产品分配和解决好劳动就业、收入分配、社会保障、生态文明等问题。周新城（2017）认为，完善社会主义生产关系，既要重视反映社会经济形态本质的人与人之间的经济关系，即社会经济关系，也要重视在具体组织生产、交换、分配、消费过程中发生的人与人之间的经济关系，即组织经济关系。巫文强（2017）也阐明了只有建立以人民为中心的生产关系，国家才能够真正主导社会生产和分配活动，实现让人的生存和发展得到好的保障的生产目的，使人民的利益得到切实的保护，以劳动群众为主体社会成员的人民的生存和发展才有可靠的保障。此外，王琳等（2018）将我国生产关系演变的理论机理总结为：第一，"生产力与生产关系的动态适应"是我国生产关系演变的逻辑主线；第二，"以人民为中心"是我国生产关系演变的内在轴心；第三，"政府控制力"是我国生产关系演变的宏观保障。

表3-6 研究主题"政治经济学视野下的生产关系研究"最有影响力的二十篇学术论文（2012—2019）（按第一作者姓氏拼音排序）

序号	题目	作者	刊物	发表时间
1	马克思生产关系二维理论体系形成过程的系统考察	程启智	《学海》	2013年01期
2	马克思重建个人所有制的再解读——以生产关系的二重性为分析视角	何玉霞、刘冠军	《社会主义研究》	2013年01期
3	为什么用物质利益关系而不用生产关系——政治经济学研究对象的进一步讨论	侯风云	《河北经贸大学学报》	2017年02期
4	政治经济学研究对象确定为生产关系的重大实践意义与当代价值	胡钧、赵燕	《经济纵横》	2016年11期
5	再论生产力、生产方式与生产关系之间的关系——基于人类社会生产变迁史的思考	黄涛、韩鹏	《西部论坛》	2012年03期
6	现状与问题：马克思生产方式思想研究	马文保	《哲学研究》	2015年06期
7	中国特色社会主义政治经济学理论体系构建——以人民为中心的社会生产关系视角	孙新建	《改革与战略》	2017年03期
8	改革开放40年我国生产关系演变的现实路径与理论机理	王琳、马艳、张思扬	《上海财经大学学报》	2018年12期

(续表)

序号	题目	作者	刊物	发表时间
9	《资本论》中的生产关系现象学研究	王代月	《教学与研究》	2012 年 01 期
10	中国改革开放以来的经济关系演变：现实路径与理论逻辑	王琳、马艳	《马克思主义研究》	2019 年 02 期
11	政治经济学中的几个理论问题辨析	卫兴华	《学术月刊》	2012 年 11 期
12	中国特色社会主义需要以人民为中心建立社会生产关系——以人民为中心的中国特色社会主义政治经济学研究系列之一	巫文强	《改革与战略》	2017 年 06 期
13	分配关系和生产关系的关联性问题研究——基于马克思主义政治经济学视角	武平平	《黑龙江社会科学》	2012 年 02 期
14	马克思关于生产关系变革完整根据思想解蔽	肖士英	《陕西师范大学学报（哲学社会科学版）》	2014 年 05 期
15	马克思历史发展视角下的人类发展：从资本主义到社会主义的生产关系与所有制形式	萧衡钟、蔡小菊	《改革与战略》	2013 年 01 期
16	生产关系的三层次解读关系及其意蕴——政治经济学研究对象域内的道名学说和生长论	许光伟	《当代经济研究》	2016 年 10 期
17	社会生产关系特征论	杨欢进、杨柳婧	《河北学刊》	2014 年 04 期
18	马克思政治经济学的社会关系分析基础及其当代意义——纪念《资本论》发表150周年	赵春玲	《政治经济学评论》	2017 年 06 期
19	公有制经济为主体多种所有制经济共同发展的客观性研究——以马克思的生产关系要适合生产力性质规律为视角	周晓梅	《当代经济研究》	2018 年 06 期
20	生产关系是一个有多层次内容的系统，应该全面地研究——中国特色社会主义政治经济学若干问题之三	周新城	《毛泽东邓小平理论研究》	2017 年 11 期

七、劳动价值论相关问题研究

解释社会生产方式的历史必然性、进步性、正义性，总是从一定阶级利益和立场出发的，因为一定的社会生产方式总是由一定的阶级所代表的。而价值理论是对一定生产方式的正义性和必然性最深刻的政治经济学分析。因此，政治经济学为其阶级所代表的生产方式的正义性和必然性论证时，必须具有自己的价值学说，并以此作为其全部政治经济学的基石。在本报告统计期间，中国政治经济学有关劳动价值论的探讨，主要集中在中国特色社会主义政治经济学如何坚持劳动价值论、劳动与商品价值的关系、对原本的解读和知识经济时代劳动价值论新发展四个方面。

构建中国特色社会主义政治经济学必须坚持劳动价值论。刘伟（2017）提出，政治经济学必须讨论价值理论并使之成为全部理论的基石，特别是马克思在批判继承古典经济学基础上创造的劳动价值论。要坚持马克思主义彻底否定私有制及与私有制相联系的商品生产关系的历史观，实现对产业革命的历史回应。高林远（2019）认为，"劳动创造价值"是从劳动人民立场出发来认识和研究资本主义生产方式的理论学说，不能试图将各种非劳动因素视为价值创造源泉，也不能离开马克思劳动价值论的内在逻辑来任意扩展"劳动"概念。丁堡骏、于馨佳（2014）也坦言，科技×劳动共同创造价值的新劳动价值论是对马克思科学的劳动价值论的背离和庸俗化。许光伟（2013）从对马克思主义视域内的二重性的分析入手，提出马克思劳动价值论是对资产阶级经济学进行整体性批判所得到的认识结果，是对历史进行总体分析、系统性考察而得出的建构性理论，是批判与建构的统一性理论。尹敬东、周绍东（2015）进一步补充，需求分析在以劳动价值论为基础的资源配置理论中占有重要地位。孟捷（2015）认为，应从整体上讨论剩余价值论，需要同时兼顾决定剩余价值率的阶级斗争理论和决定剩余价值率的投资理论。

社会总劳动的分配、商品价值量与国民收入之间的关系也是研究的重点。冯金华（2013）在假定等价交换以及一国经济的价值总量等于劳动总量的基础上，推导出决定单位商品价值量的具体表达式，指出在单位商品价值量的决定中，两种含义的社会必要劳动时间所起的作用虽有所不同，但都不可或缺。柳欣（2013）认为，马克思经济学所关注的正是现实经济中由货币和国民收入核算统计变量所表示的资本主义竞争与收入分配的社会关系，而主流经济学基于生产函数的技术分析和对现实问题的解释完全是错误的。

也有部分学者追本溯源。郭冠清（2015）以 MEGA2 提供的文本文献为基础，对恩格斯称之为"唯物主义历史观"的新历史观、劳动价值论和政治经济学研究对象进行了重新解读，认为：（1）新历史观产生于对"德意志意识形态"批判的哲学语境之中，但本身并不是一个哲学命题。以新历史观诞生为标志，马克思实现了从"哲学批判"向"政治经济学批判"的转变。（2）生产方式并不是"生产力和生产关系的统一"，交往形式、交往关系等也不是"生产关系"的同义语，新历史观包含着政治经济学核心范畴的建立。（3）新历史观的"生产力—生产方式—生产关系"原理被误读为"生产力—生产关系"原理。（4）劳动价值论不仅包含着对价格背后原因的本质解释，而且还建立了一个通向分配正义的评价体系。（5）马克思经济学的研究对象不仅包含着人与人之间的关系研究，而且还包含着"人与自然"之间的关系研究。郗戈、荣鑫（2014）则提出，《1844 年经济学哲学手稿》是马克思将哲学与政治经济学结合起来的初步尝试，其中呈现出来的一系列理论问题仍是当前研究的疑难点和争议点，应对此进行重新发问与探讨，将其作为新的研究生长点。

学界当前对劳动价值论的研究已经取得了许多有价值的成果，但仍然不能满足时代发展的需要，值得进一步探讨和研究的问题还很多。冯茜

(2018)在梳理文献的基础上，提出当前劳动价值论研究存疑颇多，如哪些劳动可以创造价值，财富和价值是否仅仅由工人的生产劳动创造，新的历史时代马克思劳动价值理论能否解释当下现实的经济问题等。乔晓楠、何自力（2017）认为马克思主义政治经济学并不排斥数学方法，但是应在坚持劳动价值论的基础上，构建一种包含工人与资本家两种行为主体，区分生产资料与消费资料两大部类，并且纳入剥削关系与迂回生产特点的动态模型。邱海平（2013）提出，我国理论经济学研究必须在发达资本主义经济的发展趋势问题、社会主义与市场经济的关系问题、我国经济进一步对外开放的性质和道路问题等重大实践问题方面加强理论创新、提供理论支持。黄华、程承坪（2017）也提出，中国特色社会主义政治经济学的理论创新方向可以从以人本为中心、以劳动逻辑为主轴、以公有制为主体多种所有制共同发展为基础、以市场有效和政府有为为理念来探寻。

表3-7 研究主题"劳动价值论相关问题研究"最有影响力的二十篇学术论文（2012—2019）（按第一作者姓氏拼音排序）

序号	题目	作者	刊物	发表时间
1	究竟是发展，还是背离和庸俗化了马克思科学的劳动价值论？——评何祚庥对马克思劳动价值论的"发展"	丁堡骏、于馨佳	《政治经济学评论》	2014年02期
2	社会总劳动的分配和价值量的决定	冯金华	《经济评论》	2013年06期
3	21世纪以来国内马克思劳动价值论研究述评	冯茜	《经济问题》	2018年02期
4	论马克思劳动价值论的立场、论证方法和理论逻辑	高林远	《四川师范大学学报（社会科学版）》	2019年01期
5	回到马克思：政治经济学核心命题的重新解读（上）——以《马克思恩格斯全集》历史考证版第二版（MEGA2）为基础	郭冠清	《经济学动态》	2015年05期

(续表)

序号	题目	作者	刊物	发表时间
6	试论中国特色社会主义政治经济学的理论创新方向——基于马克思政治经济学批判的分析	黄华、程承坪	《经济学家》	2017年06期
7	检验劳动价值论：方法与证据	李海明	《经济学动态》	2017年09期
8	中国特色社会主义政治经济学必须坚持马克思劳动价值论——纪念《资本论》出版150周年	刘伟	《管理世界》	2017年03期
9	马克思经济学与资本主义	柳欣	《南开经济研究》	2013年06期
10	数据商品的价值与剥削——对克里斯蒂安·福克斯用户"数字劳动"理论的批判性分析	陆茸	《经济纵横》	2019年05期
11	劳动力价值再定义与剩余价值论的重构	孟捷	《政治经济学评论》	2015年04期
12	关于生产和需求关系的经济学演进研究——基于对新时代社会主要矛盾的经济学阐释	钱智勇、薛加奇	《吉林大学社会科学学报》	2018年03期
13	唯物史观、动态优化与经济增长——兼评马克思主义政治经济学的数学化	乔晓楠、何自力	《经济研究》	2017年08期
14	我国理论经济学研究2012年的新进展及面临的重大实践问题	邱海平	《经济纵横》	2013年02期
15	马克思劳动价值论的革命意义及当代价值——对非物质劳动论与知识价值论的再思考	孙乐强	《理论探索》	2017年03期
16	哲学与政治经济学的相遇——《1844年经济学哲学手稿》若干疑难问题探析	郗戈、荣鑫	《政治经济学评论》	2014年03期
17	劳动二重性实践之路：从批判到蕴涵批判的建构——马克思劳动价值论的理论诞生意蕴	许光伟	《江汉论坛》	2013年02期
18	基于劳动价值论的资源配置理论研究	尹敬东、周绍东	《经济学动态》	2015年05期

(续表)

序号	题目	作者	刊物	发表时间
19	马克思价值理论的双重意蕴及其启示	张琼	《南京政治学院学报》	2013年03期
20	中国建构新政治经济学的实质——重构马克思主义政治经济学	赵海瑞	《河北经贸大学学报》	2014年05期

八、唯物史观与政治经济学

政治经济学与唯物史观相辅相成，唯物史观是政治经济学的哲学前提，政治经济学是唯物史观具有合理性和合法性的理论根据。作为与中国道路和中国价值相适应的中国特色社会主义政治经济学，是以马克思政治经济学为基础创立的，同样应该具有唯物史观的意蕴。

回到原本，研究"唯物史观"的本质概念和发展历程是近年来的热门话题。曹典顺（2019）认为，唯物史观研究本质上是一个基于哲学性质敞开的动态性研究。它经历了三个阶段，呈现出三种研究范式。第一个阶段是哲学批判的研究范式，以唯物史观应该发现人类社会发展的一般规律"是什么"作为其理论追求。第二个阶段是政治经济学批判的研究范式，以唯物史观应该展现出自己"为什么"能够把为社会实践服务作为其理论生命。第三个阶段是人类学研究的研究范式，以唯物史观应该"怎么是"在世界历史中得以实现其理论使命。安启念（2013）提出，虽然马克思、恩格斯在《德意志意识形态》中表述的思想是成熟的，但是用语、概念是不成熟的，建构唯物史观的经典表述是一项有待完成的任务。隽鸿飞（2013）认为，唯物史观作为马克思思想的核心既是建立在政治经济学批判的基础之上的，也是在政治经济学批判中得到进一步深化和发展的。薛俊强（2014）补充认为，历史唯物主义是"实践""批判"和"革命"的社会历史理论，是聚焦揭示人的生命个体被"物化"的社会关系统治的历史根源，洞悉社会生活本质，探求实现每个人自由个性和全面发展的现实道路。

《资本论》是马克思主义政治经济学的成熟著作，也是唯物史观建构历程的重要理论环节，也正是在这个意义上，《资本论》不仅成为构建中国特色社会主义政治经济学的文本参考，也为其提供了重要的方法论工具。张雷声（2013）以《资本论》及其创作过程为例提出，唯物史观与剩余价值理论的结合是我们理解马克思主义理论整体性的一个重要视角。孔扬、姜大云（2013）提出，以《资本论》文献群为载体的政治经济学处于枢纽位置：从逻辑递进来看，唯物史观为剩余价值学说奠定了世界观基础，剩余价值学说又为科学社会主义进行了经济学论证；从有机循环来看，《资本论》较《德意志意识形态》更加深刻地揭示了唯物史观的形成前提，进而又使剩余价值学说上升到世界观"基础之基础"的地位，是唯物史观的再奠基。付文军（2019）认为，马克思在批判省思黑格尔和蒲鲁东思想的基础上，"合理运用"否定性原则揭示了资本主义的产生、发展和灭亡的全过程，在对资本主义社会的实质性批判中践行着"改变世界"的承诺。

对如何将理论与现实相结合，如何使唯物史观与政治经济学相契合，从推动中国特色社会主义市场经济的平稳发展这一问题，也有大批学者作出解答。胡磊、赵学清（2018）提出，政治经济学的创新发展需要坚持唯物史观和唯物辩证法相结合的根本方法，也要发展具体方法，合理借鉴现代西方经济学研究方法。王华华（2017）则从"共享发展"这一概念出发，提出在研究中应避免两种倾向：一种是把中共在马克思主义中国化实践中所提的政策概念硬塞给马克思，另一种是硬找马克思的概念为中共改革中的现实举措做合法性论证。张守奎（2014）也提出，未来的历史唯物主义研究，应该从过去的"宏观研究"范式向"微观研究"范式调整，复原并凸显出历史唯物主义的"批判性"和"实践性"品格，在注重其时代现实性和加强介入社会现实问题能力的同时，强化其学术性。王伟光（2016）则认为，马克思的两个伟大发现构筑了马克思主义全部理论的坚实基础，坚持这一点对当今发展仍然具有重要的现实意义。王立胜（2019）补充道，只有科学理解唯物主义历史观，准确把握经济与政治的辩证关系，才能更好地构建中国特色的社会主义市场经济理论。

表3-8 研究主题"唯物史观与政治经济学"最有影响力的二十篇学术论文（2012—2019）（按第一作者姓氏拼音排序）

序号	题目	作者	刊物	发表时间
1	唯物史观理论演进的研究范式	曹典顺	《中国社会科学》	2019年08期
2	《德意志意识形态》在《资本论》创作史中的地位和作用	董良杰	《高校理论战线》	2013年01期
3	论资本主义"自我否定"的逻辑——基于《资本论》及其手稿的批判性考察	付文军	《社会主义研究》	2019年05期
4	唯物史观何以超越经济决定论——基于马克思对古典政治经济学批判发生的区别的分析	郝继松	《浙江社会科学》	2019年12期
5	用唯物史观指导开拓当代中国政治经济学新境界	何干强	《经济纵横》	2016年03期
6	马克思主义政治经济学的根本方法和具体方法——纪念马克思诞辰200周年	胡磊、赵学清	《经济学家》	2018年09期
7	政治经济学批判与唯物史观	隽鸿飞	《学习与探索》	2013年02期
8	《资本论》在马克思主义三大组成部分中的枢纽地位再认识	孔扬、姜大云	《中国社会科学院研究生院学报》	2013年03期
9	再论马克思《〈政治经济学批判〉序言》中的溯因解释	鲁克俭	《河北学刊》	2013年06期
10	"市民社会"及其在《资本论》中的逻辑地位（二）——兼与沈越教授商榷马克思恩格斯著作的翻译问题	罗雄飞	《河北经贸大学学报》	2015年04期

(续表)

序号	题目	作者	刊物	发表时间
11	马克思讲过"共享发展"吗？——兼评马克思主义中国化研究中的两种倾向	王华华	《社会主义研究》	2017 年 01 期
12	马克思社会分工理论的思想来源、形成轨迹与发展脉络	王磊	《南华大学学报（社会科学版）》	2013 年 02 期
13	科学理解唯物史观中经济与政治的辩证关系：三次争论及其当代启示	王立胜	《中共中央党校（国家行政学院）学报》	2019 年 02 期
14	学习和掌握马克思两个伟大发现的重要意义	王伟光	《马克思主义研究》	2016 年 08 期
15	《〈政治经济学批判〉序言》的文本分析和唯物史观经典表述解读	魏广志	《喀什师范学院学报》	2013 年 05 期
16	"实践"、"批判"和"革命"的社会历史理论——历史唯物主义理论本性的再思考	薛俊强	《南京社会科学》	2014 年 01 期
17	论唯物史观与剩余价值理论的结合——以马克思《资本论》及其创作过程为例	张雷声	《学习与探索》	2013 年 08 期
18	《资本论》的唯物史观逻辑	张丽霞	《理论探讨》	2018 年 05 期
19	历史唯物主义研究范式的反思与调整	张守奎	《中共浙江省委党校学报》	2014 年 02 期
20	马克思主义政治经济学研究对象和方法的确立	张旭	《经济纵横》	2018 年 05 期

九、《资本论》及其手稿研究

《资本论》是马克思一生最重要的著述之一，是诠释马克思主义思想的重要文本依据。马克思在《资本论》中不仅深刻揭示了资本主义生产方式的本质及其历史发展趋势，而且还揭示了现代经济体系运行的一般机制和规律。迅猛推进的全球化态势，特别是近年由西方资本主义国家引发的世界性的经济危机，再一次证明了马克思的基本理论及其对资本主义的深刻批判仍然是透视当代世界重要而有效的思维方式。在当代新的境遇下要把政治经济学研究推向新的高度和层次，仍然绕不开这座"思想高峰"。《马克思恩格斯全集》历史考证版第二部分"《资本论》及其手稿卷"的出齐以及中文版《马克思恩格斯文集》10卷本的问世，为我们提供了更为权威而完整的文献资料，而当代理论思维水准的提升和社会实践的发展，也为我们重新研究《资本论》提供了极大的空间和可能。

伴随着全球化的发展与中国的改革开放，中国经济日益成为世界经济格局的重要组成部分，《资本论》中包含的宏观经济分析的科学方法和丰富理论，可以为中国特色社会主义宏观经济运行的理论构建提供重要的借鉴。它所揭示的商品经济运动规律，特别是关于社会总资本再生产的基本原理，对于分析中国宏观经济运行机制及对策，具有直接的指导意义。常研常新，据此，理论界从理论内容和当代价值等方面对《资本论》及其手稿进行了研究。

《资本论》及其手稿对古典政治经济学进行了超越。王庆丰在《马克思的〈资本论〉与古典政治经济学》（2013）中提出，古典政治经济学由于囿于经济学的研究领域，只能在资本主义社会框架之内探讨社会财富增长的机制原理。马克思的《资本论》突破了古典政治经济学不可逾越的界限——阶级关系，将单纯的经济学上升为存在论范畴，揭示了物掩盖下的人与人之间的剥削关系，破解了资本和存在的秘密。

关于对《资本论》及其手稿理论内容的深入研究，赵家祥在《资本逻辑与马克思的三大社会形态理论——重读〈资本论〉及其手稿的新领悟》（2013）一文中以资本逻辑和历史为标准，从社会三大形态理论提出的逻辑考察、人的依赖性社会的特点及其解体过程、物的依赖性社会的实质及其拜物教性质等五个方面，研究了三大社会形态论和五大社会形态论的统一性、一致性和差异性。卢江在《马克思经济危机理论释义及其当代价值》（2019）中把系统性危机定义为由制度决定的资本最大程度追求剩余价值对各方利益平衡的全面且难以修复的破坏。因此，他从资本主义制度的内在本质来理解系统性危机的动态变化，关键是看资本积累。一方面，资本主义制度平稳发展关键在于资本积累能持续进行，而当代资本主义经济、政治、社会、文化、生态等危机在时间和空间上有继起性也有并存性，相互交织和渗透，作为系统性危机的组成部分，它们在社会发展的不同阶段表现出来的内容并不一样。另一方面，从资本主义体系内外两个方面探讨资本积累理论视域下资本主义系统性危机的扩散过程，内部体系不同的国家在制度和结构上具有相似性，因此更加容易产生连锁效应；在经济全球化和资本价值观输出影响下，外部体系也会受到系统性危机感染和风险植入。

《资本论》及其手稿内容的当代意义可谓举足轻重。沈斐在《〈资本论〉在何种意义上与我们同时代——〈资本论〉的方法及其当代发展》（2013）中从方法论角度提出，"资本内在否定性"作为辩证法在《资本论》中的具体体现，时至今日依旧是政治经济学的重要方法论。它以理论与现实的双重批判为目的、以特定的资本积累结构为研究对象、以中间层次的研究为分析方法，为世界经济提供一种演化论认识，为政治经济学理论创新奠定方法论基础。吉志强在《〈资本论〉生态经济思想的基本特征及其当代价值》（2013）中提出，生态经济思想是《资本论》的重要内容，马克思在对资本主义生产过程进行系统分析和批判的过程中，表达出了一系列诸如循环经济、集约型经济、农业生态经济等丰富的生态经济思想。这些生态经济思想是集系统性、永续性、过程性和人道性等基本特征于一体的整体性思想。马克思在《资本论》中所阐释的生态经济思想及其基本特征对我们在社会主义市场经济条件下坚持科学发展、建设社会主义生态文明和构建社会主义和谐社会等都具有重要的指导价值。

表3-9 研究主题"《资本论》及其手稿研究"最有影响力的二十篇学术论文（2012—2019）（按第一作者姓氏拼音排序）

序号	题目	作者	刊物	发表时间
1	《资本论》的逻辑起点与当代意义	丁堡骏、王金秋	《经济纵横》	2015年01期
2	资本、资本逻辑与资本拜物教——兼论《资本论》研究的逻辑主线	付文军	《当代经济研究》	2016年02期
3	《资本论》生态经济思想的基本特征及其当代价值	吉志强	《广西社会科学》	2013年02期
4	不能脱离马克思的理论框架来发展劳动价值论	蒋南平、崔祥龙	《经济纵横》	2013年10期
5	准确把握《资本论》的精髓是重构马列主义政治经济学的前提	鞠立新	《经济纵横》	2013年12期
6	马克思经济危机理论释义及其当代价值	卢江	《经济学家》	2019年08期
7	流通费用、交易成本与经济空间的创造——《资本论》微观流通理论的当代建构	鲁品越	《财经研究》	2016年01期
8	论我国的奢侈品生产和消费——也论马克思《资本论》的奢侈品生产和消费思想	马伯钧	《社会科学》	2013年02期
9	《资本论》再研究：文献、思想与当代性	聂锦芳	《中国高校社会科学》	2013年06期
10	论《资本论》的经济危机理论体系——兼论社会主义与市场经济的兼容性	裴小革	《经济学动态》	2013年09期
11	《资本论》在何种意义上与我们同时代——《资本论》的方法及其当代发展	沈斐	《经济学家》	2013年06期
12	《资本论》形象的百年变迁及其当代反思	孙乐强	《马克思主义与现实》	2013年02期
13	论马克思异化劳动理论与资本批判理论的统一——《1844年经济学哲学手稿》与《资本论》的比较研究	孙熙国、尉浩	《中国高校社会科学》	2014年04期

（续表）

序号	题目	作者	刊物	发表时间
14	循环经济理论探源与实现路径——《资本论》的生态语境	王建辉、彭博	《武汉大学学报（哲学社会科学版）》	2016年01期
15	马克思的《资本论》与古典政治经济学	王庆丰	《学术研究》	2013年08期
16	怎样准确研读和把握马克思的经济学原理及其当代价值	卫兴华	《经济纵横》	2014年06期
17	《资本论》的所有制理论对社会主义事业的重要指导意义	吴宣恭	《经济学家》	2017年11期
18	略论《资本论》中货币经济理论的价值——基于中国特色社会主义市场经济的审视	鲜阳红、张尊帅	《经济问题》	2015年01期
19	论国企的根本问题是资本问题——《资本论》框架下的国企改革分析	张馨	《财贸经济》	2014年07期
20	资本逻辑与马克思的三大社会形态理论——重读《资本论》及其手稿的新领悟	赵家祥	《学习与探索》	2013年03期

十、政治经济学学科体系、学术体系和话语体系研究

任何一种理论体系都是学科体系、学术体系和话语体系三者的综合，政治经济学也不例外。构建中国特色社会主义政治经济学，必须从学科体系、学术体系和话语体系这紧密相连的三个方面着手，不断开拓当代中国马克思主义政治经济学新境界。近年来，政治经济学界围绕三大体系构建展开了一系列讨论，取得了一系列成果。

从研究三大体系的方法上来看，余斌在《中国特色社会主义政治经济学学科学术体系与叙述话语体系》(2018)中分析道，对中国特色社会主义政治经济学学科体系的研究和建设要采用从政治经济学一般、社会主义政治经济学一般到中国特色社会主义政治经济学特殊的由抽象到具体、由一

般到特殊的方法。

在学科体系建设方面，学科体系是学术体系、话语体系的基础。白永秀、吴丰华、王泽润在《政治经济学学科建设：现状与发展》（2016）中分析了学科体系建设的现状、挑战与提升策略，当前我国政治经济学学科在学科队伍、学科阵地、学科人才等方面都存在不少问题，亟须从学术研究、队伍建设、平台建设、人才培养等方面着手，系统创新政治经济学学术研究，高标准建设政治经济学队伍，打造政治经济学学科建设平台，提升人才培养水平。刘明远、李彬在《构建中国特色社会主义政治经济学须有合理的学科定位与边界划分》（2019）中从政治经济学理论体系建设和课程教学中遇到的诸多困境出发，提出学科定位与边界划分的重要性，认为构建中国特色社会主义政治经济学理论体系的前提应当是划清"基本原理"与"现实经济政策研究"之间的界限，给予"基本原理"以本来应该有的定位，建立两个层面上的政治经济学并推动其发展。

在学术体系建设方面，主张建设具有主体性、原创性观点的学术体系。刘儒、呼慧、李超阳在《不断创新当代中国马克思主义政治经济学理论体系和话语体系》（2016）中认为，当代中国经济学虽然在体制改革、经济发展和共享社会建设等诸多方面提出了一系列重要的理论、观点和学说，但是这些理论、观点和学说还显得非常零碎，没有形成一个体系完整并能令人信服的阐述中国经济奇迹的中国特色社会主义政治经济学理论框架和学术体系。此外，他们提出了宏观层面的方法论：（1）坚持由马克思《资本论》创立的政治经济学基本范式；（2）以问题为导向，致力于解决发展过程中的实践难题；（3）坚持开放包容姿态，吸收和借鉴世界政治经济学科学成果和理论，不断开拓马克思主义政治经济学新境界。

在话语体系建设方面，构建具有自身鲜明特征的话语体系，是中国特色社会主义政治经济学发展的基础工程和重要标识。中国经济学话语体系立足于中国国情，源于中国经验，又要做到放之四海而皆准，为此只有把它放到更宽广的分析框架和更多国家的经验中去检验,并用科学的方法提炼、概括和抽象,得出一般性的结论,从而形成特定的理论范式,创建出更多符合并有利于发展中国家发展的经济学理论。洪银兴在《〈资本论〉和中国特色社会主义经济学的话语体系》(2016)中提出,中国特色社会主义政治经济学话语体系要以《资本论》提供的马克思主义经济学范式为基础。其中包括《资本论》中建立的系统的经济学范畴,阐述的经济学基本原理,对未来社会的预见和规定,某些在《资本论》中明确认为到未来社会中不再存在而在社会主义初级阶段的实践中仍然起作用的经济范畴。中国特色社会主义政治经济学包含了马克思主义经济学中国化和时代化的话语,其创新和发展是马克思主义经济学范式和话语体系内的创新。其中包括:以生产力和生产关系的话语体系说明社会主义初级阶段及其基本经济制度,以商品经济和价值规律的话语体系说明社会主义市场经济,以生产关系和分配关系的话语体系说明社会主义初级阶段的分配制度,以发展生产力和扩大再生产的话语体系建立经济发展理论。胡家勇在《建设中国特色社会主义政治经济学话语体系》(2016)中提出,构建中国特色社会主义政治经济学话语体系,主要包括四个方面的内容:一是中国特色社会主义政治经济学话语体系要植根于中国改革开放和经济发展的丰厚土壤,系统展示中国特色社会主义发展道路和发展经验,并上升到理论高度;二是系统提炼、归纳改革开放以来党的重要文献和经济学界提出的一系列重大理论创新,形成基本理论命题;三是形成基本的概念和理论假设;四是构建中国特色社会主义政治经济学话语体系需要借鉴现代经济学中的科学成分。

表3-10 研究主题"政治经济学学科体系、学术体系和话语体系研究"最有影响力的二十篇学术论文(2012—2019)(按第一作者姓氏拼音排序)

序号	题目	作者	刊物	发表时间
1	政治经济学学科建设:现状与发展	白永秀、吴丰华、王泽润	《马克思主义研究》	2016年08期

(续表)

序号	题目	作者	刊物	发表时间
2	建构中国特色社会主义政治经济学话语体系的几点思考	包炜杰	《改革与战略》	2018年08期
3	"中等收入陷阱"的理论陷阱——兼论建立中国特色社会主义政治经济学的话语体系	蔡万焕	《思想教育研究》	2019年09期
4	新时代中国特色社会主义政治经济学话语体系的构建原则与路径	邓金钱、何爱平	《改革与战略》	2019年10期
5	重塑马克思主义政治经济学的指导地位和话语体系	丁堡骏	《政治经济学评论》	2013年01期
6	经济思想演进历程中的学科认知——从蒙克莱田的"政治经济学"到马歇尔的"经济学"	杜丽群、王欢	《政治经济学评论》	2019年04期
7	发展当代中国马克思主义政治经济学需要做好几方面的工作	顾海良	《政治经济学评论》	2016年01期
8	《资本论》和中国特色社会主义经济学的话语体系	洪银兴	《经济学家》	2016年01期
9	中国特色社会主义政治经济学的话语体系	洪银兴	《政治经济学评论》	2017年03期
10	建设中国特色社会主义政治经济学话语体系	胡家勇	《学习与探索》	2016年07期
11	构建中国特色社会主义政治经济学须有合理的学科定位与边界划分	刘明远、李彬	《当代经济研究》	2019年06期
12	不断创新当代中国马克思主义政治经济学理论体系和话语体系	刘儒、呼慧、李超阳	《西安交通大学学报（社会科学版）》	2016年05期
13	论中国特色社会主义政治经济学的政策—制度话语和学术—理论话语的相互关系	孟捷	《西部论坛》	2018年05期
14	构建以马克思主义政治经济学为指导的经济学学科体系、课程体系和教材体系	逄锦聚	《中国大学教学》	2016年08期

(续表)

序号	题目	作者	刊物	发表时间
15	构建中国特色经济学话语体系要有科学的价值功能和定位	权衡	《中共中央党校学报》	2018年03期
16	建构中国特色社会主义政治经济学的意义和方法——关于学习习近平"5·17讲话"精神的对话	王立胜、刘岳、姚宇	《学习与探索》	2017年06期
17	政治经济学"术语革命"或者话语革命——兼论"社会主义调节经济"新话语体系	颜鹏飞	《政治经济学评论》	2015年01期
18	中国特色社会主义政治经济学学科学术体系与叙述话语体系	余斌	《西部论坛》	2018年06期
19	求实、求真、求是,推进马克思主义政治经济学学科体系全面创新	张晖明、陆军芳、张成强	《毛泽东邓小平理论研究》	2016年01期
20	新时代中国特色社会主义政治经济学话语体系构建需明确的几个问题	张新春	《山东财经大学学报》	2018年02期

十一、政治经济学方法论研究

马克思主义方法论由辩证唯物主义和历史唯物主义构成,这二者也是政治经济学的根本方法,同时也是构建中国特色社会主义政治经济学所必须遵循的方法论原则。政治经济学研究的具体方法包括科学抽象法、从具体到抽象的研究方法和从抽象到具体的叙述方法、逻辑与历史相一致的方法、分析和综合相结合的方法、数量分析法,等等。近年来,围绕着辩证唯物主义和历史唯物主义在政治经济学中的具体运用,理论界展开了深入探讨,并就政治经济学如何推动方法论创新提出了很多新的观点。

《资本论》是马克思主义政治经济学的经典著作,也最为成熟地体现了马克思主义政治经济学的方法论原则。许光伟(2019)认为,解决之道始终在于历史"重新开始"与工作"再出发"。第一,必须按照生产一般与资本一般的机理关系，考订对象到研究对象的研究叙述关系，阐述全体规定的方法论工作内涵，从中"本土寻根"与寻求"辩证的表达"；第二，需要在马克思主义思维科学框架下，把握"本质对现象的关系"（规定），回答时代问题与实践问题。许光伟在另一篇文章（2019）中提出，马克思在《资本论》的创作中所提出的将研究方法与叙述方法相区别的方法论存在两种系统性表达，即形式表达和实质表达，这体现了"思维学与逻辑学的统一"。在坚持和发展马克思主义经济学时，也应从继承和发展的关系上理解中国特色社会主义政治经济学与《资本论》的方法论规范关系，从中发掘本土化的、真正的思维支持。许光伟也在政治经济学"方法论品性"和"理论品格"层面进行深入精细的研究（2018），在原则上构造为"革命性＋本土性＋具象性"的品性结构和包括继承发展品格、传承和创新品格、与时俱进品格及开放生成和兼容并蓄在内的理论品格。丁霞、颜鹏飞（2016）提出《资本论》的当代价值就是为构建当代中国马克思主义政治经济学体系提供方法论基础，这有助于把中国改革开放的实践经验上升为"系统化的经济学说"。

近年来，对政治经济学具体方法及其中国应用方面的研究也取得了进展。梁建洪（2014）提出，马克思主义经济学研究遵循的是实践原则，是按照人的逻辑展开，始于现实和改变现实的，研究的是"是什么"的问题，具有"是什么""应该是什么"和"可能是什么"的三重内涵。户晓坤（2013）提出，马克思力图通过对黑格尔辩证法和整个哲学的批判，以新的实证科学超越现代知性科学，同时借助"革命的辩证法"，通过揭示资本主义发展的内在逻辑，其内部发现了构成资本主义解体的根本矛盾和促使共产主义生成的革命因素，从而构成了对资本主义的决定性批判。任瑞敏、张晖明（2018）提出，厘清马克思主义政治经济学方法论的内在本质和发展脉络，是中国政治经济学理论创新的基础性工作，对实现创新具有先导意义。朱燕（2017）提出，在研究和发展中应借鉴马克思"第二条道路"

即"由抽象到具体"的逻辑方法,立足中国特色社会主义初级阶段的基本国情和改革发展实际,构建科学的中国特色社会主义政治经济学理论体系。赵磊(2018)补充,坚持马克思主义政治经济学的基本逻辑,需要从认识论的困境出发,批判指责辩证法是"变戏法"的流行观点。

也有部分学者致力于"经典对话",在更大范围内对政治经济学方法论进行知识"再生产"。许光伟(2019)从王阳明的著作出发,提出当前应通过各种"思想高地"的比较与综合,建立不同经济形态社会类型的工作融汇与思想对话,以"新时代"为依据,基于"主体社会""客体社会"两个规定层面进行"思维取象",重塑中国社会主义发展的学科范畴。石越(2017)从弗里德曼的《实证经济学方法论》出发,提出中国特色社会主义政治经济学应该在批判其以预测为核心的实证经济学方法论基础上,吸收其合理因素。

表3-11 研究主题"政治经济学方法论研究"最有影响力的二十篇学术论文(2012—2019)(按第一作者姓氏拼音排序)

序号	题目	作者	刊物	发表时间
1	马克思政治经济学方法论再研究——兼论当代中国马克思主义政治经济学体系	丁霞、颜鹏飞	《学术研究》	2016年06期
2	善于把握和融通"马克思主义的资源"——马克思政治经济学体系构建方法再研究	丁霞	《马克思主义研究》	2016年07期
3	马克思主义政治经济学方法论及其在中国的实践与发展	董瑞华	《上海商学院学报》	2016年02期
4	试论马克思主义政治经济学的历史观和方法论	杜云锋	《才智》	2013年35期
5	马克思政治经济学的"政治"解读——科学理解和运用马克思政治学的几个方法论问题	胡承槐	《浙江社会科学》	2017年04期
6	马克思政治经济学批判的方法论基础及其当代意义	户晓坤	《当代经济研究》	2013年05期

（续表）

序号	题目	作者	刊物	发表时间
7	马克思"政治经济学批判"的方法论原则及其贯彻——中国特色社会主义政治经济学的理论基础与学术自觉	户晓坤	《马克思主义研究》	2017年05期
8	中国特色社会主义政治经济学的方法论基础	黄莹、林金忠	《厦门大学学报（哲学社会科学版）》	2018年04期
9	经济学方法论的实践原则与实证原则	梁建洪	《政治经济学评论》	2014年02期
10	《资本论》与中国特色社会主义政治经济学的方法与方法论	邱海平	《华南师范大学学报（社会科学版）》	2018年06期
11	马克思主义政治经济学方法论：现实体现与发展路向——兼论对中国政治经济学理论创新的先导意义	任瑞敏、张晖明	《上海经济研究》	2018年12期
12	经济学的科学性和实证性在于预测吗？——论弗里德曼的《实证经济学方法论》	石越	《经济问题探索》	2017年11期
13	中国特色社会主义政治经济学方法论研究——兼对生产一般与资本一般机理关系的考订	许光伟	《经济纵横》	2019年02期
14	抽象和具体的辩证法意蕴——再论《资本论》的研究方法与叙述方法及其时代意义	许光伟	《厦门大学学报（哲学社会科学版）》	2019年04期
15	论中国特色社会主义政治经济学的方法论品性与理论品格——基于《资本论》的视角	许光伟	《经济纵横》	2018年03期
16	王阳明政治经济学批判范畴研究——中西学术对话的方法论议题	许光伟	《南京理工大学学报（社会科学版）》	2019年03期
17	论政治经济学方法论与政治经济学理论体系的统一与分立	张德政	《河北经贸大学学报》	2017年02期
18	马克思主义政治经济学创新与发展的方法论逻辑	赵磊	《当代经济研究》	2018年03期

(续表)

序号	题目	作者	刊物	发表时间
19	政治经济学批判与马克思主义哲学方法论创新——从马克思的地租理论谈起	周嘉昕	《厦门大学学报(哲学社会科学版)》	2018年06期
20	马克思的"第二条道路"及其对中国特色社会主义政治经济学方法论的启示	朱燕	《经济纵横》	2017年07期

十二、政治经济学视野下的所有制理论研究

马克思主义所有制理论是政治经济学分析的基础性理论之一，根据所有制分析经济关系是历史唯物主义的基本方法。我国仍然处于并将长期处于社会主义初级阶段，实行的是以公有制为主体多种所有制经济共同发展的基本经济制度，在公有制经济中还存在集体经济和合作经济等多种形式。如何正确理解马克思主义所有制理论的内涵、坚持并发展公有制，是构建中国特色社会主义政治经济学的根本性难题。近年来，政治经济学界围绕这一问题展开了一系列讨论，并就新时代中国特色社会主义所有制如何发展提出了很多新的观点。

作为政治经济学分析的基础，对马克思主义所有制理论的回顾和澄清，仍然是实践创新的前提。卫兴华（2014）对马克思"重建个人所有制"理论进行了充分阐释，认为它指代联合起来的社会的个人所有制，也就是社会主义要建立的以公有制为基础的个人所有制。苑鹏（2015）提出，在马克思、恩格斯的所有制理论中，集体所有制等同于全社会所有制，并不存在剥夺了个人所有权的合作社的集体所有制。白雪秋、余志利（2019）总结道，《资本论》中的所有制理论系统而完整，依然是指导我们建设中国特色社会主义的理论基础。

对待生产资料所有制地位和作用的态度历来是马克思主义与其他学说

的重要分水岭，这就要求我们重视公有制理论、坚持社会主义公有制的主体地位。杨春学（2017）认为公有制理论正处于这样一种状态：经典的理论结构以其"纯粹形态"仍然充满吸引力，但是基于苏联模式的公有制理论正在失去其现实基础，而中国的实践丰富和发展了公有制理论。张雷声（2013）认为，社会主义基本经济制度从"一主多元"方面，对马克思关于所有权与占有的统一、所有权与经营权的分离、所有制的两种不同形态等理论原理作了丰富和发展，为理解我国现阶段公有制的性质和内涵及不成熟性提供了理论基础。集体经济作为公有制经济的一部分，王晓丽（2013）认为，发展农村集体经济时，要做到不能照搬别国模式、因地因时制宜和尊重农民意愿。吴宣恭（2013）提出要警惕鼓吹私有化的浪潮。刘震、张祎嵩（2015）进一步表明，不断增长的私有制因素已经日益阻碍生产力的发展，混合所有制改革中的公有制方向不仅符合社会主义初级阶段基本经济制度的制度要求，也符合我国当前经济发展阶段的特点。

新的时代问题对马克思主义所有制的发展提出了新的要求，如何将其与中国特色社会主义经济发展实际结合成为研究的热门话题。程启智（2015）提出，要以生产关系依赖理论为范式创立马克思主义制度经济学。王强（2018）认为，运用"对立统一""不同而和"的辩证思维，坚持"公效合一"的新型公平观，才能彻底打破公私对立的传统所有制（及产权）理论思维，反"资本至上"而不反"资本"，剥夺"资本特权"而非剥夺"资本"，才能为新时代中国特色社会主义所有制及其产权制度改革提供相匹配的理论支撑。张玉明、王越凤（2018）以"共享经济"为切入点，提出以分离资源使用权的形式实现生产资料由私人占有到社会公众使用的变革，是新经济情境下对马克思主义所有制的融合、创新与发展。

表3-12 研究主题"政治经济学视野下的所有制理论研究"最有影响力的二十篇学术论文（2012—2019）（按第一作者姓氏拼音排序）

序号	题目	作者	刊物	发表时间
1	对资本主义私有制的批判和未来社会公有制的构想——研究《资本论》所有制理论	白雪秋、余志利	《经济纵横》	2019年04期
2	创建马克思主义制度经济学与树立中国制度变革的理论自信	程启智	《河北经贸大学学报》	2015年01期
3	马克思所有制理论中国化的发展与创新	葛扬	《当代经济研究》	2016年10期
4	唯物史观视角下马克思所有制理论的科学内涵及其当代价值研究——兼评"取消所有制分类"等错误观点	何召鹏	《政治经济学评论》	2019年04期
5	改革开放40年中国所有制理论的创新和发展	胡家勇	《中州学刊》	2018年05期
6	马克思所有制理论的人格奠基——基于对马克思一个重要命题的分析	刘海江	《理论探讨》	2015年03期
7	试论混合所有制改革中的公有制方向——基于马克思的所有制理论反思我国改革开放以来的所有制变迁	刘震、张祎嵩	《思想理论教育导刊》	2015年03期
8	马克思过渡时期所有制理论再认识	孙代尧、刘洪刚	《科学社会主义》	2013年01期
9	反对"私有化"与发展私有经济——新时代中国特色社会主义市场经济的所有制理论研究	王强	《经济社会体制比较》	2018年03期
10	马克思主义基本原理研究的三项进展及其启示	王天恩	《毛泽东邓小平理论研究》	2013年11期
11	中国共产党在社会主义初级阶段所有制理论上的探索传承与创新发展	王拓彬	《福建党史月刊》	2014年14期
12	农村集体所有制理论探源	王晓丽	《当代世界与社会主义》	2013年05期

（续表）

序号	题目	作者	刊物	发表时间
13	对错解曲解马克思"重建个人所有制"理论的辨析——评杜林对马克思的攻击和谢韬、辛子陵及王成稼的乱解错解	卫兴华	《河北经贸大学学报》	2014年03期
14	马克思主义所有制理论是政治经济学分析的基础	吴宣恭	《马克思主义研究》	2013年07期
15	论公有制理论的发展	杨春学	《中国工业经济》	2017年10期
16	对马克思恩格斯有关合作制与集体所有制关系的再认识	苑鹏	《中国农村观察》	2015年05期
17	马克思的所有制理论在当代中国的运用和发展	张雷声	《学术界》	2013年07期
18	共享经济与新时代马克思所有制理论的融合、创新与发展	张玉明、王越凤	《现代财经（天津财经大学学报）》	2018年10期
19	论马克思所有制理论标准的两重性	周兴会、秦在东	《马克思主义与现实》	2014年01期
20	马克思重建个人所有制理论再研究——兼论"以人民为中心"发展生产关系的建立	朱巧玲	《改革与战略》	2016年11期

十三、 政治经济学视野下的分配理论研究

收入分配既是政治经济学的重大理论问题，也是我国经济体制改革的重大实践问题。在社会主义初级阶段，我国实施的是以按劳分配为主多种分配方式共同发展的收入分配制度。党的十八大以来，国家、社会、政府、企业、个人之间的经济利益关系得到进一步调整，从理论和实践上把有关收入分配的认识推向新高度，政治经济学界也围绕收入分配实践形式的发展变化展开了一系列讨论，取得了丰富的研究成果。

要素分配是收入分配研究的基础和逻辑起点。郝枫（2013）提出，国内主要研究可归为四大主题：指标测度与国际比较研究为其基础，要素份额演进趋势研究为其亮点，决定机制与影响因素研究为其核心，应用领域与政策研究为其归宿。洪银兴（2015）认为，解决收入不平等的关键在于缩小不同个人所拥有的参与分配的要素差别，特别是财产和知识的差别，而提高劳动报酬的关键在于各尽所能和体现劳动还是谋生手段的要求。

收入差距现已成为一个凸显问题，这意味着当今现实对政治经济学或收入分配理论提出新的要求。陈宗胜、康健（2019）构建了基于人力资本投资的两期交叠模型，认为在二元经济制度条件下，必然形成颇具中国特色的"葫芦型"分配格局，这距离"橄榄型"分配格局还较远，且中长期停滞于"葫芦型"也不利于后者的形成。乔榛、徐龙（2014）提出，马克思收入分配理论强调收入分配，实际上是以要素"地位"为根据并受到内在和外在因素的影响，这种不同于西方主流经济学对收入分配差距的新解释，或者也是一种可供选择的收入分配研究新范式。靳卫萍（2013）则认为，这是由于我国现有分配制度调节范围有限，应在借鉴工业化国家经验的基础上，建立具有中国特色、调节范围更为广阔、意义更为深刻的现代国民财富分配体系和制度。

面对我国经济效益日益提高，而收入差距日益扩大，收入分配格局不合理，收入分配秩序紊乱的现状，刘嗣明、李琪（2013）建议，应大幅提高劳动报酬在整个国民经济中所占比重；推动以公平分配为目标的税收体制改革；规范国有企业和公务员的收入分配；健全社会保障制度，让社会保障充分发挥调节收入分配的作用；大力推进基本公共服务均等化，让财政收入发挥其公益本质职能。孔祥智、周振（2014）提出，根据国际合作社分配原则的演进，要加快《农民专业合作社法》的修订，通过法律的引领性与规范性作用，进一步完善我国合作社的盈余分配制度。李惠斌（2013）从马克思的剩余价值理论和建立个人所有制理论出发，提出"企业的各种劳动要素应该各按其劳动贡献获得企业公共积累或企业增量资产中的排他的个人权利份额"这一观点。胡连生（2013）认为，当下要坚持按劳分配为主体，在理论上，应厘清按劳分配与按生产要素分配、社会保障、收入差距的辩证关系；在实践上，须划清按劳分配与按企业经营权分配、按资源垄断分配、按执掌公共权力分配的界限，规范按劳分配。

表3-13 研究主题"政治经济学视野下的分配理论研究"最有影响力的二十篇学术论文（2012—2019）（按第一作者姓氏拼音排序）

序号	题目	作者	刊物	发表时间
1	我国经济体制变革历程及其理论分析	蔡继明	《改革》	2018年06期
2	中国居民收入分配"葫芦型"格局的理论解释——基于城乡二元经济体制和结构的视角	陈宗胜、康健	《经济学动态》	2019年01期
3	马克思分配理论与当代中国收入分配制度改革	崔朝栋、崔翀	《经济经纬》	2015年02期
4	马克思经济学收入分配理论的核心范畴及启示	韩文龙、谢璐	《经济纵横》	2018年05期
5	中国要素收入分配研究进展述评	郝枫	《经济学动态》	2013年08期
6	非劳动生产要素参与收入分配的理论辨析	洪银兴	《经济学家》	2015年04期
7	论马克思按劳分配理论的形成、发展及其实现问题	胡连生	《理论探讨》	2013年05期
8	从收入分配改革到现代国民财富分配体系的建立	靳卫萍	《经济学动态》	2013年10期
9	分配理论与农民专业合作社盈余分配原则——兼谈《中华人民共和国农民专业合作社法》的修改	孔祥智、周振	《东岳论丛》	2014年04期
10	劳动产权理论及其意义	李惠斌	《马克思主义与现实》	2013年03期
11	马克思收入分配理论及现代启示	乔榛、徐龙	《河北经贸大学学报》	2014年02期

(续表)

序号	题目	作者	刊物	发表时间
12	中国收入分配改革40年：实践创新、发展经验与理论贡献	权衡	《中共中央党校学报》	2018年05期
13	马克思主义生产要素分配理论研究	田家官	《管理学刊》	2014年06期
14	马克思收入分配理论基础探究——基于《资本论》的逻辑视角	王朝明、王彦西	《经济学家》	2017年10期
15	改革开放四十年中国特色社会主义收入分配理论回顾与展望	王朝明、张海浪、王彦西	《江西财经大学学报》	2019年02期
16	改革开放40年来我国分配关系变化的理论分析	严金强、李波	《上海财经大学学报》	2019年01期
17	科学社会主义原则下中国特色社会主义市场经济对马克思理论的创新与发展	张玉明、纪虹宇、刘芃	《现代财经（天津财经大学学报）》	2018年12期
18	收入分配、需求体制与经济增长——基于"马克思—凯恩斯—卡莱茨基"理论的经验研究	赵峰、陈宝林、章永辉	《经济理论与经济管理》	2018年10期
19	收入再分配的理论基础：基于社会贡献的原则	朱富强	《经济学家》	2014年08期
20	关于共产主义第一阶段和分配理论的思考——读《哥达纲领批判》	朱熙宁	《人民论坛》	2013年08期

十四、政治经济学视野下的经济增长与高质量发展研究

党的十九大报告提出，我国经济已由高速增长阶段转向高质量发展阶段，正处在转变发展方式、优化经济结构、转换增长动力的攻关期。中国特色社会主义政治经济学立足于中国现代化建设的实际，探索中国高质量发展的经济规律，并将其上升为系统化的理论，以阐释新时代中国经济的高质量发展。

新形势下的经济高质量发展，是在继承现有经济基础上的一次对经济增长模式的革新，应予以长期坚持。李帮喜、赵奕菡和冯志轩（2019）分别测算了新中国成立以来中国经济增长的两种潜在增长率和大道路径，通过经验分析得出如下结论：第一，由于持续的资本使用—劳动节约型的技术进步，中国存在着一般利润率和潜在增长率的长期下降趋势；第二，社会主义市场经济体制的建立显著降低了中国宏观经济的波动性；第三，20世纪70年代初以前，中国面临着低生产资料投资—低消费的困境，这成为制约经济发展的主要结构性问题，这一问题在20世纪70年代以后得到了解决，并代之以高生产资料投资—低消费的模式。郭克莎、杨阔（2017）提出，中国改革开放以来，经济高速增长主要是由需求扩张拉动的，经济进入新常态之后的长期增长趋势主要取决于内需增速的变化。影响需求长期增速的因素既有供给结构问题也有需求结构问题，长期增长政策应把供给侧结构性改革与需求侧结构性改革结合起来。王剑锋、顾标和邓宏图（2013）对比改革开放前后两个30年认为，重工业优先模式遗存的高储蓄率体制使中国的出口导向型工业化更多地表现为对外需拉动的单一需求，在总体并不缺乏资金的情况下，随着政府对加工贸易型FDI（外商直接投资）的优惠力度不断升级，出现了资本顺差带动贸易顺差增长的现象。李梦欣、任保平（2019）则将中国绿色发展道路划分为四个阶段，即意识主导阶段、制度支撑阶段、系统推进阶段以及全面实现阶段。

在新形势下，经济学需要为观察、研究和推进高质量发展提供理论基础和方法论工具。李帮喜、刘充、赵峰和黄阳华（2019）提出，在传统增长方式之下，改善宏观经济效率的空间极为有限，必须转变经济发展方式，打造经济增长新动能。权衡、罗海蓉（2013）认为，中国跨越"中等收入陷阱"的唯一出路，就是推动真正意义上的"创新驱动、转型发展"，通过实施技术创新战略、制度创新战略和商业模式创新战略，加快创新驱动新发展，这是中国未来成功跨越"中等收入陷阱"的重要方向和路径。张俊山（2019）提出，推动经济高质量发展是新时代我国经济发展的必然要求，实现这一要求必须坚持社会主义方向，从技术基础、部门功能和比例、国家和政府作用、振兴农业基础及转变消费方式等多方面做出努力。易淼（2019）以流域分工为切入点，认为应把握其形成的自然基础、演进的影响因素、"共同利益—特殊利益"逻辑，从而为中国特色社会主义流域经济研究提供重要的理论支撑。杨仁发、李娜娜（2019）认为，中国需要不断提高产业结构变迁度。裴长洪、倪江飞和李越（2018）认为迫切需要理论研究和创新来解释数字经济这一新的经济现象。任保平（2018）补充道，应梳理质量经济学理论，推动建立中国特色的中观质量经济理论、宏观质量经济理论、国际贸易质量经济新理论，促进新时代高质量的开放发展。冯维江、张斌和沈仲凯（2015）提出，科学的试错机制、开放的经济体系、良好的国际关系和中性的权威政府能够避免或至少减轻战略性误导/误判的不利影响。

表3-14 研究主题"政治经济学视野下的经济增长与高质量发展研究"最有影响力的二十篇学术论文（2012—2019）（按第一作者姓氏拼音排序）

序号	题目	作者	刊物	发表时间
1	大国崛起失败的国际政治经济学分析	冯维江、张斌、沈仲凯	《世界经济与政治》	2015年11期
2	财政分权、政府竞争和中国经济增长质量：基于政治经济学的分析框架	冯伟	《宏观质量研究》	2019年04期
3	改革开放以来我国劳动报酬的变动分析——基于以人民为中心发展思想的视角	胡莹、郑礼肖	《经济学家》	2019年07期
4	生产结构、收入分配与宏观效率——一个马克思主义政治经济学的分析框架与经验研究	李帮喜、刘充、赵峰、黄阳华	《经济研究》	2019年03期

(续表)

序号	题目	作者	刊物	发表时间
5	新中国70年的经济增长：趋势、周期及结构性特征	李帮喜、赵奕菡、冯志轩	《管理世界》	2019年09期
6	新中国70年来经济发展模式的关键：央地关系的演进与变革	李康	《经济学家》	2019年10期
7	中国特色绿色发展道路的阶段性特征及其实现的路径选择	李梦欣、任保平	《经济问题》	2019年10期
8	数字经济的政治经济学分析	裴长洪、倪江飞、李越	《财贸经济》	2018年09期
9	社会再生产视角下的经济波动：一个马克思主义RBC模型	乔晓楠、王璟雯	《南开经济研究》	2019年01期
10	"中等收入陷阱"命题与争论：一个文献研究的视角	权衡、罗海蓉	《学术月刊》	2013年11期
11	新时代高质量发展的政治经济学理论逻辑及其现实性	任保平	《人文杂志》	2018年02期
12	赶超型工业化的模式变迁与经常项目顺差——一个经济史和政治经济学的分析视角	王剑锋、顾标、邓宏图	《财经研究》	2013年07期
13	人民币汇率制度选择的政治经济学	王晋斌	《经济理论与经济管理》	2013年09期
14	政府债务削减的政治经济学分析——来自发达国家长期历史的启示	杨攻研、刘洪钟	《世界经济与政治》	2015年01期
15	产业结构变迁与中国经济增长——基于马克思主义政治经济学视角的分析	杨仁发、李娜娜	《经济学家》	2019年08期
16	流域分工视角下长江经济带高质量发展初探——一个马克思主义政治经济学的解读	易淼	《经济学家》	2019年07期
17	对经济高质量发展的马克思主义政治经济学解析	张俊山	《经济纵横》	2019年01期

(续表)

序号	题目	作者	刊物	发表时间
18	供给侧结构改革的政治经济学逻辑	张如意、任保平	《人文杂志》	2016 年 06 期
19	高质量发展的政治经济学阐释	周文、李思思	《政治经济学评论》	2019 年 04 期
20	中国经济发展运行轨迹的政治经济学思考	朱云、闫帅	《经济问题探索》	2014 年 03 期

十五、政治经济学视野下的国有企业改革研究、混合所有制研究

党的十九大报告指出，要深化国有企业改革，发展混合所有制经济，培育具有全球竞争力的世界一流企业。长期以来，国有企业一直是中国国民经济的重要支柱，也是中国全面建成小康社会的主要力量，更是落实国家宏观经济政策以及参与国际竞争的主力军。而支持并鼓励混合所有制经济发展是为了巩固公有制的主体地位、推动非公有制经济发展的实践要求，同时也成为中国特色社会主义经济理论的创新亮点。近年来，围绕国有企业改革及混合所有制经济的发展现状、重点任务以及改革途径，学界展开了深入讨论，提出了很多新的观点。

在国有企业改革的目的及现状方面，李政（2012）提出，国有企业尤其是中央企业改革发展的基本方向和主要目标是在中国建设创新型国家的战略背景下，提高自主创新能力，走创新驱动发展之路。钱津（2012）从另一个角度说明了中国建立社会主义公有制性质的国有企业的目的是消灭剥削制度，由于不存在剥削，因此国有企业能够比非公有制企业的效率更高。经过多年的国有企业改革，荣兆梓（2012）认为国有企业改革取得了预期的效果，即国有经济的产权制度与经营制度发生了根本转变，国有及国有控股企业的经济效率逐步提高，国有经济的相对规模和产业布局渐趋合理。此外，黄群慧、杨瑞龙（2018）等人提出，国有企业在经济布局、

政企关系、经营机制、经营绩效等方面都取得了巨大成就，但依然存在着改革不彻底、重要改革举措的进展不均衡、改革动力与激励机制有待进一步完善等问题。

在进一步深化国有企业改革方面，李政（2012）提出，当前进一步深化国有企业改革，需要着力做实两个方面：从政府层面来看，要进一步确立国有企业的技术创新主体地位及在国家创新体系中的引领作用；从企业层面来看，要继续加大科技研发与自主创新的投入力度。简新华（2012）进一步总结出深化国有企业改革的具体方法：第一，采取适当的措施，在国企和私企同等享受"国民待遇"、开展市场公平竞争的前提下，支持和鼓励国有企业做大做强，发挥国有经济的主导和控制作用；第二，完善国有经济管理体制，国有资产管理的最高机构应由国务院的机构改变为全国人民代表大会设立的机构；第三，健全国有企业制度特别是治理结构；第四，逐步减少或取消国有企业不必要的行政垄断，消除部门特权和既得利益；第五，切实履行国有企业为全民和国家谋利益的职责；第六，法定企业高管与职工收入差别的合理倍数，适当缩小国有企业高管与普通职工收入的差距。此外，陈晓东、金碚（2015）与周敏慧、陶然（2018）等人特别强调了新时期的"混合所有制"改革对国有企业改革的重要意义，认为发展混合所有制经济不能简单理解为消除国有企业垄断、削弱国有经济、让利于民，而是要做强做优做大国有企业、发展壮大国有经济。

混合所有制经济是中国特色社会主义基本经济制度的微观实现形式，周新城（2014）提出，发展混合所有制经济是我国全面深化经济改革的一个重要组成部分。卢江（2018）认为，混合所有制改革着重在混合所有制改革的总体要求、混合所有制改革的方式、混合所有制改革的领域这三个方面为坚持社会主义提供了坚实保障，激发经济活力，从而更好地满足人民日益增长的美好生活需要。綦好东、郭骏超、朱炜（2017）认为，混合所有制的改革包括以下三个方面的内容：第一，因企施策，多方式推进混合所有制改革;第二,完善制度设计,改革国有资产经营激励;第三,同等保护各类产权,维护公众利益。国有企业混合所有制改革是对公有制经济实现形式的实践探索,同时也是一个不断发现问题和解决问题的过程。此外,韩沚清、许多(2019)就混合所有制改革对国企绩效影响机理和路径进行了全面系统的研究,阐明了混合所有制改革对国企绩效影响的具体路径:通过调整股权结构、优化激励机制、放松融资约束、提高投资效率、提高内部控制有效性和减轻政策性负担影响国企绩效。

表3-15 研究主题"政治经济学视野下的国有企业改革研究、混合所有制研究"最有影响力的二十篇学术论文(2012—2019)(按第一作者姓氏拼音排序)

序号	题目	作者	刊物	发表时间
1	国有企业混合所有制分类改革与国有股最优比例——基于双寡头垄断竞争模型	陈俊龙、汤吉军	《广东财经大学学报》	2016年01期
2	国有企业高管薪酬制度改革的历史逻辑与政策效果	陈晓东、金碚	《经济纵横》	2015年11期
3	70年所有制改革:实践历程、理论基础与未来方向	葛扬、尹紫翔	《经济纵横》	2012年10期
4	混合所有制改革影响国有企业绩效的基本逻辑与路径	韩沚清、许多	《财会通讯》	2019年02期
5	论攻坚阶段的国有企业改革——国有企业深化改革必须正确认识的几个基本问题	简新华	《学术研究》	2012年10期
6	"国企争议"与国有企业创新驱动转型发展	李政	《学习与探索》	2012年11期
7	我国国有企业自主创新能力现状与提升路径	李政	《哈尔滨工业大学学报(社会科学版)》	2012年01期
8	美国员工持股计划及其对我国国企改革的启示	李政、艾尼瓦尔	《当代经济研究》	2016年09期
9	中国道路与混合所有制经济	厉以宁	《中国市场》	2014年23期

(续表)

序号	题目	作者	刊物	发表时间
10	理解"混合所有制经济":一个文献综述	刘长庚、张磊	《政治经济学评论》	2016年06期
11	论双重结构下的混合所有制改革——从微观资源配置到宏观制度稳定	卢江	《经济学家》	2018年08期
12	供给侧改革背景下国有企业混合所有制改革的理论逻辑与实践路径	罗良文、梁圣蓉	《湖南社会科学》	2016年04期
13	国有企业混合所有制改革:动力、阻力与实现路径	綦好东、郭骏超、朱炜	《管理世界》	2017年10期
14	论国有企业改革的分类与分流	钱津	《经济纵横》	2016年01期
15	坚持国有企业改革与坚持社会主义制度	钱津	《河北经贸大学学报》	2012年01期
16	国有企业改革:成就与问题	荣兆梓	《经济学家》	2012年04期
17	习近平国有经济思想研究略论	宋方敏	《政治经济学评论》	2017年01期
18	国有企业改革逻辑与实践的演变及反思	杨瑞龙	《中国人民大学学报》	2018年05期
19	中国国有企业改革:经验、困境与出路	周敏慧、陶然	《经济理论与经济管理》	2018年01期
20	牢牢把握发展混合所有制经济的方向——关于混合所有制经济同基本经济制度的关系的一点看法	周新城	《经济理论与经济管理》	2014年12期

十六、政治经济学视野下的新发展理念研究

以"创新、协调、绿色、开放、共享"为重点的新发展理念,是管全局、管根本、管长远的导向,具有战略性、纲领性、引领性。新发展理念,指明了"十三五"乃至更长时期我国的发展思路、发展方向和发展着力点,深刻揭示了实现更高质量、更有效率、更加公平、更可持续发展的必由之

路，是关系我国发展全局的一场深刻变革。

新发展理念是针对我国经济发展进入新常态、世界经济复苏低迷形势提出的治本之策，是针对当前我国在发展中面临的突出问题和挑战提出来的战略指引，集中反映了我们党对经济社会发展规律认识的深化，是我国发展理论的又一次重大创新。理论界从政治经济学视域下深入理解、准确把握其科学内涵和实践要求，对加强理论体系建设、指导经济建设实践具有重要意义。

从新发展理念的整体思想内涵和作用来看，洪银兴（2019）阐释了改革开放以来发展理念的进路，体现出由高速增长转向高质量发展符合量变到质变的发展规律。发展从邓小平提出是"硬道理"到习近平强调为"执政兴国第一要务"，意味着高质量发展的基础是发展。现代化是发展中国家的发展目标。现代化从"三步走"到"两个一百年"奋斗目标不仅表明了中国特色社会主义现代化的进程，也指出了高质量发展的目标。从科学发展观到新发展理念指出了高质量发展的内涵，从需求侧结构性改革到供给侧结构性改革指出了实现高质量发展的基本路径，从对外开放到开放发展指出了经济全球化新背景下高质量发展的要求。杨嘉懿（2019）从新发展理念破解经济发展不平衡不充分的实践路径等角度提出，新发展理念推动发展动力的创新，推动发展布局的协调，推动发展形态的绿色，推动发展格局的开放，推动发展成果的共享。因此要抓住创新、协调、绿色、开放、共享五大关键，促进现代化建设各方面相协调，为实现平衡发展校准方向，为实现充分发展积聚动能。

创新是引领发展的第一动力。顾海良（2016）对五大新发展理念的地位与内涵逐一进行了分析。他提出，在国际发展竞争日趋激烈和我国发展动力转换的形势下，发展的基点就在于创新，特别是在深入实施创新驱动发展战略中，要拓宽视野、开阔创新领域。

协调发展理念是持续健康发展的内在要求。顾海良（2016）提出，协调在于把握中国特色社会主义事业总体布局，正确处理发展中的重大关系，重点促进城乡区域协调发展，促进经济社会协调发展。此外，要把握协调创新的辩证关系，坚持工业反哺农业、城市支持农村，健全城乡发展一体化体制机制，推进城乡要素平等交换、合理配置和基本公共服务均等化。还要注重推动物质文明和精神文明协调发展，推动经济建设和国防建设融合发展。

绿色发展是永续发展的必要条件。绿色发展是人民向往美好生活的重要体现，本质上就是人与自然的和谐协调问题，是事关人类社会发展的基本问题。李周（2018）分析了绿色发展的基本特征，阐述了中国选择绿色发展的主要缘由，重点探讨了绿色发展理念如何指导中国山区进行绿色发展，主要论述了以下观点：在推进山区绿色发展过程中，市场的作用是培育功能互补互洽、综合平衡性好、自生能力强、产品竞争力强的绿色产业体系；政府的责任是制定绿色发展规划，规范产业配置，加大公共投资力度，优化发展环境，创新绿色发展体制，促进产业绿化，培育特色产业体系，缩小发展差距。

共享发展理念是对马克思主义政治经济学的继承和发展，是马克思主义中国化和时代化的新成果。叶南客（2016）从共享发展理念的理论基础谈到其思想内涵和实践意义，结合南京的发展从多角度多方面阐释其创新性、科学性以及重要性，提出以共享发展促进社会结构优化，以共享发展带动人民生活质量和社会质量提升，以共享发展托底弱势、解决贫困。李雪娇、何爱平（2016）概括了共享发展的内涵：在范围上，共享发展强调全民共享，让改革红利覆盖到每一个中国人；在内容上，共享发展要求全面共享，让经济发展的各项成果都惠及普通百姓；在过程中，共享发展注重依靠人民，坚持以人民为中心，实现更有质量更有厚度的发展。

开放发展理念是发展的必由之路。中国开放发展的基本理念是：在经济全球化时代，各国要打开大门搞建设，促进生产要素在全球范围更加自由便捷地流动。顾海良（2016）提出，开放在于顺应我国经济深度融入世界经济的趋势，奉行互利共赢的开放战略，坚持内外需协调，进出口平衡，引进来和走出去并重，引资和引技、引智并举，发展更高层次的开放型经济，积极参与全球经济治理和公共产品供给，提高我国在全球经济治理中的制度性话语权，构建广泛的利益共同体。

表3-16 研究主题"政治经济学视野下的新发展理念研究"最有影响力的二十篇学术论文（2012—2019）（按第一作者姓氏拼音排序）

序号	题目	作者	刊物	发表时间
1	新发展理念是理解和化解新时代社会主要矛盾的"钥匙"	董根洪	《浙江社会科学》	2019年08期
2	新发展理念：马克思社会发展理论的新成果——以社会结构为分析视角	杜玉华	《教学与研究》	2017年09期
3	新发展理念的理论创新与实践意义	冯静	《中共福建省委党校学报》	2017年02期
4	新发展理念视阈下共同富裕的实现路径前瞻	耿百峰	《科学社会主义》	2018年01期
5	新发展理念的马克思主义政治经济学探讨	顾海良	《马克思主义与现实》	2016年01期
6	新发展理念与当代中国马克思主义经济学的意蕴	顾海良	《中国高校社会科学》	2016年01期
7	以新发展理念助推中国经济新发展	韩喜平、李建楠	《思想教育研究》	2019年03期
8	改革开放以来发展理念和相应的经济发展理论的演进——兼论高质量发展的理论渊源	洪银兴	《经济学动态》	2019年08期
9	新发展理念与中国特色社会主义政治经济学的新发展	洪银兴	《南京政治学院学报》	2017年01期
10	贯彻新发展理念建设现代化经济体系	蒋小凤	《中国集体经济》	2019年08期

(续表)

序号	题目	作者	刊物	发表时间
11	政治经济学的新境界：从人的全面自由发展到共享发展	李雪娇、何爱平	《经济学家》	2016年12期
12	坚持新发展理念，推动现代化经济体系建设——学习习近平新时代中国特色社会主义思想关于新发展理念的体会	刘伟	《管理世界》	2017年12期
13	"新发展理念"的马克思政治经济学解读	陆夏	《厦门大学学报（哲学社会科学版）》	2018年05期
14	新发展理念与精准扶贫的契合及实践路径	莫光辉、陈正文、王友俊	《广西社会科学》	2016年06期
15	新发展理念与中国特色社会主义政治经济学	孙宁华、洪银兴	《毛泽东邓小平理论研究》	2017年06期
16	经济新常态下的新发展理念和内涵——学习十八届三中全会精神的几点体会	武力	《中共党史研究》	2015年11期
17	用五大发展理念深化国家治理现代化	颜晓峰、李徐步	《前线》	2016年01期
18	新发展理念经济学解析与思考——给予社会主义基本经济规律的视角	杨继瑞	《中国高校社会科学》	2017年02期
19	以新发展理念破解经济发展的不平衡不充分	杨嘉懿	《理论月刊》	2019年02期
20	"新发展理念"：习近平关于现代化发展理念的检视、重构和开拓	余立、孙劲松	《理论与改革》	2017年06期

十七、政治经济学视野下的现代化经济体系研究

建设现代化经济体系作为习近平新时代中国特色社会主义经济思想的集中体现，是党中央从党和国家事业全局出发，紧扣新时代矛盾变化、营造经济新动能成长环境、适应国际新形势竞争要求而作出的重大决策部署。

近年来，围绕现代化经济体系的内涵、特征以及现代化经济体系面临的问题，理论界展开深入探讨，并就如何全面建设现代化经济体系提出了很多新的观点。

现代化经济体系建设是社会经济系统的综合转型，是中国经济走向高质量发展的必由之路。王立胜、张彩云（2018）认为，"现代化经济体系"是基于中国社会主要矛盾的变化，紧扣新时代特征和未来经济发展方向，为贯彻新发展理念而提出的新战略。石建勋、张凯文、李兆玉（2018）从微观、中观及宏观三个层面具体分析了现代化经济体系的科学内涵。何干强（2017）提出，现代化经济体系是现时代的先进生产方式体系，包含与先进社会生产力相适应的社会生产关系。周绍东、王立胜（2019）也说明了建设现代化经济体系是社会主义经济体系发展的必然结果，是完善社会主义市场经济的必经路径，是适应社会主要矛盾变化的客观要求，也是提升国际经济话语权的现实需要。洪银兴（2019）则具体阐释了现代化经济体系的内涵：第一，优化经济结构的现代化经济体系，其中包括现代化的产业体系、现代化的城乡区域发展体系、现代化的绿色发展体系；第二，转换增长动力的现代化经济体系，包括现代化的收入分配体系、现代化的全面开放体系；第三，现代化的国家治理体系，涉及现代化的市场体系、现代化的政府调控体系。

建设现代化经济体系是新时代中国特色社会主义经济建设的重要战略任务，是对现代化认识的深化。何干强（2017）提出，建设现代化经济体系，必须建立和完善社会主义的生产关系，消除现代发达资本主义经济体系的固有弊病。周文、包炜杰（2018）通过对现代化经验的比较分析和借鉴吸收，结合建设现代化经济体系的战略安排，为建设现代化经济体系提出了建议。顾钰民（2019）提出，建设现代化经济体系要牢牢把握新常态经济发展的大逻辑，抓住供给侧结构性改革这一主线，推动质量经济、综合要素生产率和发展新动力的三大变革。郭威、杨弘业、李明浩（2019）

则提出以供给侧结构性改革为主线建设现代化经济体系的对策建议。具体来说，简新华（2017）和张占斌等（2017）总结出建设现代化经济体系的具体路径，包括：第一，贯彻新发展理念，深入推进创新驱动发展战略，完善技术创新体系，加快建设创新型国家；第二，聚焦实体经济，抓好先进制造业，深化供给侧结构性改革；第三，全面深化改革，守住不发生系统性风险的底线，加快完善社会主义市场经济体制；第四，牢牢抓好"三农"问题，完善相关配套制度建设，实施乡村振兴战略；第五，把握"一带一路"建设新机遇，拓展对外贸易新空间，推动形成全面开放新格局。

表3-17 研究主题"政治经济学视野下的现代化经济体系研究"最有影响力的二十篇学术论文（2012—2019）（按第一作者姓氏拼音排序）

序号	题目	作者	刊物	发表时间
1	现代化经济体系八大横向核心子系统建设重点研究	高建昆	《经济纵横》	2018年12期
2	建设现代化经济体系实现高质量发展	高建昆	《学术研究》	2018年12期
3	推进现代化经济体系建设	顾钰民	《中国特色社会主义研究》	2019年04期
4	加快建设现代化经济体系的逻辑内涵、国际比较与路径选择	郭威、杨弘业、李明浩	《经济学家》	2019年04期
5	社会主义公有制是建设现代化经济体系实现高质量发展的基础	何干强	《西部论坛》	2017年12期
6	建设现代化经济体系，增强我国经济创新力和竞争力	何自力、乔晓楠	《马克思主义研究》	2019年02期
7	建设现代化经济体系的内涵和功能研究	洪银兴	《求是学刊》	2019年02期
8	新时代现代化经济体系建设几个关键问题	简新华	《人民论坛·学术前沿》	2017年12期
9	建设现代化经济体系必须坚持的基本取向	蒋永穆	《马克思主义研究》	2018年01期

(续表)

序号	题目	作者	刊物	发表时间
10	在新发展理念引领下建设现代化经济体系	金碚	《经济理论与经济管理》	2019年01期
11	论建设现代化经济体系的三个关键点	刘戒骄	《辽宁大学学报（哲学社会科学版）》	2018年01期
12	人工智能与现代化经济体系建设	乔晓楠、郗艳萍	《经济纵横》	2018年06期
13	现代化经济体系的科学内涵及建设着力点	石建勋、张凯文、李兆玉	《财经问题研究》	2018年02期
14	现代化经济体系建设的因应机制探索	王立胜、张彩云	《理论学刊》	2018年01期
15	对新时代中国特色社会主义现代化经济体系建设的几点认识	张俊山	《经济纵横》	2018年02期
16	从社会主要矛盾变化看我国现代化经济体系建设	张占斌、戚克维	《理论探索》	2017年12期
17	建设现代化经济体系引领经济发展新时代	张占斌、孙飞	《中国党政干部论坛》	2019年01期
18	现代化经济体系：生产力、生产方式与生产关系的协同整体	周绍东、王立胜	《中国高校社会科学》	2019年01期
19	国家主体性、国家建构与建设现代化经济体系——基于西欧、美国与中国的现代化发展经验	周文、包炜杰	《经济社会体制比较》	2018年05期
20	建设现代化经济体系的几个重要理论问题	周文	《中国经济问题》	2018年02期

十八、以人民为中心的发展思想研究

以人民为中心的发展思想是坚持人民主体地位这一根本原则在发展理论上的创造性运用，是对中国特色社会主义建设过程中经济社会发展的根本目的、动力、趋向等问题的科学回答。以人民为中心的发展思想体现了对共产党执政规律、社会主义建设规律、人类社会发展规律的深刻认识和自觉运用。理论界从理论基础、思想内涵和实践意义等方面对以人民为中心的发展思想进行了研究。

以人民为中心的发展思想的形成有着理论基础和制度保障，具有历史性。韩喜平（2016）提出，中国特色社会主义建设和发展的过程就是践行和推进以人民为中心的发展思想的过程。以人民为中心的发展思想符合社会主义的本质特征并通过其优越性表现出来，具体体现在经济社会发展不断满足人民需求等方面，二者是"一体两面"的，二者相辅相成、互为一体、协同推进、高度统一、不可分离。刘雪娇（2018）通过探究从"以经济建设为中心"到"以人民为中心"的可然逻辑和应然逻辑，阐述了"以经济建设为中心"是"以人民为中心"的基础，"以人民为中心"是对"以经济建设为中心"的超越等关系以及"以人民为中心"的发展理念在国家、社会、个人层面的重要意义，展现出"以人民为中心"的发展思想的历史性、科学性和创新性。

以人民为中心的发展思想具有丰富的内涵。第一，发展为了人民，这是对发展目的问题的回答。发展为了人民，就是把增进人民福祉、提高人民生活水平和质量、促进人的全面发展作为根本出发点和落脚点，就是把实现好、维护好、发展好最广大人民根本利益作为发展的根本目的。第二，发展依靠人民，这是在发展动力问题上的主张。发展依靠人民，就是把人民作为发展的力量源泉，充分尊重人民主体地位，充分尊重人民所表达的意愿、所创造的经验、所拥有的权利、所发挥的作用，充分尊重人民群众首创精神，不断从人民群众中汲取智慧和力量。第三，发展成果由人民共享，这是对发展趋向问题的阐释。发展成果由人民共享，就是使发展的成果惠及全体人民，逐步实现共同富裕。段学慧、程恩富（2017）从四个方面分析了中国特色社会主义政治经济学坚持"以人民为中心"根本立场的内涵：第一，"以人民为中心"体现了中国特色社会主义政治经济学人民性和党性的高度统一；第二，坚持"以人民为中心"是社会主义初级阶段赋予政治经济学的历史使命；第三，中国特色社会主义政治经济学要始终把广大劳动人民的利益放在首位，在此基础上协调好人民内部同利益群体之间的关系；第四，"以人民为中心"确立了人民在社会主义生产关系中的主体地位。

以人民为中心的发展思想有深远的现实意义。郭璐璐、刘学军（2019）提出"以人民为中心"的民主政治原则是既符合人类民主发展潮流，又符合中国发展实际的民主政治形态，其自身具有一套内在的逻辑：一方面，从国家与人民的关系看，宪法规定了国家权力来源于人民并由人民整体共同掌握和行使；另一方面，从党的领导、人民当家作主和依法治国的关系看，人民通过中国共产党的领导凝聚为一个整体，党根据人民的共同意愿制定党的路线、方针和政策，并通过一定的法定程序上升为国家的法律，人民以党为核心依法治理国家。这就意味着"以人民为中心"的民主给中国共产党的领导以合法性的支持，民主政治使人民在党的领导下走向依法治国的道路，"以人民为中心"的民主让人民真正成为国家的主人。韩喜平（2016）总结道，"以人民为中心"的发展思想直接体现了中国共产党的执政宗旨和理念，只有紧扣"以人民为中心"的发展理念，才能充分调动人民参与社会主义现代化建设的积极性、主动性和创造性。

表3-18 研究主题"以人民为中心的发展思想研究"最有影响力的二十篇学术论文（2012—2019）（按第一作者姓氏拼音排序）

序号	题目	作者	刊物	发表时间
1	以人民为中心的发展思想彰显中国特色社会主义政治经济学的鲜明党性	陈光林	《党建》	2016年02期
2	以人民为中心：中国特色社会主义政治经济学的根本立场	段学慧、程恩富	《福建论坛（人文社会科学版）》	2017年12期

(续表)

序号	题目	作者	刊物	发表时间
3	"以人民为中心"理念的价值意蕴与政治逻辑	郭璐璐、刘学军	《中共天津市委党校学报》	2019年01期
4	习近平以人民为中心的政治经济学说	韩庆祥	《人民论坛》	2016年01期
5	坚持以人民为中心的发展思想	韩喜平	《思想理论教育导刊》	2016年09期
6	论"以人为本"人本主义与"以人民为中心"	胡钧、施九青	《改革与战略》	2016年11期
7	论坚持"以人民为中心"和"以经济建设为中心"两个指导方针的一致性	黄雯	《经济纵横》	2017年12期
8	坚持以人民为中心是建设中国特色社会主义经济的根本宗旨	黄锡富	《改革与战略》	2017年04期
9	试论以人民为中心的发展思想	李戈	《北京教育》	2016年09期
10	中国特色社会主义政治经济学要坚持以人民为中心的发展理念	李鹏	《理论视野》	2016年05期
11	马克思主义政治经济学与以人民为中心的发展思想	刘儒、刘鹏、杨潇	《西安交通大学学报》	2016年02期
12	从"以经济建设为中心"到"以人民为中心"的逻辑推演	刘雪娇	《云南行政学院学报》	2018年01期
13	以人民为中心推动"两只手"相结合——政府与市场关系的浙江实践与启示	陆立军	《治理研究》	2018年01期
14	以人民为中心的政治经济学的逻辑框架	汤正仁	《改革与战略》	2016年09期
15	正确理解与认识坚持以人民为中心的发展思想	王明生	《南京社会科学》	2016年06期
16	深刻理解坚持以人民为中心的发展思想	王增杰	《人民论坛》	2016年11期

（续表）

序号	题目	作者	刊物	发表时间
17	论习近平"以人民为中心"的发展思想	燕连福、夏珍珍	《北京工业大学学报（社会科学版）》	2018年05期
18	论习近平新时代以人民为中心的经济发展方略	于景洋	《商业研究》	2018年03期
19	习近平分配正义思想研究——以人民为中心的发展之考察	朱成全、李东杨	《商业研究》	2018年07期
20	马克思重建个人所有制理论再研究——兼论"以人民为中心"发展生产关系的建立	朱巧玲	《改革与战略》	2017年04期

十九、社会主义社会主要矛盾研究

党的十九大报告指出，新时代我国社会主要矛盾已转化为人民日益增长的美好生活需要和不平衡不充分的发展之间的矛盾。作为社会主要矛盾内涵的不平衡不充分的发展，是供给不能满足人民美好生活需要的不平衡不充分。这一战略判断集中展现了党的担当精神、为民情怀、忧患意识和进取精神，意涵丰富而深刻。面对日益复杂的世界形势，有关社会主义社会主要矛盾的新判断，既体现了以人民为中心的政治经济学立场，又丰富和发展了中国特色社会主义政治经济学理论体系。

新时代我国主要矛盾发生转化这一论断的提出，既适应了新时代的发展任务与战略目标，又是中国特色社会主义政治经济学的重大创新与发展。卫兴华、赵海虹（2018）提出，我国发展进入新时代，确定了我国发展的新的历史方位和新的战略布局，这是提出社会主要矛盾转化的具有内在联系的必要时机。同时，新时代的社会主要矛盾隐含着收入差距拉大的不平衡问题。吕普生（2018）提出，深刻理解这一重大论述需要分析判断社会主要矛盾发生转化的理论依据和实践依据。从理论上来说，在社会主义初级阶段以及整个社会主义全过程，这决定着社会主要矛盾在性质上一直是人民内部矛盾，即人民需求与社会供给之间的矛盾，所以当今社会根本矛盾的内在属性并未发生实质性变化。在实践上，第一，生产力发展水平的显著提高真正化解了早期社会的主要矛盾；第二，生产力水平的提高真正促进了人民需求结构和需求层次的发展变化；第三，不平衡不充分的发展现状难以满足新的社会需求。孙亮（2019）认为，生产力阶段性跃进是社会主要矛盾转化的最根本原因，从"硬需要"到"软需要"的转型是社会主要矛盾转化的内在推动力。许晓丽（2019）提出，新时代我国社会主要矛盾判断具有实践性、人民性、阶段性和发展性的基本特征，而转化的实质是人类社会基本矛盾在新时代的阶段性质变。刘希刚、史献芝（2018）从唯物辩证法出发，提出社会主要矛盾变化是主观辩证法与客观辩证法互动的历史性结论，内含着唯物辩证法意蕴，是新时代标志、丰富内涵与创新性工作要求的有机统一。

社会主要矛盾的改变，不仅将对党和国家从全局视角聚焦时代发展的根本问题、全面谋划治国理政战略任务及其价值取向产生深远影响，还将为其他国家破解现代化进程中的问题提供中国方案而产生重大影响。胡鞍钢、程文银和鄢一龙（2018）提出，新矛盾的解决需要坚持以供给侧结构性改革为主线的新思想，从增加优质供给和优化结构两个方面，在经济、社会、文化、生态等各领域推动并完善供给侧结构性改革。张三元（2017）认为，新矛盾意味着新目标、新斗争、新方略。更好地实现人民对美好生活的向往，更好地推动人的全面发展，是新时代的奋斗目标；实现新任务，必须立足两个"没有变"的基本国情，有效应对重大挑战、抵御重大风险、克服重大阻力、解决重大矛盾、开展伟大斗争；面对新矛盾、新目标，必须有新方略，坚定不移地坚持以人民为中心，创新发展。发展是解决我国一切问题的关键。新目标、新斗争、新方略统一于解决新矛盾的伟大实践之中。

表 3-19 研究主题"社会主义社会主要矛盾研究"最有影响力的二十篇学术论文（2012—2019）（按第一作者姓氏拼音排序）

序号	题目	作者	刊物	发表时间
1	新时代我国社会主要矛盾的新变化	陈跃	《重庆社会科学》	2017 年 12 期
2	中国社会主要矛盾转化与供给侧结构性改革	胡鞍钢、程文银、鄢一龙	《南京大学学报（哲学·人文科学·社会科学）》	2018 年 01 期
3	毛泽东对社会主义社会矛盾的最初探索及其当代意义——重读《关于正确处理人民内部矛盾的问题》	胡振平	《温州大学学报（社会科学版）》	2015 年 02 期
4	新时代我国社会主要矛盾的逻辑生成与实践指向	廖小琴	《马克思主义与现实》	2018 年 02 期
5	唯物辩证法视阈下新时代社会主要矛盾变化探析	刘希刚、史献芝	《河海大学学报（哲学社会科学版）》	2018 年 01 期
6	新时代中国社会主要矛盾转化及其深远影响	栾亚丽、宋则宸	《宁夏社会科学》	2018 年 01 期
7	论新时代中国社会主要矛盾历史性转化的理论与实践依据	吕普生	《新疆师范大学学报（哲学社会科学版）》	2018 年 04 期
8	新时代我国社会主要矛盾转化需要深入研究的若干问题	庞元正	《哲学研究》	2018 年 02 期
9	新时代社会主要矛盾的转化与理论分析	孙亮	《学校党建与思想教育》	2019 年 04 期
10	新时代社会主要矛盾转化与新要求	田鹏颖	《中国特色社会主义研究》	2018 年 03 期
11	新中国·新时期·新时代：社会主要矛盾的演进理路及逻辑	王美玲	《东南学术》	2019 年 03 期
12	怎样认识我国社会主要矛盾的转化	卫兴华、赵海虹	《经济纵横》	2018 年 01 期

(续表)

序号	题目	作者	刊物	发表时间
13	新时代我国社会主要矛盾判断的理论内蕴	许晓丽	《重庆大学学报（社会科学版）》	2019年05期
14	论新时代我国社会主要矛盾的变化	颜晓峰	《中共中央党校（国家行政学院）学报》	2019年02期
15	关于新时代中国特色社会主义"主要矛盾"的理解与意义	杨生平	《贵州社会科学》	2017年11期
16	新时代我国社会主要矛盾变化的历史逻辑与理论向度	张恒赫	《中国地质大学学报（社会科学版)》	2018年01期
17	试论社会主义初级阶段的时代特征及主要矛盾要求的变化	张强、王定国	《思想战线》	2015年S1期
18	科学认识新时代中国特色社会主义的主要矛盾	张三元	《思想理论教育》	2017年12期
19	新时代社会主要矛盾的本质属性与形态特征	赵中源	《政治学研究》	2018年02期
20	马克思主义社会矛盾理论视域下我国社会主要矛盾的转变	周海荣、何丽华	《社会科学》	2018年04期

二十、 政治经济学视野下的经济新常态研究

中国经济新常态的提出，是立足于时代的一项重大的理论创新，是中国特色社会主义市场经济理论的新突破，带有战略性和全局性的历史意义。理论界围绕经济发展新常态的内容、特征及意义进行了深入研究，取得了一系列研究成果。

张占斌、周跃辉（2015）提出，中国经济新常态应包含经济增长速度转换、产业结构调整、经济增长动力变化、资源配置方式转换、经济福祉包容共享等在内的丰富内涵和特征。张开、顾梦佳等（2016）将经济新常

态的内涵与特征总结为四个方面：经济发展速度放缓、经济发展方式转变、经济结构调整与经济发展动力转换。蔡昉（2016）认为，中国经济发展进入新常态的一个表现就是经济增长速度放缓，这是中国经济发展长期过程的一个新阶段，是中华民族伟大复兴途中一个重要的里程碑。逄锦聚（2016）从生产、分配、交换、消费这四个环节出发，说明导致我国经济进入新常态的根本原因：第一，生产性因素是导致我国经济进入新常态的根本性因素；第二，分配领域生产资料和劳动力的分配是生产的前提，实际是资源配置的问题；第三，对劳动产品的分配、个人生活的消费和交换对于我国经济进入新常态的作用，要给予客观的估计和足够的重视。郭克莎（2016）认为，新常态理论已成为中国特色社会主义政治经济学的一项重要理论成果，主要创新性体现在以下三个方面：一是从短期经济运行中发现和揭示长期发展趋势；二是从国际国内联系中找到发展面临的主要矛盾；三是准确概括经济发展新常态或新阶段的主要特点。

只有深刻把握我国经济新常态的大逻辑，我国经济才能既把握新的发展机遇，又克服潜在的风险与挑战，从而实现经济的平稳健康发展与社会的和谐稳定。张占斌（2015）认为，经济新常态下，我国经济发展所面临的风险和挑战并不是减少了，而是增多了。齐建国、王红（2015）等人具体提出了我国经济中存在的生产能力过剩、生态破坏和环境污染、内需增长速度相对缓慢、经济结构失衡、外需增长乏力和进出口方面的失衡、收入分配差距过大等问题。蔡昉（2016）与张开、顾梦佳等（2016）认为以供给侧结构性改革引领新常态是适应和引领经济发展新常态的重大创新。毛亚男（2019）提出新常态下我国改革的路径是加强中国特色社会主义建设，立足于国情，坚持新的发展理念，通过供给侧结构性改革降成本提效率，从而成功跨越中等收入陷阱，把我国建成富强、民主、文明、和谐、美丽的社会主义现代化强国。逄锦聚（2016）则具体论述了如何指导和引领经济新常态：第一，树立创新、协调、绿色、开放和共享的发展理念，把提高经济发展质量和效益摆在适应和引领经济新常态的中心地位，保持经济稳定增长；第二，把转方式调结构放到适应和引领经济新常态更加重要的位置，加快转方式调结构的步伐；第三，把创新驱动摆在适应和引领经济新常态的重要位置，促进全要素生产率的提高；第四，狠抓改革攻坚，为适应和引领经济新常态提供制度保证。

表 3－20 研究主题"政治经济学视野下的经济新常态研究"最有影响力的二十篇学术论文（2012—2019）（按第一作者姓氏拼音排序）

序号	题目	作者	刊物	发表时间
1	从中国经济发展大历史和大逻辑认识新常态	蔡昉	《数量经济技术经济研究》	2016 年 08 期
2	论对中国经济新常态的认识、适应与引领	高建昆、程恩富	《当代经济研究》	2015 年 09 期
3	论中国经济新常态下的价值导向	高建昆、程恩富	《探索》	2015 年 01 期
4	中国经济发展进入新常态的理论根据——中国特色社会主义政治经济学的分析视角	郭克莎	《经济研究》	2016 年 09 期
5	中国经济"新常态"下的创新驱动与转型调整	黄剑、黄卫平	《江淮论坛》	2015 年 06 期
6	发展和运用中国特色社会主义政治经济学引领经济新常态	简新华	《经济研究》	2016 年 03 期
7	"新常态"下民营企业的创新驱动发展战略	李政、任妍	《理论学刊》	2015 年 10 期
8	经济新常态下我国经济发展与改革问题的逻辑探讨	毛亚男	《现代管理科学》	2019 年 08 期
9	马克思生产、分配、交换和消费关系的原理及其在经济新常态下的现实意义	逄锦聚	《经济学家》	2016 年 02 期
10	经济新常态与收入分配：影响机制、发展趋势和应对措施	权衡	《中共中央党校学报》	2017 年 05 期
11	以深化改革确立中国经济新常态	吴敬琏	《探索与争鸣》	2015 年 01 期

（续表）

序号	题目	作者	刊物	发表时间
12	论经济新常态与创新发展理念	杨承训	《上海经济研究》	2017年02期
13	以"五大发展理念"把握、适应、引领经济发展新常态	杨嘉懿、李家祥	《理论月刊》	2016年04期
14	新常态视域中的资源优势整合论及现实运用	杨静	《河北经贸大学学报》	2016年02期
15	从马克思主义周期理论看中国经济新常态	杨明霞	《科技资讯》	2015年28期
16	中国特色社会主义政治经济学理论范式的辩证思考——基于经济新常态视阈	张辉	《河北经贸大学学报》	2018年02期
17	发展新理念引领经济发展新常态——国内相关研究进展与评述	张开、顾梦佳、崔晓雪、李英东	《改革与战略》	2016年08期
18	中国经济发展新常态重要思想的科学性与理论涵义	张来明、李建伟	《经济纵横》	2015年03期
19	中国经济新常态的趋势性特征及政策取向	张占斌	《国家行政学院学报》	2015年01期
20	关于中国经济新常态若干问题的解析与思考	张占斌、周跃辉	《经济体制改革》	2015年01期

二十一、政治经济学视野下的供给侧结构性改革研究

供给侧结构性改革是运用马克思政治经济学基本原理，结合当前经济发展实际进行的重大理论创新，也是发展当代马克思政治经济学的重大成果。开展供给侧结构性改革研究必须以马克思政治经济学为指导，研究如何实现供需双侧发力推动经济发展。在本报告统计期间，中国政治经济学有关供给侧结构性改革的探讨主要涉及两大类问题：一类是供给侧改革的

理论源头或理论依据是什么；另一类是如何实现中国经济的供给侧结构性改革。

供给侧结构性改革命题的提出在理论界引起了热烈的讨论，目前理论界比较一致的看法为，其理论基础不同于20世纪70、80年代西方盛行的"供给学派"或"里根经济学"。肖林（2016）认为，供给侧结构性改革经济思想是中国新供给经济学的核心理论观点，具有不同于西方供给经济学派以及西方结构主义思想的特征，本质上是中国特色社会主义政治经济学的重要组成部分。方福前（2017）提出，供给理论和供给侧结构性改革的理论源头，是历来重视供给的英法古典经济学，马克思深化了供给理论，认为生产（供给）结构和产品（收入）分配结构取决于生产关系的性质和结构。方敏、胡涛（2016）按照古典经济学的传统和马克思主义经济学的历史唯物主义方法认为，供给侧结构性改革的理论基础应该包含两个方面：一是生产（供给侧）是经济发展的基础和决定性因素，作为生产关系变革的改革只能以发展生产力为根本目标和检验标准；二是运用矛盾分析方法，把生产与消费的矛盾及总供给与总需求的矛盾归结为特定社会结构和历史发展阶段的产物。

当前我国经济发展的结构问题突出，存在总需求不足与需求转移外溢并存的供需间不对称、有效供给不足与相对过剩并存的供需内部不对称、三次产业结构有待调整、以需求为核心的新兴产品供给不足、供给端质量安全制度建设的滞后加剧结构失衡等诸多问题。逢锦聚（2016）提出，必须坚持以马克思主义政治经济学生产、分配、交换、消费关系和社会总产品实现的原理为指导，坚持中国特色社会主义政治经济学的八项重大原则。谢地、郁秋艳（2016）认为，供给侧结构性改革的着力点就是通过机制、体制和制度创新，破解供给侧结构性矛盾。谢富胜、高岭和谢佩瑜（2019）提出，可以把过剩的产能转移到中部农村地区的地下管网建设，修复资本的同时推进乡村振兴战略；企业要努力建设关键部件开发平台，推进关键部件创新，获得全球制造的标准制定权；通过构建集成创新的核心企业和不同层次的模块化生产企业之间的国内生产网络，满足我国标准化需求和个性化需求并存的动态需求结构。丁任重、李标（2017）提出，应树立正确的宏调思路，需求与供给两侧同时发力；做好加减乘除法，优化经济结构；正视投资与转型的关系，增投资与调结构并举；多角度推进科技创新，全力培育供给新优势；以多元化改革为抓手，优化供给端的制度环境。徐宏潇（2016）认为，改革必须从生产力和生产关系两个方向着手探讨其推进路径。物质产品供给结构改革构成供给侧结构性改革的主体性内容，制度供给结构改革则构成供给侧结构性改革的支持性内容。将二者有效结合起来，既是推动当代中国马克思主义政治经济学科学发展的需要，也是实现中国经济健康发展的需要。

表3-21 研究主题"政治经济学视野下的供给侧结构性改革研究"最有影响力的二十篇学术论文（2012—2019）（按第一作者姓氏拼音排序）

序号	题目	作者	刊物	发表时间
1	供给侧结构性改革的马克思主义政治经济学分析	丁任重、李标	《中国经济问题》	2017年01期
2	"降成本"的政治经济学含义及其政策指向	段鸿济、卢文华	《南方金融》	2016年08期
3	供给侧结构性改革理论根基及其路径	方大春	《当代经济管理》	2016年12期
4	寻找供给侧结构性改革的理论源头	方福前	《中国社会科学》	2017年07期
5	供给侧结构性改革的政治经济学	方敏、胡涛	《山东社会科学》	2016年06期
6	《资本论》视域下的供给侧结构性改革——基于马克思社会总资本再生产理论	盖凯程、冉梨	《财经科学》	2019年08期
7	供给侧结构性改革的当下情境及其下一步	李娟伟、周晓唯	《改革》	2016年12期

(续表)

序号	题目	作者	刊物	发表时间
8	马克思主义政治经济学与西方经济学关于供求关系分析的比较——兼谈我国供给侧结构性改革	刘凤义、曲佳宝	《经济纵横》	2019年03期
9	供给侧结构性改革的马克思主义政治经济学分析	刘向荣	《岭南学刊》	2016年02期
10	经济发展新常态中的主要矛盾和供给侧结构性改革	逄锦聚	《政治经济学评论》	2016年02期
11	习近平经济思想的创新思维	王立胜	《当代世界与社会主义》	2016年05期
12	以马克思主义政治经济学引领供给侧结构性改革	王炫、邢雷	《经济问题》	2017年02期
13	中国特色社会主义政治经济学与供给侧结构性改革理论逻辑	肖林	《科学发展》	2016年03期
14	新供给经济学：供给侧结构性改革经济学思想与理论创新	肖林	《科学发展》	2016年05期
15	用马克思主义政治经济学指导供给侧结构性改革	谢地、郁秋艳	《马克思主义与现实》	2016年01期
16	全球生产网络视角的供给侧结构性改革——基于政治经济学的理论逻辑和经验证据	谢富胜、高岭、谢佩瑜	《管理世界》	2019年11期
17	双重结构失衡困境与破解路径探索：供给侧结构性改革的政治经济学分析	徐宏潇	《经济问题探索》	2016年06期
18	供给侧结构性改革中的马克思主义政治经济学	余斌	《河北经贸大学学报》	2016年05期
19	农村"三变"改革的"中国特色社会主义政治经济学"意义	张敏娜、陆卫明、王军	《西北农林科技大学学报（社会科学版）》	2019年01期
20	马克思主义政治经济学视域下的供给侧结构性改革	赵天睿、唐栋	《经济问题》	2018年11期

二十二、 政治经济学视野下的乡村振兴和精准扶贫研究

乡村振兴和精准扶贫是立足中国国情并以马克思主义政治经济学为指导的伟大的实践探索，由此也产生了马克思主义中国化的最新理论成果。近年来，学术界围绕乡村振兴战略理论逻辑与实践路径，精准扶贫的历史经验与实践创新，以及农村土地、宅基地制度改革等问题展开了广泛的探讨，取得了丰富的成果。

关于乡村振兴战略的理论逻辑与实践路径。王亚华、苏毅清（2017）认为乡村振兴战略是党对过去提出的重要农村战略的系统总结和升华，既涵盖了以往各个历史时期党的农村战略思想精华，也顺应国情变化赋予了农村发展以健全乡村治理体系、实现农村现代化、促进城乡融合发展、打造"一懂两爱"的"三农"工作队伍等新内涵。王立胜等人（2018）认为，新时代我国社会主要矛盾在农村的特殊表现是城乡发展不平衡，要解决这个矛盾，需要重新定位城乡关系，践行乡村振兴战略，并通过城乡融合发展来破解"三农"难题，这是实施乡村振兴战略的必然选择。魏后凯（2018）提出，实施乡村振兴战略是党中央根据当前中国国情和发展阶段变化作出的一项重大战略决策，应包括经济、社会和文化振兴治理体系创新和生态文明进步在内的全面振兴。张杨、程恩富（2018）研究了邓小平"第二次飞跃"论与习近平"统"的思想之间的深刻联系，认为解决新时代农村主要矛盾一定要壮大集体经济，走向符合市场经济要求的农村新型集体化、集约化发展道路。

关于精准扶贫的理论路径与实践创新。汪三贵、曾小溪（2018）回顾了中国改革开放四十年波澜壮阔的扶贫开发历程，特别是精准扶贫方略实施后的脱贫成效。陈健（2018）考察了习近平新时代精准扶贫思想形成的现实逻辑与实践路径，认为习近平新时代精准扶贫思想的形成主要是基于

全面建成小康社会破解发展不平衡不充分短板等现实需要，是对中国特色社会主义政治经济学的创新与发展，实践路径包括：推进产业扶贫、生态扶贫、教育扶贫以及精准实施社会保障兜底扶贫。豆书龙、叶敬忠（2019）讨论了乡村振兴与脱贫攻坚的有机衔接及其机制构建，提出二者衔接的必要性主要体现在基层实践现实需要、制度衔接理论诉求与社会主义本质要求三个层面。陈文胜（2019）说明了乡村振兴战略中要突出资本逻辑的市场导向作用，并且需要通过改革土地、宅基地制度，使得各种权属更加清晰以保障农民的核心利益，赋予土地价值的市场实现能力。

关于农村土地、宅基地制度改革。张广辉、方达（2018）讨论了农村土地所有权、承包权和经营权的基本内涵与意义，并明确放活土地经营权是土地"三权分置"制度的重要目标，其本质是在更大范围内为资金进入农村土地经营领域提供渠道，解决农业经营资金短缺与效率不足问题，为新型农业经营主体培育提供制度支持。他们提出要从培育职业农民、完善土地经营权价值评估体系以及引入PPP模式等途径来加强新型农业经营主体培育。严金明（2019）认为宅基地"三权分置"改革是落实乡村振兴战略的关键制度创新。针对乡村振兴战略的发展要求，宅基地"三权分置"改革应当参照制度变迁的历史路径依赖，在坚持集体所有权不动摇的前提下进一步明确集体内涵、赋予完整权能、分离部分产权和强化公共职能，探讨由集体、政府、市场和社会共同提供多元农民居住福利保障替代路径，实现宅基地由传统单一居住功能向现代多重复合功能转型。

表3-22 研究主题"政治经济学视野下的乡村振兴和精准扶贫研究"最有影响力的二十篇学术论文（2012—2019）（按第一作者姓氏拼音排序）

序号	题目	作者	刊物	发表时间
1	习近平新时代精准扶贫思想形成的现实逻辑与实践路径	陈健	《财经科学》	2018年07期
2	以人民为中心的中国精准扶贫机制构建	陈莉	《改革与战略》	2017年02期

（续表）

序号	题目	作者	刊物	发表时间
3	乡村振兴的资本、土地与制度逻辑	陈文胜	《华中师范大学学报（人文社会科学版）》	2019 年 01 期
4	实施乡村振兴战略壮大农村集体经济	戴双兴	《思想理论教育导刊》	2018 年 08 期
5	习近平乡村振兴发展思想研究	邓金钱	《上海经济研究》	2019 年 10 期
6	论中国特色社会主义扶贫实践和理论	公丕宏、公丕明	《上海经济研究》	2017 年 09 期
7	精准扶贫的理论创新——基于马克思主义政治经济学视角	胡联、王娜、汪三贵	《财贸研究》	2017 年 07 期
8	实施乡村振兴战略及可借鉴发展模式	蒋和平	《农业经济与管理》	2017 年 06 期
9	经济新常态中的精准扶贫理论与机制创新	刘解龙	《湖南社会科学》	2015 年 04 期
10	以新气象新担当新作为推进新时代东北振兴	宋冬林	《学习与探索》	2019 年 03 期
11	改革开放 40 年乡村发展的历程与经验启示	王丰	《贵州财经大学学报》	2018 年 05 期
12	深刻把握乡村振兴战略——政治经济学视角的解读	王立胜、陈健、张彩云	《经济与管理评论》	2018 年 04 期
13	乡村振兴——中国农村发展新战略	王亚华、苏毅清	《中央社会主义学院学报》	2017 年 06 期
14	如何走好新时代乡村振兴之路	魏后凯	《人民论坛·学术前沿》	2018 年 03 期
16	产业扶贫中政府角色的政治经济学分析	张春敏	《云南社会科学》	2017 年 06 期
17	农村土地"三权分置"与新型农业经营主体培育	张广辉、方达	《经济学家》	2018 年 02 期

(续表)

序号	题目	作者	刊物	发表时间
18	农民土地财产权利与人口城镇化	张广辉	《学术月刊》	2016年03期
19	毛泽东农村调查对新时代实施乡村振兴战略的若干启示	张杨、程恩富	《毛泽东邓小平理论研究》	2018年01期
20	新时代乡村振兴与新型城镇化融合发展的理论依据与实现路径	卓玛草	《经济学家》	2019年01期

二十三、政治经济学视野下的开放经济和"一带一路"倡议研究

"一带一路"倡议是根植于马克思主义政治经济学理论并结合中国现阶段实际情况创造性提出的崭新的发展路径。近年来，学术界围绕"开放经济"理论，"一带一路"倡议与马克思主义政治经济学的互动关系，以及通过政治经济学方法讨论"一带一路"倡议在实施过程中面临的危机、挑战和解决方案等问题展开了广泛的讨论，提出了很多新的观点。

关于中国特色开放型经济理论。裴长洪（2016）将中国特色开放型经济理论框架简要概括为：第一，完善互利共赢、多元平衡、安全高效的开放型经济体系；第二，构建开放型经济新体制；第三，培育参与和引领国际经济合作竞争新优势；第四，完善对外开放战略布局；第五，积极参与全球经济治理和公共产品供给。濮灵（2018）认为构建开放型经济新体制是习近平新时代中国特色社会主义经济思想的重要组成部分，是为适应对外开放新要求而及时作出的重大战略部署。林毅夫（2018）从"新结构经济学"的视角讨论了"一带一路"倡议的前景，认为"一带一路"倡议中以基础设施建设为中心的国际援助框架对其他发展中国家具有巨大吸引力，有利于世界经济的繁荣稳定。卢江、张晨（2019）提出，中国特色社会主义开放型经济体制改革取得成就的关键在于借鉴创新比较优势理论，从而

形成了开放型经济有机整体。

关于"一带一路"倡议与马克思主义政治经济学的互动关系。佟家栋（2017）认为"一带一路"倡议是中国在全球化调整期或转型期的理论探索和实践尝试，是超越传统地缘政治经济学理论的经济全球化地缘政治经济理论，最大的特点是超越一国或国家集团控制的假设，强调各国一律平等、共商、共建、共享的理论设计。董宇坤、白暴力（2017）认为"一带一路"倡议是马克思主义指导中国实践的创新，丰富和完善了马克思主义国际市场理论和全球化思想，为我国及相关国家增强经济实力、拓展市场空间、提高生产力水平提供了有效方式。杨志、秦臻（2018）回顾了"一带一路"倡议提出后四年的发展历程，解读"一带一路"倡议转化为沿线国家与地区建设的内在动力与合作机制，揭示出以新发展理念为特征的科学世界观如何转化为科学方法和创新实践，从而为"世界困惑"和"时代悖论"提出中国智慧和中国方案。

关于世界体系的变迁与"一带一路"的历史定位。黄琪轩、李晨阳（2016）考察了世界历史上四种曾经出现过的大国市场开拓模式，认为它们可以从不同角度为中国"一带一路"建设提供经验参考。王生升、李帮喜（2017）认为"一带一路"是对资本主义体系积累周期的历史性超越，它真正致力于实现平等、互利、共赢的包容性发展。要实现这种历史性超越，就必须依托中国特色社会主义的制度优势，依靠有为政府和国有经济约束引导资本的逐利行为。

关于通过政治经济学方法讨论"一带一路"倡议在实施过程中面临的危机和挑战及其解决方案。侯利民（2017）认为"一带一路"倡议涉及与世界主要大国之间的地缘政治经济互动与博弈，美国等国的战略回应会在一定程度上对中国的受益产生影响，甚至产生抵消，因此中国应积极与有关国家进行战略协调，为"一带一路"倡议的实施创造良好稳定的外部环境。沈斐（2019）提出，面对"一带一路"建设中的问题，马克思的政治经济学批判为我们提供了历史视野和分析方法。中国必须明确自己的历史方位，尽可能扩大"人类命运共同体"的朋友圈，发挥好社会主义市场经济的优势，避免走资本主义唯利是图和霸权主义的老路，发展出当代中国的全球化理论，在实践和理论两个方面为解决人类问题贡献中国方案和中国智慧。

表3-23 研究主题"政治经济学视野下的开放经济和'一带一路'倡议研究"最有影响力的二十篇学术论文（2012—2019）（按第一作者姓氏拼音排序）

序号	题目	作者	刊物	发表时间
1	五年来"一带一路"研究的进展、问题与展望	白永秀、何昊、宁启	《西北大学学报（哲学社会科学版）》	2019年01期
2	"一带一路"经济学的学科定位与研究体系	白永秀、王泽润	《改革》	2017年02期
3	"一带一路"战略的政治经济学分析——马克思主义政治经济学的丰富与发展	董宇坤、白暴力	《陕西师范大学学报（哲学社会科学版）》	2017年03期
4	"一带一路"倡议的政治经济学分析	韩保江、项松林	《经济研究参考》	2017年10期
5	"一带一路"倡议的地缘政治经济学分析	侯利民	《西安财经学院学报》	2017年02期
6	大国市场开拓的国际政治经济学——模式比较及对"一带一路"的启示	黄琪轩、李晨阳	《世界经济与政治》	2016年05期
7	中华民族伟大复兴和"一带一路"倡议	林毅夫	《上海对外经贸大学学报》	2018年06期
8	论中国特色社会主义开放型经济体制改革的理论来源	卢江、张晨	《经济社会体制比较》	2019年03期
9	习近平新时代对外开放思想的经济学分析	裴长洪、刘洪愧	《经济研究》	2018年02期
10	中国特色开放型经济理论研究纲要	裴长洪	《经济研究》	2016年04期

(续表)

序号	题目	作者	刊物	发表时间
11	习近平新时代中国特色社会主义经济思想中的构建开放型经济新体制研究	濮灵	《经济学家》	2018年04期
12	政治经济学批判视野中的"一带一路"建设	沈斐	《当代经济研究》	2019年01期
13	解读"一带一路"战略的政治经济学视角	王生升	《政治经济学评论》	2016年03期
14	是周期性更迭还是历史性超越？——从世界体系变迁透视"一带一路"的历史定位	王生升、李帮喜	《开放时代》	2017年02期
15	以人工智能推进"一带一路"建设的提质升级——基于马克思政治经济学的思考	卫玲	《西北大学学报（哲学社会科学版）》	2019年03期
16	马克思恩格斯的国际交往理论与"一带一路"建设	张峰	《马克思主义研究》	2016年05期
17	国际政治经济学视角下"一带一路"专题研讨概述	张前	《青海社会科学》	2016年04期
18	新政治经济学视角下"一带一路"的合作特征与响应战略	赵昌平、李睿、黄庆波	《东北亚经济研究》	2019年01期
19	"一带一路"产能合作的国际政治经济学分析	钟飞腾	《山东社会科学》	2015年08期
20	"一带一路"战略的政治经济学思考	周文、方茜	《马克思主义研究》	2015年10期

二十四、政治经济学视野下的人类命运共同体研究

人类命运共同体是在新时代由中国共产党首次提出，并被习近平总书记不断丰富、充实、深化和推动的一种处理国际关系、解决当前国际难题的新理念、新思想。从马克思主义政治经济学角度来看，人类命运共同体

新理念，是对世界经济发展实践的理论总结，是马克思主义政治经济学关于国际经济理论的新发展，对于构建更有活力、更加包容、更可持续的经济全球化具有重要引领作用。近年来，学界围绕人类命运共同体的内涵、意义及途径展开论述，提出了很多新的观点。

正确认识人类命运共同体的内涵，是把握人类命运共同体理论的前提。刘传春（2016）提出，紧紧抓住世界共同发展的利益需求，是科学认识人类命运共同体内涵的根本；充分发挥国际合作的作用，是科学认识人类命运共同体内涵的核心；建立安全共赢的世界新秩序，是科学认识人类命运共同体内涵的关键。胡鞍钢、李萍（2018）认为人类命运共同体的核心思想是"要和平不要战争，要发展不要贫穷，要合作不要对抗，要共赢不要单赢"，其实质是通过共同挑战、共同利益和共同责任把世界各国团结在一起的状态，是国与国之间以共同利益为最大公约数化解矛盾、合作共赢的状态。张雷声（2018）也提出，人类命运共同体是马克思主义社会共同体、世界历史理论逻辑与当代世界和中国发展的历史逻辑、实践逻辑的统一。毛勒堂（2018）基于资本逻辑的语境阐释了人类命运共同体，它意味着人类作为一个整体而存在的伙伴共同体，意味着各国之间、世界人民之间形成一种相互联系、相互依存、命运与共、休戚相关的利益共同体。

当今世界面临诸多挑战，丁工（2017）提出，全球地缘政治博弈复杂激烈，导致"逆全球化"思维日益显现，人类社会需要破解全球发展难题。对此，中国新一届领导层提出以打造人类命运共同体来应对全球治理顽疾。戴翔、张二震（2018）也认为当前西方发达国家贸易保护主义抬头，"逆全球化"思潮蔓延，构建人类命运共同体意义重大，对中国、对世界各国、对人类社会的发展影响深远。因此，人类命运共同体反映了新时代中国对外关系发展实践逻辑的切实方案。张雷声（2018）提出，中国正致力于通过激发增长动力和市场活力，建设现代化经济体系，加强中国对外关系的发展，以解决发展中的问题，推进人类命运共同体的建设。

构建人类命运共同体是习近平总书记对世界发展提出的中国方案。关于如何才能构建人类命运共同体，赵宪军（2016）提出"一带一路"战略所负载的共建人类经济共同体和命运共同体思想，为世界提供了人类发展的新思维。

陈健、龚晓莺（2017）提出以"一带一路"战略引领人类命运共同体的发展。即通过创新发展战略、开放发展战略、包容发展战略、共治发展战略，打造人类命运共同治理体系。此外，仇小敏、杨艳春（2017）从"五大发展"理念的角度提出了构建人类命运共同体的路径。邱卫东（2018）则具体论述了实现人类命运共同体的路径选择：第一，必须继续扩大对外开放程度，提升本国产业链的全球布局能力；第二，积极搭建讲好中国故事的平台，及时有效地向世界各国人民传达当代中国关于推动构建人类命运共同体的新理念、新举措；第三，积极推动全球治理体系改革，切实形成有利于完善人类命运共同体的全球治理格局；第四，提升全球公共物品的供给能力，从而在充分彰显共建共享的过程中，增强世界各国人民对中国倡导的人类命运共同体价值理念的认同。

表3-24　研究主题"政治经济学视野下的人类命运共同体研究"最有影响力的二十篇学术论文（2012—2019）（按第一作者姓氏拼音排序）

序号	题目	作者	刊物	发表时间
1	"一带一路"战略开启具有"人类命运共同体"意识的全球化发展的新时代	陈健、龚晓莺	《经济学家》	2017年07期
2	五大发展理念：构建"人类命运共同体"的路径选择	仇小敏、杨艳春	《江西社会科学》	2017年09期
3	"人类命运共同体"理念引领下的新时代经济全球化	戴翔、张二震	《江苏行政学院学报》	2018年01期
4	"人类命运共同体"的实践路径和中国角色论析	丁工	《当代世界与社会主义》	2017年04期

(续表)

序号	题目	作者	刊物	发表时间
5	人类命运共同体的构建与中国战略机遇期的存续	丁工	《国际经济评论》	2017年06期
6	习近平构建人类命运共同体思想与中国方案	胡鞍钢、李萍	《新疆师范大学学报（哲学社会科学版）》	2018年05期
7	"一带一路"战略的质疑与回应——兼论人类命运共同体构建的国际认同	刘传春	《石河子大学学报（哲学社会科学版）》	2016年01期
8	人类命运共同体内涵的质疑、争鸣与科学认识	刘传春	《毛泽东邓小平理论研究》	2015年11期
9	新时代中国特色社会主义政治经济学视阈下的"人类命运共同体"	刘伟、王文	《管理世界》	2019年03期
10	"人类命运共同体"：马克思主义时代性观照下理想社会的现实探索	卢德友	《求实》	2014年08期
11	"人类命运共同体"何以可能？——基于资本逻辑语境的阐释	毛勒堂	《马克思主义与现实》	2018年01期
12	"一带一路"与"人类命运共同体"	明浩	《中央民族大学学报（哲学社会科学版）》	2015年06期
13	全球化时代的人类命运共同体：内在限度与中国策略	邱卫东	《太平洋学报》	2018年09期
14	以新发展理念引领人类命运共同体构建	王岩、竟辉	《红旗文稿》	2017年05期
15	理解人类命运共同体的三个重要层面	郇庆治	《人民论坛·学术前沿》	2017年12期
16	唯物史观视野中的人类命运共同体	张雷声	《马克思主义研究》	2018年12期
17	人类命运共同体：经济全球化中的中国方案	张三元	《观察与思考》	2017年06期
18	"一带一路"战略与人类命运共同体建构	赵宪军	《湖南省社会主义学院学报》	2016年01期

(续表)

序号	题目	作者	刊物	发表时间
19	以"一带一路"为核心构建区域价值链：比较优势与产业选择	周绍东、邰俊杰、罗金龙	《经济论坛》	2017年03期
20	探寻通往人类命运共同体的全球化之路——全球治理的政治经济学思考	周宇	《国际经济评论》	2018年06期

二十五、政治经济学视野下的当代资本主义新发展研究

资本主义社会形态已存在数百年，经历了从自由资本主义到私人垄断再到国家垄断资本主义的若干发展阶段。新时代的变化对当代资本主义的新发展研究再一次提出了学术要求。资本主义究竟发展到什么阶段？还有多少生存空间？往下发展趋势如何？这些问题都是当今时代需要探讨的重大理论问题。近年来，学界围绕当代资本主义相关问题展开讨论，取得了一系列的研究成果。

正确认识当代资本主义发展的新阶段是理解当代资本主义新变化的前提。高放（2012）提出，当代资本主义已经发展到了社会资本主义的新阶段，而非垄断资本主义。只有认清这个新阶段，才能深刻体会到我国改革开放以来为什么要设立经济特区以及如何探索中国特色社会主义道路。聂运麟（2012）认为国家垄断资本主义进入了国际化发展的新阶段，如何认识当代资本主义的新发展、新变化，是关系到社会主义发展前途的重大理论和实践问题。颜鹏飞、刘会闯（2013）阐明了当代资本主义的新发展和新变化，表明了它已经具有一定的自我调节、自我更新和自我发展的能力，具有了在资本主义根本经济制度的框架内容纳"新社会因素"的能力。然而它却无法靠自身力量来解决日益加深的社会矛盾。刘儒、王换（2019）也提出准确把握当代资本主义的发展阶段，是科学认识当代资本主义经济

实质及其发展趋势的题中应有之义。张乾元、朱倩倩（2019）说明了帝国主义垄断的本质属性，以及由垄断所产生的帝国主义的寄生性、腐朽性和垂死性并没有根本改变。

准确把握当代资本主义发展的新特征是理解当代资本主义新变化的根本。陈学明（2012）从经济、政治的角度总结出资本主义发展的新变化。段莉群（2012）认为当代资本主义是以金融垄断为鲜明特点，其寄生性、腐朽性特征更为突出的典型的帝国主义。吴茜（2013）剖析了当代垄断资本主义最为显著的四个本质特征：（1）生产和资本高度集中，形成了全球寡头垄断市场；（2）国际金融垄断资本及虚拟经济主导世界经济；（3）出现了欧共体、八国首脑会议、IMF等超级资本家国际垄断同盟；（4）形成了美国"一超独霸"的"新帝国主义"，表明当代资本主义进入了国际垄断资本主义阶段。

当代资本主义新变化对我国社会主义建设具有重要的启示意义。张龙（2014）认为研究当代资本主义与社会主义的逻辑关系，不仅是严肃的理论问题，而且是重大的实践问题，对坚定社会主义必胜的理想信念，推动中国特色社会主义的创新与发展，具有重要的理论价值和实践意义。赵宇洋（2012）具体说明了当代资本主义对中国特色社会主义建设的启示：第一，资本主义被社会主义替代有其自身的客观规律，社会主义应确立起与资本主义长期和平共处的发展战略；第二，当代资本主义生产力发展较快，社会主义应牢牢把握发展的主题；第三，资本主义成熟的市场经济把公平放在显著地位，社会主义应借鉴别国发展的成功经验，实现包容性增长，现代市场经济体制的两个同等重要的特征就是公平与效率；第四，在以资本主义为主导的经济全球化进程中，社会主义应抓住机遇，制定出科学合理的发展战略。

表 3-25 研究主题"政治经济学视野下的当代资本主义新发展研究"最有影响力的二十篇学术论文（2012—2019）（按第一作者姓氏拼音排序）

序号	题目	作者	刊物	发表时间
1	后金融危机时代马克思主义的时代化刍议——以当代资本主义的新变化为视角	陈位志	《科学社会主义》	2013 年 02 期
2	资本主义的新变化是"证伪"还是"证实"了马克思主义？	陈学明	《西南大学学报（社会科学版）》	2012 年 06 期
3	从"占领华尔街"运动进一步认识当代资本主义本质	段莉群	《思想理论教育导刊》	2012 年 02 期
4	马克思和恩格斯的资本主义观及其当代发展	房广顺	《理论月刊》	2014 年 10 期
5	认清当代资本主义的新发展	高放	《深圳大学学报（人文社会科学版）》	2012 年 01 期
6	劳动力商品价值变化趋势及其对当代资本主义的影响	胡志辉、邢华彬	《中国物价》	2013 年 09 期
7	国内外关于当代资本主义新变化对中国特色社会主义发展的启示研究综述	江泉、温永强	《探索》	2016 年 02 期
8	关于当代资本主义新变化的思考	林德山	《国外理论动态》	2015 年 06 期
9	正确认识当代资本主义的新变化	刘丽萍	《产业与科技论坛》	2012 年 12 期
10	国际金融危机与国家垄断资本主义新发展	刘儒、王换	《红旗文稿》	2019 年 01 期
11	当代资本主义经济研究	马慎萧、段雨晨、金梦迪、李彬、田佳禾、金山、兰楠	《政治经济学评论》	2019 年 03 期
12	共产党和工人党视野中的资本主义新变化	聂运麟	《马克思主义研究》	2012 年 02 期

(续表)

序号	题目	作者	刊物	发表时间
13	马克思主义视域下当代资本主义的总体危机	任铃	《江苏社会科学》	2013年01期
14	刍议当代资本主义改良的实质	沈鑫雨	《经济研究导刊》	2013年18期
15	当代垄断资本主义：争论、实质及其历史地位	吴茜	《马克思主义与现实》	2013年06期
16	当代资本主义再认识：当代资本主义基本矛盾的新解读	顾鹏飞、刘会闯	《理论学刊》	2013年09期
17	当代金融资本霸权确立的原因与条件——一个政治经济学的视角	银锋、张敏	《江西师范大学学报（哲学社会科学版）》	2012年06期
18	论当代资本主义新变化与中国特色社会主义的逻辑关联	张龙	《党史文苑》	2014年10期
19	透视当代资本主义本质的思想武器——读列宁的《帝国主义论》	张乾元、朱倩倩	《思想理论教育导刊》	2019年03期
20	试论当代资本主义的新变化	赵宇洋	《才智》	2012年22期

二十六、政治经济学视野下的国际经济危机和金融危机研究

马克思的经济危机理论是在批判资产阶级经济学家危机理论基础上建立起来的。以生产过剩为本质特征的金融和经济危机，是资本主义制度的必然产物。如何认识和应对当前国际性的经济危机和金融危机，是全世界共同而又迫切的任务。近年来，国内学者从不同的角度对国际经济危机和金融危机发表了见解。

马克思从不同角度对资本主义与金融和经济危机的关系作了阐述。张作云（2012）提出在《资本论》等著作中，马克思不仅分析了经济危机的可能性、现实性以及可能转化为现实的条件，分析了经济危机的根源、实

质及其周期性，而且还从不同方面论及了经济危机的生成和运行问题。裴小革（2016）认为马克思主义政治经济学的经济危机相关理论，在历史上和现时代都对世界各国发展社会主义运动和遏制资本主义经济危机发挥了极其重要的推进作用。周文、方茜（2017）从马克思主义政治经济学的视角解析资本主义危机，从当代资本主义三大变化（经济全球化、新自由主义和金融化）切入对资本主义危机的讨论。胡乐明（2016）也提出了马克思主义危机理论的未来发展必须完善基于生产力与生产关系矛盾之上的"中间环节"，科学阐释资本积累的"技术结构"与"社会结构"及其演变。

金融和经济危机是一个矛盾的事物，既有对经济社会运行产生破坏作用的一面，也有通过破坏旧基础，创造新条件，为经济社会发展开辟新局面的一面。

陈文通（2012）认为这次危机不仅使传统资本主义模式难以为继，也宣告了新自由资本主义的破产。李本松（2012）认为欧债危机是金融危机的继续和当前形势，他从经济、政治和社会三个方面论述了欧债危机对经济社会产生的破坏作用。张作云（2012）从金融和经济危机对资本主义经济发展的积极促进作用方面作了深刻而具体的揭示和论证：第一，危机为资本主义经济规律的作用开辟了道路；第二，危机使资本主义各种矛盾得到暂时的暴力的解决，使资本主义经济失去的平衡得到强制的恢复，从而使资本主义再生产能够照常地进行；第三，危机是资本主义经济周期发展的新的起点。

国际金融和经济危机，对于我国的经济社会发展来讲，既是严峻的挑战，也是难得的机遇。张作云（2014）提出，我国面临的挑战，既有来自国际的，也有来自国内的。来自国际的挑战，既包括经济方面的，也包括政治、外交、军事、文化意识形态和周边环境等各个方面的。陈文通（2012）认为应对危机只能提出切合现阶段经济关系的要求和目标，避免严重的金融危机须摈弃新自由主义的理论和制度。王守义（2018）认为经济金融化趋向对我国实体经济的发展具有重要的启示,包括进一步明确金融服务于实体经济发展的目标与方向,协调金融与实体经济发展之间的关系以及加快独立自主的科技创新以夯实实体经济发展基础。此外,姬旭辉(2019)提出,在全面开放的环境下,金融风险的来源和影响力将会进一步扩大,必须增强防范金融风险的意识,提高金融业的竞争力和抗风险能力,保障国家经济安全,引导金融真正服务于现代化经济体系的建设。

表3-26 研究主题"政治经济学视野下的国际经济危机和金融危机研究"最有影响力的二十篇学术论文(2012—2019)(按第一作者姓氏拼音排序)

序号	题目	作者	刊物	发表时间
1	如何认识当前的国际经济危机——兼评外国学者的各种见解	陈文通	《中国延安干部学院学报》	2012年03期
2	近期政治经济学重大问题研究评述——金融危机背景下的中国特色社会主义经济理论与模式问题	陈雪娟	《经济学动态》	2013年05期
3	金融危机生成的可能性与现实性:政治经济学分析	何磊	《商业研究》	2012年11期
4	科学理解和阐释资本主义经济危机	胡乐明	《马克思主义研究》	2016年02期
5	防范化解金融风险的政治经济学研究	姬旭辉	《经济学家》	2019年02期
6	西方左翼学者视野中的国际金融危机	贾利军	《高校理论战线》	2012年11期
7	当前欧债危机的政治经济学分析	李本松	《理论月刊》	2012年08期
8	经济金融化行为的政治经济学分析——一个演化博弈框架	鲁春义、丁晓钦	《财经研究》	2016年07期
9	经济危机相关理论的历史透视——基于马克思主义政治经济学视角的分析	裴小革	《经济学动态》	2016年03期
10	经济金融化趋向及其对我国实体经济发展的启示——基于1973—2017年美国经济发展数据的分析	王守义	《马克思主义研究》	2018年10期

(续表)

序号	题目	作者	刊物	发表时间
11	用中国特色社会主义政治经济学分析泡沫经济与经济金融危机	杨斌	《探索》	2016 年 03 期
12	发达资本主义经济金融化的政治经济学考察	银锋	《华东经济管理》	2013 年 05 期
13	后危机时代中国制造业转型升级的政治经济学分析	张志元、李兆友	《河北经贸大学学报》	2013 年 05 期
14	从《资本论》看国际金融危机的生成和运行机制	张作云	《管理学刊》	2012 年 02 期
15	《资本论》与当代金融和经济危机作用的二重性	张作云	《华南师范大学学报（社会科学版）》	2012 年 04 期
16	国际金融和经济危机与国际关系的调整	张作云	《河北经贸大学学报》	2014 年 02 期
17	国际金融和经济危机后我国发展面临的挑战	张作云	《管理学刊》	2014 年 03 期
18	当代金融和经济危机与资本主义发展的历史趋势	张作云	《管理学刊》	2013 年 02 期
19	马克思经济危机理论及其伟大启示	张作云	《经济纵横》	2017 年 03 期
20	当代资本主义危机的政治经济学分析	周文、方茜	《经济学动态》	2017 年 06 期

二十七、政治经济学视野下的国际价值理论研究

国际价值理论是劳动价值理论在国际经济关系中的延伸和应用，在马克思主义经济学体系中占有重要的地位。在经济全球化迅速发展的时代，深入研究马克思的国际价值理论，揭示其当代意蕴，对于我国进一步推动对外开放具有重大现实意义。近年来，围绕国际价值理论的内涵、主要内容及当代意义，理论界展开深入探讨，提出了很多新的观点。

马克思的国际价值理论有着十分丰富的理论内涵，何干强（2013）提出，国际价值相对于一国内部的商品价值而言，存在于国际经济贸易关系中。不同国家的商品价值，用世界货币作为统一的价值尺度来衡量和比较，所表现出的价值，就是国际价值。林丽端（2012）认为，在马克思的国际价值论中，影响商品国际价值的传统因素主要有劳动者的劳动强度、科学技术、供求关系和自然条件等。余斌（2014）提出，澄清马克思关于国际价值的阐述，对于我们追求国际经济新秩序以及深入理解价值的形成都具有十分重要的意义。张雨微、赵景峰（2015）认为国际价值理论是劳动价值论在国际经济关系中的延伸和发展，构成了马克思主义经济理论体系的重要组成部分。

关于马克思国际价值理论的主要内容，刘航、赵景峰（2012）总结出以下四点：（1）马克思经济学把研究世界市场作为国际价值理论体系的逻辑起点。（2）商品的国际价值是在国别价值的基础上形成的。（3）国际价值量的决定。商品的国别价值量和国际价值量都是人类劳动的凝结物，但两者在量上是有差别的，这种量的差别所决定的价格不同导致了商品在国际间的流动。（4）商品经济只有一条价值规律，所谓的国际价值规律是价值规律在国际市场的延伸和应用。王铮（2012）分析归纳出国际价值的主要特点：第一，国际价值是通过世界市场进行交换，各国的国别价值再次均衡后形成的，它建立在参与国际交换的商品在国内已经形成的国别价值基础上；第二，国际价值是通过国际价格来反映的，而国际价格是在世界市场中进行的国际交换过程中形成和确定的。此外，崔向阳、崇燕（2014）认为国家价值链的关键是要掌握价值链的关键环节，掌握关键性资源和获取市场需求。

关于马克思国际价值理论的当代意义，赵景峰、黄志启（2012）提出了运用国际价值理论，提高发展中国家在国际分工中的地位等思想。周建锋（2013）认为利用国际价值理论研究和解释当代资本主义的新经济现象，仍具有重要的现实意义。何干强（2013）提出，我国作为生产率还比较低的发展中国家，在国际贸易领域就应当增强遵循国际价值规律的意识，着眼于在生产领域提高劳动生产率，并对现代帝国主义的剥削本性保持高度警惕。崔向阳、崇燕（2014）提出了对我国构建国家价值链的政策建议，包括功能架构和产品架构双重嵌入，全球价值链和国内价值链双链协同，市场的无形之手和政府的有形之手双手并举，产业资本、商业资本、金融资本和生产要素四轮驱动。蓝庆新、姜峰（2016）提出了"一带一路"战略下以中国为主体的国际价值链体系的打造策略：第一，以模块化为基础推动制造业"走出去"；第二，促进对"一带一路"国家产业转移中的服务业与制造业融合；第三，促进中国标准"走出去"；第四，以"一带一路"国家基础设施建设为先导促进国际产能合作；第五，突出企业合作，协调各方利益，有计划、有步骤地开拓"一带一路"沿线发展中国家市场。

表3-27 研究主题"政治经济学视野下的国际价值理论研究"最有影响力的二十篇学术论文（2012—2019）（按第一作者姓氏拼音排序）

序号	题目	作者	刊物	发表时间
1	产品内国际分工对国际价值的影响及启示	陈永志、花文苍	《经济学家》	2015年11期
2	马克思的价值链分工思想与我国国家价值链的构建	崔向阳、崇燕	《经济学家》	2014年12期
3	试论马克思劳动价值论在国际交换领域的运用和发展	丁重扬、丁堡骏	《毛泽东邓小平理论研究》	2013年04期
4	国别价值、国际价值和国际贸易	冯金华	《世界经济》	2016年10期
5	国际价值、国际生产价格和利润平均化：一个经验研究	冯志轩	《世界经济》	2016年08期
6	也谈国际价值规律及其作用的特征	何干强	《政治经济学评论》	2013年01期
7	"一带一路"与以中国为核心的国际价值链体系构建	蓝庆新、姜峰	《人文杂志》	2016年05期

(续表)

序号	题目	作者	刊物	发表时间
8	国际价值链的"环节价值"是当代价值形态	李欣广	《管理学刊》	2015年03期
9	国际产业转移下的碳泄漏模型与碳收益——成本估算框架——基于马克思国际价值理论的演化分析	李真	《财经研究》	2013年06期
10	经济全球化下马克思国际价值的影响因素分析	林丽端	《长春工业大学学报（社会科学版）》	2012年02期
11	服务产品国际价值的转形和国际转移及对中国服务贸易的启示	刘航、赵景峰	《马克思主义研究》	2012年03期
12	基于社会生产和再生产模型的国际价值量决定机理研究	刘晓音、宋树理	《世界经济》	2017年10期
13	从单一生产到联合生产的国际价值决定论	宋树理、姚庐清	《世界经济》	2019年11期
14	论马克思主义的国际贸易思想	王铮	《对外经贸》	2012年08期
15	国际价值与等价交换	余斌	《福建论坛（人文社会科学版）》	2014年05期
16	生产分割下的国际价值转移及对中国新型开放战略的启示	张雨微、赵景峰	《马克思主义研究》	2015年11期
17	经济全球化下马克思国际价值理论的创新与发展	赵景峰	《中国市场》	2012年04期
18	马克思国际价值理论及其当代意义	赵景峰、黄志启	《理论视野》	2012年08期
19	马克思的国际价值形成和实现理论探微	赵景峰	《经济研究导刊》	2012年30期
20	世界市场形成、劳动力集聚与国际贫富差距扩大——基于新经济地理学与马克思国际价值理论比较的视角	周建锋	《当代经济研究》	2013年07期

二十八、政治经济学视野下的经济全球化和逆全球化研究

经济全球化是在科技革命和信息技术的推动下，国际贸易、国际金融、国际投资以及技术和人员等在国际范围内进行自由流动，体现了世界经济高度融合的有机整体和相互依存的内在特征。当前，经济全球化与经济逆全球化并存，贸易保护主义重新抬头，要素流动出现障碍，经济全球化进程遭受到前所未有的挑战。近年来，学界围绕着经济全球化与逆全球化的浪潮，开展了一些广泛而深入的研究，取得了丰富的研究成果。

经济全球化作为20世纪90年代以后在世界经济领域凸显的产物，是伴随世界体系格局的不断演化日益凸显出来的。张雷声（2016）认为，经济全球化是马克思主义经济学相关理论内容不可回避的重要话题，它是指生产、投资、金融、贸易和信息的全球化，是资源配置的全球化，也是资本主义生产关系的全球化，反映了市场经济在世界范围内的发展所蕴含的国际生产关系的性质。苏立君、葛浩阳（2017）提出，经济全球化是世界各国由于要素和商品的广泛流动而相互开放、联系和依赖的一体化趋势。谢长安（2019）认为，经济全球化是社会生产力发展到一定阶段，人们之间的交往日益频繁的表现和结果，但资本逻辑使得以人为中心的经济全球化演变为以获取利润为目的的资本全球化。银锋（2013）提出，学术界通常使用的"金融全球化""金融资本全球化"，主要指一国金融体系对于国际资本和国外金融机构的开放，被视为经济全球化的一种形式，也是经济全球化的核心和支柱。

2008年国际金融危机爆发以来，经过十年的调整，全球经济并未实现理想复苏，反陷持续低迷，贸易保护主义不断加码，"逆全球化"思潮暗流涌动。陈伟光、郭晴（2017）认为，逆全球化是指在反全球化的舆论压力和去全球化政策的作用下影响各行为主体的选择性行为，最终导致衡量全

球化的主要指标发生重大变化，如贸易、投资、移民等指标的显著降低。戴翔、张二震（2018）提出，当前逆全球化思潮兴起，本质上是全球化红利在国家间和国家内分配失衡及全球治理失序负面性，被世界经济周期作用放大的结果。逆全球化出现的原因是多样的。胡鞍钢、王蔚（2017）认为出现逆全球化的现实原因包括：（1）全球贫富悬殊拉大；（2）各国失业问题凸显；（3）国家民族主义回潮；（4）北方国家成为"逆全球化"的主要发源地，并波及世界。此外，郑一明、张超颖（2018）提出，逆全球化的产生是多重因素共同作用的结果，是全球化遭遇挫折之际的"小退步"，但是逆全球化是不可持续的，全球化仍然是世界历史的发展方向，在新时期，世界需要开放包容的新全球化而不是逆全球化来引领世界历史发展的新进程。

面对全球化与逆全球化思潮，王南湜（2012）提出要积极参与全球化，进一步扩大对外开放，大胆吸收和借鉴世界各国的一切文明成果。蔡昉（2016）认为，中国应立足于应有的战略高度和历史纵深度，把握和适应全球化新趋势，并利用自身经济体量庞大的优势，通过各种全球性努力引领和构造新一轮经济全球化，使自己及广大发展中国家从中获益。权衡（2017）和苏立君、葛浩阳（2017）提出了"一带一路"建设是应对逆全球化思潮并推动经济全球化包容性发展的重要引擎。此外，学界提出我国要在新型全球化中发挥重要的作用。陈伟光、郭晴（2017）提出，中国在新型全球化中是理念的贡献者和实践的引领者。宗良、黄雪菲（2017）总结了"新型全球化"的中国角色：第一，利用"峰会外交"机遇，引领"新型全球化"发展理念；第二，支持多边机制发挥作用的同时，推动贸易规则与时俱进；第三，加快 RCEP 和 FTAAP 的建设，促进贸易投资包容性发展；第四，推进"一带一路"与亚投行建设，实现各国互利共赢；第五，稳步推进人民币国际化进程，构建多元储备货币体系；第六，提升新兴市场在全球治理中的作用，促进福利均衡分配。

表3-28 研究主题"政治经济学视野下的经济全球化和逆全球化研究"最有影响力的二十篇学术论文（2012—2019）（按第一作者姓氏拼音排序）

序号	题目	作者	刊物	发表时间
1	全球化的政治经济学及中国策略	蔡昉	《世界经济与政治》	2016年11期
2	逆全球化现象的政治经济学分析——基于"双向运动"理论的视角	陈伟光、蔡伟宏	《国际观察》	2017年03期
3	逆全球化机理分析与新型全球化及其治理重塑	陈伟光、郭晴	《南开学报（哲学社会科学版）》	2017年05期
4	逆全球化与中国开放发展道路再思考	戴翔、张二震	《经济学家》	2018年01期
5	从融入到推动：中国应对全球化的战略转变——纪念改革开放40周年	戴翔、李远本、张二震	《国际贸易问题》	2018年04期
6	从"逆全球化"到"新全球化"：中国角色与世界作用	胡鞍钢、王蔚	《学术界》	2017年03期
7	经济全球化的实践困境与"一带一路"建设的新引擎	权衡	《世界经济研究》	2017年12期
8	论全球化资本主义经济中的垄断与竞争——马克思主义垄断资本理论与西方新自由主义经济学的对比分析	石高宏	《生产力研究》	2013年06期
9	《共产党宣言》中的经济全球化思想及其继承与发展	舒展	《马克思主义研究》	2019年05期
10	逆全球化与美国"再工业化"的不可能性研究	苏立君	《经济学家》	2017年06期
11	从经济全球化到"再全球化"——基于"一带一路"的战略思考	苏立君、葛浩阳	《财经科学》	2017年10期
12	"逆全球化"的政治经济学分析	佟家栋	《经济学动态》	2018年07期
13	后危机时代经济全球化的新变局	谢长安	《管理学刊》	2019年03期

(续表)

序号	题目	作者	刊物	发表时间
14	经济全球化时代的国家、市场与治理赤字的政策根源	徐秀军	《世界经济与政治》	2019 年 10 期
15	马克思世界市场理论及其现实意义——兼论"逆全球化"思潮的谬误	杨圣明、王茜	《经济研究》	2018 年 06 期
16	政治经济学视域下的金融资本全球化探究	银锋	《湖南财政经济学院学报》	2013 年 01 期
17	经济全球化视阈中马克思主义经济学的发展	张雷声	《马克思主义研究》	2016 年 01 期
18	当前"逆全球化"趋势与新一轮全球化走向	张茉楠	《宏观经济管理》	2017 年 05 期
19	从马克思主义视角看全球化、反全球化和逆全球化	郑一明、张超颖	《马克思主义与现实》	2018 年 04 期
20	新型全球化的前景、路径与中国角色	宗良、黄雪菲	《金融论坛》	2017 年 06 期

二十九、政治经济学视野下的新自由主义研究

新自由主义是指当代西方经济学中以宣扬经济自由主义为特征的思潮，其理论前提包括"理性经济人"、追求自我利益的"最大化"和"完全市场竞争"等基本假设。一般认为，新自由主义思潮的内核是新古典经济学，基本主张可以总结为"自由化""市场化"和"私有化"。近年来，随着新自由主义所导致的各种矛盾和问题不断显现，关于新自由主义的研究和讨论成为热点，其研究的深度和广度也在不断增加。围绕新自由主义的实质及危害，学界展开了深入探讨，并就我国如何应对新自由主义的策略提出了很多新的观点。

新自由主义是导致当前国际金融危机的西方主流经济理论。段学慧（2012）认为，新自由主义是当代国际垄断资本进行全球扩张的经济理论、

政治纲领和政策手段。徐崇温（2012）提出，所谓新自由主义，是指当代西方经济学中以宣扬经济自由主义为特征的思潮。李俊（2014）认为，在西方经济学中新自由主义是指20世纪30年代资本主义国家经济大萧条以来，与凯恩斯国家干预主义相对立的经济自由主义思潮。程恩富、陈泳（2014）对2014年新自由主义的三个主要观点进行了批驳："所有领域都由市场决定论""国企私有化是体制反腐的根本之策论"以及"发展混合所有制就是要搞新一轮的私有化论"，并认为反对新自由主义的斗争仍然面临艰难的局面。朱安东、王娜（2017）总结了新自由主义在新阶段的表现，包括工会力量继续被打压、贫富分化和贫困问题加剧、经济停滞与金融泡沫共存等。张猛、张扬、张敏（2019）进一步提出新自由主义是一个复杂、模糊的概念，新自由主义一般被认为是一套经济理论，"私有化""市场化""自由化"是其简明的政策诉求。

改革开放后，新自由主义思潮在我国的广泛传播，给我国经济社会带来了巨大影响。朱安东、王天翼（2016）提出了新自由主义思潮对我国意识形态、改革开放政策以及经济基础的影响及危害，认为新自由主义在我国的传播和影响已经开始严重危害我国社会主义建设事业，必须加以抵制和反对。李俊（2014）认为当代中国新自由主义思潮不过是西方新自由主义的翻版，从根本上来说是一种唯心史观。对当代中国来说，它的传播所带来的危害已经不仅仅局限于经济领域，而且渗透至整个上层建筑领域。李常青、朱安东（2017）认为新自由主义的广泛传播给我国带来了巨大的负面影响，不仅干扰了我国经济体制改革的进一步深入，甚至在一定程度上影响了我国社会主义基本经济制度的健康发展。

面对新自由主义给我国经济、政治、文化乃至制度体系带来的危机，我们必须警惕和排除新自由主义的干扰和危害。李建平（2012）认为我们可以采取积极的措施，限制新自由主义作用的范围，化解它产生的矛盾，消除它恶劣的影响，预防它潜在的危机。蔡万焕、何干强（2012）重点强调了必须警惕改头换面后的新自由主义，扭转经济学"西化"的局面，正确认识"国企股权多元化"的本质和危害，采取切实有效的措施大力振兴公有制经济。李常青、朱安东（2017）提出，为了控制并减少新自由主义在我国传播的负面影响，我们需要在加强国有企业对非公经济的引导，逐步完善我国的收入分配格局和方式以缩小贫富差距，完善我国社会保障体制，进一步推动中国特色社会主义政治经济学的创新发展四个方面齐抓共管，尽快取得实效。宁阳（2018）总结出了反对新自由主义的三点措施：第一，坚持基本经济制度，做强做优做大公有制经济；第二，正确处理政府和市场的关系，更好地发挥政府作用；第三，巩固马克思主义的指导地位，坚持以习近平新时代中国特色社会主义经济思想为指引。

表3-29 研究主题"政治经济学视野下的新自由主义研究"最有影响力的二十篇学术论文（2012—2019）（按第一作者姓氏拼音排序）

序号	题目	作者	刊物	发表时间
1	警惕改头换面的新自由主义——"国有企业股权多元化"辨析	蔡万焕、何干强	《当代经济研究》	2012年08期
2	对2014年新自由主义几个流行观点的批驳	程恩富、陈泳	《人民论坛》	2014年30期
3	坚持和完善"公主私辅型"基本经济制度的时代内涵——基于新自由主义的国际垄断资本主义意识形态工具性质研究	程言君、王鑫	《管理学刊》	2012年04期
4	市场是如何脱嵌的？——对新自由主义市场观的批判	邓久根	《经济社会体制比较》	2018年05期
5	跨越"中等收入陷阱"必须警惕"新自由主义"	段学慧	《河北经贸大学学报》	2012年06期
6	新自由主义意识形态的空间化批判	顾友仁	《马克思主义与现实》	2018年02期
7	金融危机：新自由主义时代的终结与反思	蒯正明	《江西师范大学学报（哲学社会科学版）》	2012年06期

(续表)

序号	题目	作者	刊物	发表时间
8	国际金融危机后再认识新自由主义	李炳炎	《改革与战略》	2012年07期
9	新自由主义思潮在我国广泛传播的经济原因及对策	李常青、朱安东	《思想教育研究》	2017年01期
10	新自由主义市场拜物教批判——马克思《资本论》的当代启示	李建平	《当代经济研究》	2012年09期
11	当代中国新自由主义经济思潮的政治经济学分析	李俊	《经济师》	2014年08期
12	新自由主义积累体制的矛盾与2008年经济—金融危机	孟捷	《学术月刊》	2012年09期
13	深化经济体制改革须认清新自由主义的本质与危害	宁阳	《思想理论教育》	2018年06期
14	新自由主义资本积累方式与国际金融危机	吴茜	《高校理论战线》	2012年07期
15	后危机时代西方资本主义新特征——对新自由主义的批判性分析	谢长安、丁晓钦	《经济社会体制比较》	2018年04期
16	新自由主义与国际金融危机	徐崇温	《毛泽东邓小平理论研究》	2012年04期
17	新自由主义对三种市场经济模式的影响——兼论金融危机中三种"生产过剩"的形成	张丽琴	《科学社会主义》	2012年05期
18	从新自由主义到后自由市场阶段的政治经济学分析	张猛、张扬、张敏	《政治经济学评论》	2019年04期
19	新自由主义在我国的传播和危害	朱安东、王天翼	《当代经济研究》	2016年08期
20	新自由主义的新阶段与资本主义的系统性危机	朱安东、王娜	《经济社会体制比较》	2017年04期

三十、政治经济学视野下的新科技革命研究

科技革命是科学革命与技术革命的总称。所谓21世纪的新科技革命，是依据以往科技革命产生的规律并结合当今世界科技发展趋势作出的判断，特指当前引发全球关注并在世界范围内孕育兴起的新一轮科技革命。近年来，学术界围绕新科技革命的相关内容展开研究，取得了一系列的研究成果。

马克思主义一开始就与科技革命联系在一起。马克思的分工理论将分工与合作、分工与分化相结合，辩证地分析了科学技术在人类社会发展中的地位和作用。王磊、杨谦（2016）提出，现代科技革命对社会分工产生了双重影响，它不仅推动社会分工向纵深发展和多维拓展，而且还创新社会分工的形式，不断瓦解旧式分工的体系。张圣兵、刘伟杰（2018）基于马克思主义政治经济学的视角解读了新科技革命如何推动生产方式的演进。他们提出了运用"生产力—生产方式—生产关系"这一唯物史观范式，考察新科技革命对生产方式一般和特殊两个层面的影响，通过对劳动资料历史演进过程的回顾，引入"知识性生产资料"这一概念，分析新科技革命如何改变资本主义生产方式的三大核心特征。康乃馨、张新宁（2018）提出，马克思主义科技经济理论的发展经历了"科学技术是生产力""科学技术是第一生产力"以及"创新是引领发展的第一动力"三个高度。

新科技革命对当代资本主义和社会主义都产生了深刻的影响。罗文东（2012）和贺敬垒（2013）认为，新科技革命在不同程度上加深了资本主义社会的基本矛盾，为社会主义自主发展准备了越来越充分的物质技术条件，进一步显示了社会主义取代资本主义的历史必然性。郭智（2015）提出，科技革命解放了生产力，并导致社会主义选择市场经济体制。而社会主义为科技革命提供了较为巨大的制度优势保障，反过来科技革命也促进了社

会主义向前发展。余金成（2014）则总结了在科技革命影响下社会主义发展的新趋势：一是用市场经济替代了计划经济；二是使公有制兼具物质形态和精神形态，使个人全面发展融之于自由发展；三是用新型大国关系代替了世界革命战略。

进入 21 世纪以来，新一轮科技变革推动下的经济增长正成为社会经济的主要推动力量，而科技创新发展与经济理论创新探索也呈现出新的态势与特征。李媛媛（2015）和王亚玄（2016）认为，新技术革命是以新型信息通信技术为核心，以新能源技术为动力支撑，以新型制造技术为标志的技术创新集群。魏益华、张爽（2019）提出，新科技革命以人工智能化、互联网产业化等信息技术的升级创新与应用为标志，在进行科技领域革命的同时也引起了社会领域尤其是经济领域的革命。但是，科学技术的运用是一把双刃剑，它可以给人类发展带来丰富的物质，同时也可能成为巨大的破坏力量。刘伟杰、周绍东（2018）提出，新技术应用对传统就业方式带来巨大冲击，劳动者内部阶层发生分化，低端劳动者"边缘化"和高端劳动者"核心化"同时发生，并由此带来"就业空心化"的不断加深。王娟、尹敬东（2019）也提出了新一轮科技革命将加剧技术性失业、就业两极分化，并导致劳动力市场收入不平等，表现为劳动力收入份额的下降和劳动力内部收入分配结构的失衡。因此，魏益华、张爽（2019）认为在新科技革命背景下，缓和科技发展所带来的劳动关系矛盾，实现转型期平稳过渡，寻求协调机制的突破是解决矛盾的必经之路。马国旺、刘思源（2019）也提出，我们正处在电气革命的劳动关系范式和信息革命的劳动关系范式的重叠期，要促进信息革命的劳动关系范式发展，政府应发挥更加积极的作用，通过促进产业升级和劳动力流动来推动劳动关系范式的进步。

表3-30 研究主题"政治经济学视野下的新科技革命研究"最有影响力的二十篇学术论文（2012—2019）（按第一作者姓氏拼音排序）

序号	题目	作者	刊物	发表时间
1	浅论科学技术革命与当代社会主义发展	郭智	《科技资讯》	2015年25期
2	论科技革命与资本主义发展的历史逻辑	贺敬垒	《前沿》	2013年03期
3	科技创新引发经济学的"深刻变革"——经济学界对科技创新理论研究的历史述评	康乃馨、张新宁	《当代经济研究》	2018年06期
4	"互联网+"推动传统产业发展的政治经济学分析	李俊、张思扬	《教学与研究》	2016年07期
5	当代科技革命与西方马克思主义新课题	李明	《长江论坛》	2012年01期
6	经济危机与新技术革命的相关性及其对我国结构转型的启示意义	李炜	《河南师范大学学报（哲学社会科学版）》	2014年02期
7	新科技革命、互联网时代与社会主义的创新	李媛媛	《科学社会主义》	2015年03期
8	新科技革命与劳动者阶层分化——马克思主义政治经济学视角的解读	刘伟杰、周绍东	《财经科学》	2018年10期
9	新科技革命、全球化与社会主义自主发展论	罗文东	《社会主义研究》	2012年01期
10	民生科技与第六次科技革命	苏玉娟	《理论探索》	2013年01期
11	以智能化为核心的新科技革命与就业——国际学术研究述评	王娟、尹敬东	《西部论坛》	2019年01期
12	现代科技革命与马克思分工理论的碰撞与融合	王磊、杨谦	《学习论坛》	2016年06期
13	论新技术革命的实质——基于新熊彼特和马克思理论的综合	王亚玄	《政治经济学评论》	2016年07期
14	新科技革命背景下的劳动关系变化及协调机制	魏益华、张爽	《求是学刊》	2019年03期

（续表）

序号	题目	作者	刊物	发表时间
15	信息革命与社会主义新形态	肖峰、张坤晶	《当代世界与社会主义》	2014年02期
16	论互联网与共产主义——基于马克思主义政治经济学的视角	殷林飞	《重庆理工大学学报（社会科学）》	2017年10期
17	当代科技革命与社会主义发展新趋势	余金成	《当代世界与社会主义》	2014年02期
18	新科技革命推动的生产方式演进——基于马克思主义政治经济学视角的解读	张圣兵、刘伟杰	《改革与战略》	2018年06期
19	人工智能技术条件下"人的全面发展"向何处去——兼论新技术下劳动的一般特征	张新春、董长瑞	《经济学家》	2019年01期
20	新科技经济理论创新探究	张鹰	《云南财经大学学报》	2015年02期

第四章　中国政治经济学最具影响力的学术载体（2012—2019）

本部分对中国政治经济学学术载体进行了影响力评价，学术载体包括学术机构和学术刊物两部分。学术载体评价也是以期刊论文影响力作为文献计量依据的，通过将学术机构在研究期内发表的政治经济学论文学术影响力进行加总，即得到该机构在政治经济学研究方面的学术影响力。通过将期刊在研究期内发表的政治经济学论文学术影响力进行加总，即得到该期刊在政治经济学研究方面的学术影响力。

一、学术机构影响力评价

目前，政治经济学研究主要集中在高等学校、党校及社科院，因此，本报告将政治经济学研究机构分为四种类型进行评价，即综合类高校、财经类高校、党校及科研机构、其他类型机构。其中，综合类高校、财经类高校、党校及科研机构取影响力前十位，其他类型机构取影响力前五位（见表 4-1—表 4-4）。

在综合类高校中，中国人民大学政治经济学研究影响力指数值超过 500，大幅度领先于其他高校，此外，南开大学、清华大学、北京大学、复旦大学、武汉大学、南京大学等高校影响力指数超过 150，体现出较强的研究实力。但是，也有一些知名的综合性大学基本上不开展政治经济学研究，影响力微乎其微。

表4-1 综合类高校开展政治经济学研究的学术影响力（2012—2019）

排序	机构	影响力指数	发文数量（篇）
1	中国人民大学	548.95	191
2	南开大学	221.61	66
3	清华大学	196.49	53
4	北京大学	193.07	73
5	复旦大学	162.80	79
6	武汉大学	161.46	62
7	南京大学	151.48	55
8	吉林大学	113.51	52
9	西北大学	98.96	41
10	辽宁大学	71.53	34

在财经类高校中，各高校开展政治经济学研究的影响力差距不大，西南财经大学、上海财经大学以及南京财经大学影响力超过70，吉林财经大学、江西财经大学等地方财经类高校表现不俗。总体来看，财经类高校是中国政治经济学研究的重要力量，但从论文发表数量和影响力来看，与综合类高校还有一定差距，特别是北京地区的财经类高校普遍表现不佳。

表4-2 财经类高校开展政治经济学研究的学术影响力（2012—2019）

排序	机构	影响力指数	发文数量（篇）
1	西南财经大学	119.50	48
2	上海财经大学	78.56	31
3	南京财经大学	78.23	29
4	吉林财经大学	54.87	27
5	江西财经大学	50.07	19
6	中南财经政法大学	48.40	24
7	河南财经政法大学	37.76	20
8	山东财经大学	31.85	10
9	重庆工商大学	22.01	8
10	广东外语外贸大学	9.94	4

在党校及科研机构中,中国社会科学院和中共中央党校的学术影响力遥遥领先,特别是中国社会科学院影响力位居所有机构(包括高校)之首,体现出超强的政治经济学研究实力。但总的来看,地方党校和地方社科院政治经济学研究水平有待提高,政治经济学研究机构的多样化程度也还比较低。

表4-3 党校及科研机构开展政治经济学研究的学术影响力(2012—2019)

排序	机构	影响力指数	发文数量(篇)
1	中国社会科学院	681.17	189
2	中共中央党校	169.31	101
3	上海社会科学院	60.37	29
4	国家行政学院	34.36	8
5	上海市人民政府发展研究中心	14.07	2
6	中共中央党史和文献研究院	11.39	9
7	中共广东省委党校	11.47	15
8	中共江苏省委党校	10.84	4
9	广西人的发展经济学研究基地	10.78	6
10	中共贵州省委党校	9.87	5

在其他类型机构中,排名靠前的有西安交通大学、淮北师范大学、中央民族大学、陕西师范大学和北京师范大学,但总体而言,政治经济学研究的影响力不高。

表4-4 其他类型机构开展政治经济学研究的学术影响力(2012—2019)

排序	机构	影响力指数	发文数量(篇)
1	西安交通大学	49.35	20
2	淮北师范大学	35.13	8
3	中央民族大学	32.78	19
4	陕西师范大学	29.23	17
5	北京师范大学	27.90	20

二、学术刊物影响力评价

本年度报告将学术刊物分为综合类刊物、经济类刊物和马克思主义理论类刊物三种类型,并根据刊物发表政治经济学论文的总影响力和刊物发表政治经济学论文的数量两个方面进行评价。

在综合类刊物中,《改革与战略》刊载政治经济学论文的影响力指数以及发文数量均排名第一。《中国社会科学》《河北经贸大学学报》等刊物在影响力和发文数量两个方面的表现都较好。入选影响力前五位的刊物还有《学习与探索》《改革》《人民论坛》等(见表4-5)。

表4-5 综合类刊物刊载政治经济学论文的学术影响力(2012—2019)

按论文影响力排序			按论文数量排序		
序号	期刊	影响力指数	序号	期刊	发表论文数量(篇)
1	改革与战略	135.35	1	改革与战略	86
2	中国社会科学	105.37	2	河北经贸大学学报	43
3	河北经贸大学学报	100.76	3	人民论坛	40
4	学习与探索	89.88	4	学习与探索	38
5	改革	87.1	5	教学与研究	35

在经济类刊物中,《经济研究》刊载政治经济学论文的影响力指数排名第一,《当代经济研究》发文数量排名第一,《政治经济学评论》《经济纵横》等刊物的表现也很出色。入选影响力前五位的刊物还有《经济学家》《经济研究导刊》等。长期以来政治经济学论文在学术期刊上难觅踪影的状况在2016年后有所改变,一批坚持马克思主义研究导向的经济学刊物涌现出来(见表4-6)。

表4-6 经济类刊物刊载政治经济学论文的学术影响力（2012—2019）

\multicolumn{3}{c	}{按论文影响力排序}	\multicolumn{3}{c}{按论文数量排序}
序号	期刊	影响力指数	序号	期刊	发表论文数量（篇）
1	经济研究	318.26	1	当代经济研究	123
2	经济学家	282.37	2	经济纵横	81
3	经济纵横	275.5	3	政治经济学评论	69
4	当代经济研究	243.92	4	经济学家	50
5	政治经济学评论	200.97	5	经济研究导刊	35

在马克思主义理论类刊物中，《马克思主义研究》刊载政治经济学论文的影响力指数排名第一，《毛泽东邓小平理论研究》发文数量排名第一。《马克思主义与现实》《思想理论教育导刊》等刊物在影响力和发文数量两个方面的表现都比较出色。入选影响力前五位的刊物还有《中国特色社会主义研究》《马克思主义理论学科研究》等刊物（见表4-7）。

表4-7 马克思主义理论类刊物刊载政治经济学论文的学术影响力（2012—2019）

\multicolumn{3}{c	}{按论文影响力排序}	\multicolumn{3}{c}{按论文数量排序}
序号	期刊	影响力指数	序号	期刊	发表论文数量（篇）
1	马克思主义研究	131.41	1	毛泽东邓小平理论研究	69
2	毛泽东邓小平理论研究	122.23	2	马克思主义研究	48
3	马克思主义与现实	97.64	3	马克思主义与现实	40
4	思想理论教育导刊	51.11	4	思想理论教育导刊	18
5	中国特色社会主义研究	26.39	5	马克思主义理论学科研究	16

附　录　中国政治经济学最具影响力学术论文（2012—2019）概述

1. 《五年来"一带一路"研究的进展、问题与展望》

作者：白永秀、何昊、宁启

期刊：《西北大学学报（哲学社会科学版）》

刊期：2019 年第 1 期

五年来，"一带一路"倡议已成为国内外学术界研究的重点领域与热点问题，丰硕的研究成果为建设"一带一路"提供了有力的理论支撑。只有对"一带一路"现有研究成果进行及时梳理与全面总结，才能为"一带一路"建设提供持续的理论指导。为此，本文在梳理"一带一路"倡议五年来研究进展的基础上，提出目前国内"一带一路"研究中存在前瞻性不够、理论性不够、系统性不够、全面性不够、持续性不够五个方面的问题，并针对"一带一路"的研究趋势提出：以构建人类命运共同体作为未来研究的主线，以创新"五通"作为未来研究的主要内容，以推进新型经济全球化作为未来研究的依托，以增强科学性作为未来研究的导向。

2. 《"一带一路"经济学的学科定位与研究体系》

作者：白永秀、王泽润

期刊：《改革》

刊期：2017 年第 2 期

"一带一路"已成为国内学界特别是经济学界关注的热点问题、重点问题,"一带一路"经济学既是一门新兴学科,又是一门综合学科。它是在推动新型全球化的背景下提出的,以"一带一路"实践中沿线国家形成的新型国际分工合作关系为研究对象,以基于互联互通的"一带一路"协同发展为研究主线。"一带一路"经济学的理论体系,包括"一带一路"经济学的理论基础、"一带一路"互联互通、"一带一路"协同发展、"一带一路"与新型全球化。其中,互联互通是实现"一带一路"协同发展的基础,而"一带一路"协同发展是新型全球化的重要推力。

3.《从中国经济发展大历史和大逻辑认识新常态》

作者：蔡昉

期刊：《数量经济技术经济研究》

刊期：2016 年第 8 期

作为学习习近平总书记关于经济发展新常态的系列讲话精神的体会,本文把中国经济发展正在经历的阶段性变化分别置于三个视野中进行观察。第一,从中国发展的长期历史过程看,新常态是中国发展由盛到衰再到盛的一个历史阶段。认识到这一点有助于我们保持应有的历史耐心和政策定力。第二,从中国经济发展的逻辑着眼认识新常态,进一步增强了转变发展方式和实现增长动能转换的紧迫性。第三,与世界经济呈现的"新平庸"不同,中国经济增长仍然具有巨大的潜力,可以通过供给侧结构性改革实现中高速增长。

4.《全球化的政治经济学及中国策略》

作者：蔡昉

期刊：《世界经济与政治》

刊期：2016 年第 11 期

20 世纪 90 年代以来的全球化高潮在广度和深度上都超过了以往,以致许多工业化国家的国内经济社会政策跟不上其步伐,造成就业岗位损失和收入停滞，中产阶级和低收入者成为"输家"，日益强烈地表达不满，政治家则倾向于把问题指向包括中国在内的新兴经济体的发展。以美国信贷扩张为代表的应对政策缘木求鱼，未能从供给侧解决生产率滞缓的问题，也未能通过再分配解决全球化收益的分享问题，反而对房地产泡沫推波助澜，及至导致泡沫的破灭，酿成国际金融危机继而欧洲债务危机，使世界经济陷入平庸状态。随着西方国家政治结构的民粹主义化，贸易、投资和移民等领域保护主义政策盛行，全球化趋势有逆转的危险。中国在其二元经济发展时期充分利用了上一轮全球化机遇，实现了高速经济增长和就业扩张，从而使全球化成果得以在广泛的基础上分享。面对式微的全球化，中国应以其经济体量和潜在消费力在世界经济中举足轻重的优势，主动有所作为，成为新一轮全球化的推动因素。

5.《构建中国特色社会主义政治经济学的方法论原则》

作者：蔡继明、靳卫萍

期刊：《国家行政学院学报》

刊期：2016 年第 2 期

从政治经济学到马克思主义政治经济学再到中国特色社会主义政治经济学，体现了政治经济学科从一般到特殊再到个别的逻辑演变和历史发展。马克思主义政治经济学是在批判地继承古典政治经济学基本原理和方法的基础上发展起来的，马克思主义政治经济学本身也是由若干基本原理和方法论组成的，坚持中国特色社会主义政治经济学的重大原则，首先要坚持马克思主义政治经济学的方法论原则，其中包括科学抽象法、矛盾分析法、中介分析法、一般特殊个别的辩证法、历史唯物主义合力论、经济运行的生理学与经济发展的病理学、人类社会发展的最终目标和实现手段的选择，以及逻辑批判与逻辑一致性原则等。只有坚持马克思主义政治经济学的这些方法论原则，才能联系当代资本主义和社会主义的实践，不断开拓当代中国马克思主义政治经济学新视野，构建起中国特色社会主义政治经济学体系，以指导中国的改革开放和经济发展。

6.《中国特色社会主义政治经济学的辩证法》

作者：蔡继明

期刊：《改革》

刊期：2016 年第 2 期

中国特色社会主义政治经济学研究应遵循一般特殊和个别的辩证法以及最一般的抽象产生的路径，既不要把一般经济关系和特定所有制捆绑在一起，也不要把一般商品经济范畴当作资本主义特殊范畴；既不能用单一要素解释由复杂要素构成的系统，也不能把社会化大生产共有的特征限定为资本主义生产方式特有的现象；既要根据当代资本主义的发展和中国改革开放的实践丰富和完善马克思主义政治经济学的基本原理，又要坚持马克思主义政治经济学的方法论原则，勇于对传统的理论进行批判、继承和创新。

7.《唯物史观理论演进的研究范式》

作者：曹典顺

期刊：《中国社会科学》

刊期：2019 年第 8 期

《德意志意识形态》是"唯物史观的经典表述"，停留于这一判断有可能遮蔽对唯物史观理论演进中的阶段性逻辑结构的探究。马克思唯物史观经历了三个阶段，呈现出三种研究范式。第一个阶段是哲学批判的研究范式，以唯物史观应该发现人类社会发展的一般规律"是什么"作为其理论追求。第二个阶段是政治经济学批判的研究范式，以唯物史观应该展现出自己"为什么"能够把为社会实践服务作为其理论生命。第三个阶段是人类学研究的研究范式，以唯物史观应该"怎么是"在世界历史中得以实现其理论使命。马克思在唯物史观视阈中开辟的人类学研究向度所展示的理论图景进一步丰富了"两大发现"的理论价值。其指向未来的理论使命应该在社会历史条件成熟以后，由后来的马克思主义者续写，即唯物史观研究不应该是一个一经发现就被挖掘彻底的研究，它本质上是一个基于哲学性质敞开的动态性研究。

8.《习近平新时代中国特色社会主义经济思想的逻辑主线与实践路径研究》

作者：陈健

期刊：《经济学家》

刊期：2018 年第 3 期

习近平新时代中国特色社会主义经济思想作为习近平新时代中国特色社会主义思想的重要组成部分，其重要性不言而喻，因此有必要深化研究。基于此，应通过分析精准定位其逻辑主线，即"以人民为中心"这一逻辑主线。通过对这一经济思想"以人民为中心"这一逻辑主线的分析，进而分析这一思想形成的现实依据。通过对这一经济思想"以人民为中心"的逻辑主线和现实依据的分析，精准地构建"以人民为中心"这一逻辑主线的实践路径：一是基于"以人民为中心"的立场不断丰富和完善发展的体制机制；二是基于"以人民为中心"的发展思想完善基本经济制度；三是基于"以人民为中心"的立场完善我国现代化经济治理体系；四是基于"以人民为中心"的发展思想改革和完善共享共富的实践路径。

9.《"一带一路"战略开启具有"人类命运共同体"意识的全球化发展的新时代》

作者：陈健、龚晓莺

期刊：《经济学家》

刊期：2017 年第 7 期

古丝绸之路的衰落开始了西方国家主导的全球化发展阶段，这种全球化是碎片化、不均衡、单向度的全球化，最终演变为今天的逆全球化凸显、全球经济增速放缓、全球发展不均衡等问题。"一带一路"战略和"人类命运共同体"提出后,中国由参与全球化,转变为引导全球化的发展阶段。具体通过如下举措建构"一带一路"战略引领的具有"人类命运共同体"意识的全球化发展新时代:通过创新发展战略的实施,打造经济发展新动能;通过开放发展战略的实施,打造公正合理的全球治理体系;通过协同发展战略的实施,打造互利共赢的合作模式;通过包容发展战略的实施,打造均衡普惠的发展模式;通过共治发展战略的实施,打造共同治理体系。

10.《习近平新时代精准扶贫思想形成的现实逻辑与实践路径》

作者:陈健

期刊:《财经科学》

刊期:2018 年第 7 期

习近平新时代精准扶贫思想的形成主要是基于全面建成小康社会、破解发展不平衡不充分短板等现实需要,这一思想的形成不仅是现实的选择,也是对中国特色社会主义政治经济学的创新与发展,其形成有着深厚的理论基石与现实逻辑,但是这一思想在实践中也会遇到一系列困境,基于此,拟通过如下举措实践习近平新时代精准扶贫思想:一是大力推进产业扶贫,筑牢精准脱贫的长效动力机制;二是着力推进生态扶贫,构筑精准脱贫的绿色可持续发展机制;三是深入实施教育扶贫,培育精准脱贫的内生动力;四是精准实施社会保障兜底扶贫,筑牢精准脱贫的社会保障安全网。

11.《国有企业混合所有制分类改革与国有股最优比例——基于双寡头垄断竞争模型》

作者:陈俊龙、汤吉军

期刊:《广东财经大学学报》

刊期:2016 年第 1 期

国有企业分类改革与混合所有制改革是国有企业改革的两大热点,需要有机结合起来。基于双寡头垄断竞争模型,按照国有企业类别研究不同市场环境下的国有股最优比例。结果表明,国有股最优比例是一个动态变量，受政府目标、竞争类型、国有资本及引进的非国有资本效率等多种因素影响，尤其是引入的非国有资本效率及市场竞争环境这两个制约国有股最优比例的最重要因素。因而应加快推进国有企业分类改革，因地制宜推进国有企业混合所有制改革，引进优质非国有资本，优化国有企业股权结构。

12.《以人民为中心的中国精准扶贫机制构建》

作者：陈莉

期刊：《改革与战略》

刊期：2017 年第 2 期

中国精准扶贫体现了以人民为中心的经济发展路径，贫困地区人民群众发展是以人民为中心的经济发展需要解决的重要问题，精准扶贫要切实成为真正保障贫困地区人民群众享受发展成果的科学机制。从人民导向视角来审视，中国精准扶贫的困境主要体现在：精准扶贫内容与贫困地区人民需求存在偏差；人民群众参与共建度不够，没有真正做到依靠人民；精准扶贫效果失真。以人民为中心的精准扶贫机制构建，应以人民实际需求为基础优化精准扶贫目标和内容，注重发挥贫困地区人民群众的主体力量，创新中国精准扶贫的方式，完善人民群众共享精准扶贫成果制度保障机制。

13.《习近平新时代中国特色社会主义对外开放思想的政治经济学分析》

作者：陈伟雄

期刊：《经济学家》

刊期：2018 年第 10 期

坚持对外开放是中国的一项基本国策。党的十八大以来，习近平总书记科学总结新时代中国对外开放的新内涵和新要求，形成习近平新时代中国特色社会主义对外开放思想，成为我国进一步扩大开放的理论指南和根本遵循。习近平新时代中国特色社会主义对外开放思想包含了主动开放、全面开放、双向开放、共赢开放等重要思想内容，具有十分丰富的内涵。

这一思想是中国对外开放领域马克思主义政治经济学的最新发展。习近平新时代中国特色社会主义对外开放思想为引导全球经济治理体系改革、构建人类命运共同体、推动形成全面开放新格局作出了积极的贡献。

14.《乡村振兴的资本、土地与制度逻辑》

作者：陈文胜

期刊：《华中师范大学学报（人文社会科学版）》

刊期：2019年第1期

乡村振兴战略作为推进中国全面现代化的经济社会发展战略之一，遵循经济发展规律是其必然的逻辑。在实施乡村振兴战略中，面对城乡发展不平衡、乡村发展不充分的重大矛盾，实现"产业兴旺"、发展经济，让乡村"生活富裕"就成为乡村振兴的现实选择。如何从根本上破解当前不少农村基层工作存在"千斤拨四两"的发展难题？回顾农村40年改革的历程，没有什么比市场化的改革更能够"四两拨千斤"地激发农村的内在活力，提高农业效益，增加农民收入，从而更加有效地提高农民的生活水平。因此，乡村要实现振兴，就必须遵循市场经济的发展逻辑，其中资本逻辑、土地逻辑、制度逻辑是现实途径。

15.《正确理解生产方式与生产关系及所有制范畴的关系》

作者：陈文通

期刊：《经济纵横》

刊期：2012年第4期

撇开对生产方式的考察，不可能科学地说明现实的经济关系和破解面临的经济难题，对生产关系和所有制的研究不能代替对生产方式的研究。为了准确理解生产方式的含义和澄清理论是非，首先需要重温马克思主义创始人关于生产方式的论述，进而搞清楚生产方式同生产关系和所有制范畴的关系。本文的结论是：生产关系是指人们在社会生活和生产中的各种关系，首先是直接生产过程中所有当事人之间的关系，它的背面和表现就是分配关系；生产关系必然要延伸到产品和生产要素的交换关系。因此，生产关系的内涵不是狭窄的。但既不应把各种关系和范畴都放在"生产关系"这个范畴里，也不应把生产关系看作是生产方式的一个方面，因为：(1) 生产关系（无论是具体的还是总体的）并不是包罗万象的，尤其不能将其凌驾于生产方式之上，或离开生产方式谈论生产关系；(2) 无论如何理解所有制的内涵，它都不是生产关系的一个方面，不能把所有制理解为单纯的"生产资料所有制"；(3) 交换关系是生产关系的延伸，但具有相对的独立性，不能看作是生产关系的一个方面；(4) 所有制、人们的经济地位、交换关系和分配方式不是平列的，分配方式不过是生产方式的背面和表现；(5) 生产力和生产关系都不是生产方式的"一个方面"，生产关系是由生产方式决定的。

16.《政治经济学应当格外重视对生产方式的研究》

作者：陈文通

期刊：《经济纵横》

刊期：2012 年第 3 期

新中国成立以来，随着经济制度和经济关系的重大变革，经济学界在理论观点方面发生了很大变化，最大的变化是从传统政治经济学理论向社会主义市场经济理论的转变。但这种转变没有改变的一个问题是不重视对"生产方式"范畴和现实生产方式的研究或者撇开生产方式泛泛地谈生产关系和抽象地谈所有制形式。存在这一问题既同对生产方式及其他有关范畴的误解有关，也同未能彻底坚持"科学上的诚实"有关。"生产方式"是马克思《资本论》的首要研究对象，也是政治经济学最重要、最核心的经济范畴。马克思关于政治经济学研究对象的理论不仅没有过时，而且具有极其重要的现实意义。

17.《资本主义的新变化是"证伪"还是"证实"了马克思主义？》

作者：陈学明

期刊：《西南大学学报（社会科学版）》

刊期：2012 年第 38 卷第 6 期

欲问马克思主义在当今世界究竟还有没有现实性，最要紧的是要探讨资本主义的新发展、新变化与马克思主义之间的关系。当今资本主义社会所出现的一些新发展、新变化在一定程度上是由于资产阶级"执行"了马克思的理论，所以这些新变化非但没有推倒反而证明了马克思理论的正确性。当今资本主义社会所出现的新发展、新变化，使马克思主义的基本原理更具有了理论说服力和客观现实性。从最近发生在西方世界的马克思再次"火"起来的例证中，我们不仅可以真切地感受到马克思正在西方世界"王者归来"，而且也深刻地领悟到这种"王者归来"的根本原因就是马克思主义对于资本主义灾难和危机的分析的不可替代性。

18.《产品内国际分工对国际价值的影响及启示》

作者：陈永志、花文苍

期刊：《经济学家》

刊期：2015 年第 11 期

20 世纪 80 年代以来，在新科技革命和经济全球化的作用下，产品内国际分工应运而生。本文在分析产品内国际分工的产生及特点的基础上，研究了这一新型国际分工对商品国际价值的形成和实现以及国际价值规律作用的影响，最后，联系我国实际，探讨产品内国际分工及其对国际价值的影响给我国发展对外贸易和涉外经济带来的启示。

19.《中国居民收入分配"葫芦型"格局的理论解释——基于城乡二元经济体制和结构的视角》

作者：陈宗胜、康健

期刊：《经济学动态》

刊期：2019 年第 1 期

本文构建了基于人力资本投资的两期交叠模型，对当前我国居民收入分配格局"葫芦型"分布特征的形成进行了理论解释。在二元经济制度条件下，处于低收入主众数组的农村居民受到人力资本成本溢价和户籍制度引发的劳动力转移壁垒成本的影响，面临比城镇居民更为严格的收入积累机制、更高的人力资本投资门槛和中产阶层"陷阱"阈值，这给其上升为中等收入群体造成了障碍；而处于中等收入次众数组的城镇居民，面临以上几个方面的约束则小，从而能够更快地晋升为中等收入群体。由此，主、次众数组在发展中逐步脱离，必然形成颇具中国特色的"葫芦型"分配格局。相对于"金字塔型"而言，"葫芦型"是一个进步，"葫芦型"的次众组可能是未来形成"橄榄型"的基本部分，但是目前距离"橄榄型"分配格局还较远，并且中长期停滞于"葫芦型"也不利于后者的形成。

20.《改革开放以来中国经济持续高增长的理论及实践》

作者：程承坪、邱依婷

期刊：《中国软科学》

刊期：2018 年第 2 期

1978—2016 年，世界人口规模最大的中国，其 GDP 年均增长率达到了 9.64%。之所以能够取得这样巨大的经济成就，从政治经济学视角而言，一方面得益于改革开放后秉持解放思想、实事求是的态度所做的一系列开拓性工作，另一方面也得益于改革开放前中国共产党领导全国人民所做的一系列奠基性工作。新时代中国经济要实现由高速增长阶段转向高质量发展阶段，需要做好五个方面的工作：一是始终坚持实事求是的唯物主义方法论，深入贯彻习近平新时代中国特色社会主义思想；二是建立政府对自己的行为负责的体制机制，建设人民满意的服务型政府；三是提高消费水平，实现共同富裕；四是抓住第四次科技变革的契机，促进中国经济结构转型升级；五是实施创新驱动战略，加快建设创新型国家。

21.《要坚持中国特色社会主义政治经济学的八个重大原则》

作者：程恩富

期刊：《经济纵横》

刊期：2016 年第 3 期

从马克思主义政治经济学的一般原理出发，阐述我国发展社会主义市场经济要坚持中国特色社会主义政治经济学的八个重大原则：科技领先型的持续原则、民生导向型的生产原则、公有主体型的产权原则、劳动主体型的分配原则、国家主导型的市场原则、绩效优先型的速度原则、结构协调型的平衡原则、自力主导型的开放原则。

22.《论资源配置中的市场调节作用与国家调节作用——两种不同的"市场决定性作用论"》

作者：程恩富、孙秋鹏

期刊：《学术研究》

刊期：2014 年第 4 期

十八届三中全会提出的使市场在资源配置中起决定性作用和更好发挥政府作用的重大决定，对我国经济体制改革具有重要指导意义。要深刻全面理解和把握我国经济体制改革的总体思路和整体方案，就需要深刻认识和深入研究市场决定性作用及更好地发挥国家作用之间的关系。西方周期性地不断爆发各种经济危机表明新老自由主义的合理性总体上逊于新老凯恩斯主义。市场调节与国家调节各有功能上的优劣点，应当发挥其优势功能的互补性。中国特色社会主义"市场决定性作用论"与新自由主义"市场决定性作用论"存在多方面的本质差别。

23.《马克思生产关系二维理论体系形成过程的系统考察》

作者：程启智

期刊：《学海》

刊期：2013 年第 1 期

马克思的生产关系理论实际上是一个由所有制和依赖关系构成的二维理论体系，二维生产关系理论是正宗的马克思的理论。但受苏联所有制教条影响，我们长期仅重视前者而忽视后者，导致生产关系理论的重大缺憾，因此当前急需研究和发展马克思的依赖关系理论。本文通过文本研究，发现二维生产关系理论在马克思的早期论著中就有思想雏形，但是在他与恩格斯合写的《德意志意识形态》中才正式形成，最后是在《1857—1858 年经济学手稿》中得以完善。然而，即使是在所有制范式的政治经济学即《资本论》中，马克思仍然运用了依赖关系理论。所有制理论的主要任务，是揭示资本主义经济社会产生、发展和灭亡的规律，以为社会主义革命提供理论武器；而依赖理论的主要任务，是揭示人们在生产中的交往与合作关系的规律，以为经济社会的有序运行提供理论解答。所以，后者对于当下我国经济和社会转型来说具有更重要的理论意义。

24.《论马克思生产力理论的两个维度：要素生产力和协作生产力》

作者：程启智

期刊：《当代经济研究》

刊期：2013 年第 12 期

在马克思创立的政治经济学中，研究对象虽为生产关系，但也包含内容丰富的生产及其生产力理论。传统的生产力理论是一维的要素生产力理论，而马克思的生产力理论实际是由要素生产力和协作生产力构成的二维理论体系。他在《资本论》中就是从这两个维度展开对生产和生产力分析的。这一新的认识，不仅恢复了其原意，更重要的是，它有利于为生产力的内生演变和发展提供新的理论解释。

25.《坚持和完善"公主私辅型"基本经济制度的时代内涵——基于新自由主义的国际垄断资本主义意识形态工具性质研究》

作者：程言君、王鑫

期刊：《管理学刊》

刊期：2012 年第 4 期

"公主私辅型"基本经济制度是中国特色社会主义的经济基础，坚持公有经济占主体地位对于建设中国特色社会主义具有根本意义。因而，在以自由主义为意识形态工具的国际垄断资本主义泛滥成灾的全球化条件下，要牢牢抓住经济发展方式转变的历史机遇，深化改革，加快建设中国特色社会主义，最根本的就是坚持"两个毫不动摇"，警惕和排除新自由主义全面私有化、一切市场化、极端自由化的干扰和危害，坚持和完善"公主私辅型"基本经济制度。这是一项长期的、复杂的、艰巨的历史任务，要用长远的、战略的眼光看待这个问题。

26.《马克思的价值链分工思想与我国国家价值链的构建》

作者：崔向阳、崇燕

期刊：《经济学家》

刊期：2014 年第 12 期

马克思的很多思想接近于现代价值链理论，包括价值增殖链，生产过程的"非独立化和片面化"，国际分工、对外贸易以及民族国家的作用等。本文归纳了价值链分工的基本特点、形成条件和动力机制；使用马克思的国际价值规律和国际生产价格规律理论研究了价值链的利润来源，即工序内竞争和工序间竞争形成的三种国际超额利润；总结了构建国家价值链的四种基本形式，即产业资本驱动型、商业资本驱动型、金融资本驱动型和生产要素驱动型；提出了构建国家价值链的政策建议，包括双重嵌入、双手并举、双链协同、四轮驱动等。

27.《逆全球化与中国开放发展道路再思考》

作者：戴翔、张二震

期刊：《经济学家》

刊期：2018 年第 1 期

当前逆全球化思潮兴起，本质上是全球化红利在国家间和国家内分配失衡及全球治理失序负面性，被世界经济周期作用放大的结果。目前，世界经济虽已进入长周期衰退阶段，但从错位发展角度看，前一轮产业革命为中国带来的开放发展红利尚未结束，中国面临着从以往全面摘取全球产业技术"低垂果实"向全面摘取"高悬果实"的重要机遇；另外，新一轮产业革命和技术革命正处于孕育阶段，融入全球创新链中无疑有助于实现开拓性技术进步。不幸的是，上述战略机遇正面临着被"逆全球化"浪潮吞噬的风险。为有效化解可能的风险和挑战，需要秉持习近平总书记提出的"全球增长共赢链"开放发展理念，走出一条与世界互利共赢、和谐发展的开放格局新道路。

28.《从融入到推动：中国应对全球化的战略转变——纪念改革开放40周年》

作者：戴翔、李远本、张二震

期刊：《国际贸易问题》

刊期：2018年第4期

以要素流动为本质特征的新一轮经济全球化，更加有利于条件具备、战略得当的发展中国家。改革开放以来，中国抓住了全球化带来的机遇，积极融入全球化，取得了经济发展的巨大成就，世界经济格局发生了转折性变化。发达经济体逆全球化思潮泛滥，纷纷转向保护主义，以中国为代表的发展中国家倡导自由贸易和建立开放型的世界经济。从融入全球化到推动全球化，中国实现了应对全球化的战略转变。中国在全球经济治理变革中，越来越发挥着引领和推动作用。中国也将在不断扩大对外开放中开创开放发展新局面。

29.《论习近平新时代中国特色社会主义经济思想》

作者：邱乘光

期刊：《新疆师范大学学报（哲学社会科学版）》

刊期：2018年第2期

习近平新时代中国特色社会主义经济思想是党的十八大以来以习近平同志为核心的党中央推动我国经济发展实践的理论结晶。就其历史形成而言,"中国特色社会主义进入新时代"是这一思想形成的时代条件,"以马克思主义政治经济学为指导"是这一思想形成的理论依据,新时代"推动我国经济发展实践"是这一思想形成的实践基础。就其基本内涵而言,这一思想是以"新发展理念"为主要内容,以"七个坚持"为基本要求的,"新发展理念"和"七个坚持"是这一思想的基本内涵。就其地位意义而言,这一思想是习近平新时代中国特色社会主义思想的重要组成部分,是中国特色社会主义政治经济学的最新成果,是新时代坚持和发展中国特色社会主义经济的科学指南。

30.《〈资本论〉的逻辑起点与当代意义》

作者:丁堡骏、王金秋

期刊:《经济纵横》

刊期:2015 年第 1 期

马克思通过对政治经济学历史的批判,确定《资本论》的逻辑起点是商品这一最简单的范畴。作为《资本论》逻辑起点的商品,既可以看成是资本主义商品抽象掉了资本关系所剩下的一般商品,也可以看作是历史上存在的作为资本主义历史前提的简单商品。前者是从《资本论》作为反映资本主义历史发展过程的逻辑过程,从最抽象的范畴逐步加进不同的历史规定性而上升到具体范畴的逻辑起点;后者则是从《资本论》作为辩证唯物论和历史唯物论的反映论所描述的资本主义发生、发展的历史事实的角度来看的历史起点。从这个意义上说,只要商品一般正确地反映了简单商品生产,商品一般和简单商品生产就没有本质区别。正确认识作为《资本论》逻辑起点的商品不仅是逻辑的成分,而且包含历史的因素,对于科学把握《资本论》的理论体系和马克思的方法论,对于深刻理解"历史"上的转型问题,对于探索适合我国国情的社会主义商品生产理论体系,对于建设有中国特色的社会主义,都具有重要的理论价值和实践意义。

31.《"人类命运共同体"的实践路径和中国角色论析》

作者:丁工

期刊：《当代世界与社会主义》

刊期：2017 年第 4 期

当今世界经济增长乏力，复苏进程艰难曲折，全球地缘政治博弈更趋复杂激烈，导致"逆全球化"思维日益显现、"去全球化"声音日渐高涨，人类社会需要破解全球发展难题。对此，中国新一届领导层提出以打造"人类命运共同体"来应对全球治理顽疾。构建"人类命运共同体"既是中国优化外部发展环境的基础前提，也为世界各国指明了全球治理改革的方向。中国将以"五大发展理念"为思想指引，从构建周边命运共同体起步延展，为最终实现人类命运共同体的终极目标贡献中国智慧、中国力量。

32.《供给侧结构性改革的马克思主义政治经济学分析》

作者：丁任重、李标

期刊：《中国经济问题》

刊期：2017 年第 1 期

马克思主义视角下，供给和需求具有同一性，需求决定供给，供给创造需求。基于此辩证关系，中共中央提出了供给侧结构性改革。这一提法与西方供给学派不是一回事，超越并丰富了西方供给理论。二者存在显著的不同，主要表现在制度基础、政市关系与经济背景三个方面。我国经济发展的结构问题突出：既存在总需求不足与需求转移外溢并存的供需间不对称，也存在有效供给不足与相对过剩并存的供需内部不对称；三次产业结构有所优化，但改善的空间依然较大；传统产品供给过剩，以需求为核心、精益求精的新兴产品供给不足；供给端质量安全制度建设的滞后加剧结构失衡。因此，供给侧结构性改革的关键与核心是优化经济结构。要加快推进供给侧结构性改革，应树立正确的宏调思路，需求与供给两侧同时发力；做好加减乘除法，优化经济结构；正视投资与转型的关系，增投资与调结构并举；多角度推进科技创新，全力培育供给新优势；以多元化改革为抓手，优化供给端的制度环境。

33.《试论马克思劳动价值论在国际交换领域的运用和发展》

作者：丁重扬、丁堡骏

期刊：《毛泽东邓小平理论研究》

刊期：2013 年第 4 期

在国际贸易领域，马克思的劳动价值论仍然适用，不过不是在原始的国别价值形式上，也不是在国别市场价值和国别生产价格的形式上起作用，而是在国际价值、国际市场价值和国际生产价格等转化形式上发挥作用。在国际商品交换领域，即使遵循等价交换原则，商品按国际价值、国际市场价值或国际生产价格进行交换，其结果仍然是价值财富从发展中国家或落后国家向发达国家转移。中国要摆脱和避免在国际上受剥削的地位，要实现自己的经济发展目标，根本出路在于坚持独立自主、自力更生的发展原则，加快转变经济发展方式。

34.《跨越"中等收入陷阱"必须警惕"新自由主义"》

作者：段学慧

期刊：《河北经贸大学学报》

刊期：2012 年第 6 期

新自由主义是当代国际垄断资本进行全球扩张的经济理论、政治纲领和政策手段。拉美、苏联和东欧地区以及东南亚一些国家之所以陷入"中等收入陷阱"，除了自身未及时转变发展方式外，从外部来看，无疑是中了"新自由主义"的圈套。中国已步入中上等收入国家，在完善社会主义市场经济体制的过程中，必须坚持以马克思主义为指导，坚持社会主义公有制的主体地位，自觉抵制新自由主义的侵蚀和影响。

35.《论建设中国特色社会主义政治经济学为何和如何借用西方经济学》

作者：方福前

期刊：《经济研究》

刊期：2019 年第 5 期

随着资本主义市场经济兴起而产生的西方经济学，出生伊始便具有二重性：为资本主义市场经济制度提供理论支柱的辩护性和揭示资本主义市场经济内在联系和运行规律的科学性。19世纪30年代以后这种辩护性又演变成庸俗性。20世纪30年代以来的现代西方主流经济学主要是在资本主义制度不变的假设前提下研究市场经济一般，这些研究成果许多是积极的、有益的。中国特色社会主义政治经济学在现阶段主要是中国社会主义市场经济学，它以马克思主义政治经济学为指导，扎根于中国改革开放和社会主义现代化建设的伟大实践。根据理论的政治性色彩，西方经济学的理论可以划分为政治性的经济理论、主干性的经济理论和基础性的经济理论，通过对这三类理论相应地实施"剔除术""整形术"和"移植术"，吸收和融通其有益成分为创建中国特色社会主义政治经济学之用，将会有益于中国特色社会主义政治经济学的发展和繁荣。

36.《寻找供给侧结构性改革的理论源头》

作者：方福前

期刊：《中国社会科学》

刊期：2017年第7期

供给理论和供给侧结构性改革的理论源头，是历来重视供给的英法古典经济学，而不是其后企图否认会出现经济危机的萨伊及萨伊定律。马克思深化了供给理论，认为生产（供给）结构和产品（收入）分配结构取决于生产关系的性质和结构，这个思想对我国的供给侧结构性改革尤其具有指导意义。美国供给学派的可借鉴处主要是供给改革和供给管理的一些政策主张。我国的供给侧结构性改革需要构建中国特色的社会主义供给理论。

37.《供给侧结构性改革的政治经济学》

作者：方敏、胡涛

期刊：《山东社会科学》

刊期：2016年第6期

供给侧结构性改革命题蕴含在建设中国特色社会主义市场经济的基本命题之中，其理论基础也必然蕴含在中国特色社会主义政治经济学的理论体系之中，并能为中国改革发展实践的过去和未来提供一致的解释力。因此，本文结合政治经济学的理论史和中国的经济改革史分析了供给侧结构性改革命题。对理论史的考察表明，供给侧结构性改革的理论基础包含两方面内容：一是生产（供给侧）是经济发展的决定性因素，改革必须以提高生产力为根本目标和检验标准；二是生产与消费的矛盾、总供给与总需求的矛盾是特定社会的经济结构和历史发展阶段的产物。对中国改革史的考察表明，中国特色的改革道路和改革方式具有鲜明的"供给侧改革"性质。新时期中国经济增长主要得益于改革开放释放的"改革红利"及其"供给侧效应"。推进供给侧结构性改革是我国经济发展进入新常态下的新一轮制度创新。改革的长期效应将为经济增长进一步创造有利条件，但是改革的短期效应可能表现为有效需求不足，必须处理好政府与市场的关系，防止政府尤其是地方政府采取有违供给侧结构性改革要求的需求侧刺激性政策。

38.《"经济社会人假说"与中国经济学构建》

作者：冯根福

期刊：《当代经济科学》

刊期：2019年第1期

国内外的经济社会发展实践表明，无论是西方经济学提出的"经济人假说"，还是马克思提出的"社会人假说"，都存在一定的缺陷与局限性，必须加以创新和发展。本文在吸收马克思的"社会人假说"和西方经济学的"经济人假说"合理成分的基础上，提出了一种新的经济学假说———"经济社会人假说"，并认为该假说可以准确地描述和反映参与经济社会活动的大多数人的行为方式，因而可以将其作为构建中国经济学或中国特色社会主义政治经济学的核心假说和底层逻辑。本文提出的"经济社会人假说",不仅对于构建科学的中国经济学或中国特色社会主义政治经济学,而且对于设计合理的中国经济激励机制和制定合理的中国经济激励政策都具有重要的意义。

39.《社会总劳动的分配和价值量的决定》

作者:冯金华

期刊:《经济评论》

刊期:2013 年第 6 期

根据马克思主义经济学的基本原理,本文在假定等价交换以及一国经济的价值总量等于劳动总量的基础上,推导决定单位商品价值量的具体表达式。由此说明,在单位商品价值量的决定中,两种含义的社会必要劳动时间所起的作用都不可或缺,但又有所不同,特别是在给定一国经济的劳动总量之后,首先可由社会必要劳动时间的第二种含义,决定该劳动总量在不同行业中的分配,即决定每一行业的社会必要劳动量或价值量,其次再由社会必要劳动时间的第一种含义,决定每一行业的社会必要劳动量或价值量在其所生产的每一商品上的分配,即决定单位商品的价值量。

40.《国别价值、国际价值和国际贸易》

作者:冯金华

期刊:《世界经济》

刊期:2016 年第 10 期

根据劳动价值论、等价交换和"一价律"的假定可以证明,任意一个国家生产的任意一种商品的单位国别价值等于这个国家中该商品的价格与所有商品的价格总量的比率乘以生产这些商品所消耗的劳动总量;任意一种商品的单位国际价值等于用任意一个国家的货币来计量的该商品的价格与全世界所有商品的价格总量的比率乘以全世界的劳动总量。由此说明:任意一个国家在其单位国别价值比率相对小的商品生产上具有比较优势;任意两个国家的任意两种商品的国际交换比率等于这两种商品的单位国际价值的比率，且任意两个国家的汇率等于这两个国家的货币所代表的单位国际价值的比率。

41.《大国崛起失败的国际政治经济学分析》

作者：冯维江、张斌、沈仲凯

期刊：《世界经济与政治》

刊期：2015 年第 11 期

在特定的文化与制度环境内，受具体政策的影响，如果一国能够实现有效的资源配置，在发挥其禀赋的生产性比较优势的同时，对国内外不安全因素予以有效震慑和遏制，则该国能够获得持续的经济增长而不断崛起。崛起中的大国的国内民众或利益集团及国际盟友或伙伴国的过度期待与要求以及它与当前处于支配性地位的霸权国家之间紧迫的竞争，为战略性误判/误导的发生准备了环境性条件。所谓战略性误判，是指那些可能造成资源严重错配的政策与行动所依据的判断。由于大国博弈性和竞争紧迫性的存在以及内部特殊利益集团的影响，许多误判实际上是战略性误导的结果。从德国、苏联和日本等大国崛起失败的案例来看，决策集中、社会动员力高、国内利益集团分化等体制性条件，更容易诱发战略性误判/误导并造成更严重的资源错配后果，以致崛起国在内忧外患下突然溃败。科学的试错机制、开放的经济体系、良好的国际关系和中性的权威政府能够避免或至少减轻战略性误判/误导的不利影响。

42.《国际价值、国际生产价格和利润平均化：一个经验研究》

作者：冯志轩

期刊：《世界经济》

刊期：2016 年第 8 期

本文通过扩展 Morishima – Ochoa 方法，利用国际投入产出数据库测算了世界市场上的国际价值和国际生产价格，得到国际生产价格是世界市场价格主要调节者的结论。与以往有关经验研究的结论不同，本文发现价值和生产价格对市场价格解释力相近的结论可能是不成立的。本文还对调节资本长期均衡利润率进行了测算，证实世界市场上存在利润平均化趋势，从而支持了世界市场上国际生产价格主导市场价格的结论。同时，本文发现国际利润平均化主要发生在行业之间而非国家和地区之间，为不平等交换理论提供了支持。

43.《时代的"叩问"与政治经济学的"应答"——兼论中国特色社会主义政治经济学的科学内涵与理论担当》

作者：付文军

期刊：《经济学家》

刊期：2019 年第 5 期

政治经济学的诞生并非偶然，而是回应"时代之问"的产物。由于阶级立场和知识差异等因素的限制，面对资本主义的"时代之问"，古典经济学进行了狭隘的探索，马克思政治经济学则完成了实质性的解答。在新时代中国特色社会主义建设过程中，中国特色社会主义政治经济学又担负起创造性回应新的"时代之问"的理论任务。可以说，中国特色社会主义政治经济学是"为中国人民谋幸福和为中华民族谋复兴"的经济学，是为实现"中国特色社会主义共同理想和共产主义远大理想"的经济学，是"深入人心且充满活力"的经济学。这既是时代赋予这一理论的任务，也是它应有的理论担当。

44.《资本、资本逻辑与资本拜物教——兼论〈资本论〉研究的逻辑主线》

作者：付文军

期刊：《当代经济研究》

刊期：2016 年第 2 期

《资本论》就是"论资本"。在政治经济学批判中，马克思以资本为核心进行了有效的理论省察，并向我们展示了资本的本质是"物化"的社会关系。同时，它还作为一股社会力量、一个过程范畴、一种阶级属性和一种价值形式广泛地存在于社会之中。由资本范畴不难看出，资本主义社会就是一个由资本逻辑管控着的社会，"是"与"应该"的矛盾贯串这一社会始终。由于资本宰制所体现的逻辑落差，资本批判的张力得以凸显，资本拜物教得以"祛魅"，资本世界得以清晰地呈现在我们面前。

45.《〈资本论〉视域下的供给侧结构性改革——基于马克思社会总资本再生产理论》

作者：盖凯程、冉梨

期刊：《财经科学》

刊期：2019年第8期

在《资本论》中，马克思社会总资本再生产理论充分阐述了在社会再生产过程中，供求平衡和结构均衡至关重要，也成为当前我国供给侧结构性改革的理论指导。本文运用其理论，从两大部类均衡的视角分析了我国经济目前存在的两类供需失衡，主张用改革的方法着眼于结构的调整和优化，通过实施提高供给体系质量，破除无效供给、培育新动能、强化科技创新，降低实体经济成本等措施，建立高水平和高质量的供需动态平衡体系。

46.《认清当代资本主义的新发展》

作者：高放

期刊：《深圳大学学报（人文社会科学版）》

刊期：2012年第1期

资本主义社会已经在人类历史上存在了几百年，对于资本主义社会的发展过程，目前学界已有共识，即从形成阶段的资本主义到自由资本主义再到垄断资本主义。但是，对于如何认识当代资本主义，学界大部分人思想陈旧，墨守成规，拘泥于一百多年前的垄断资本主义旧理论，不能解放思想，与时俱进。当代资本主义已经发展到了社会资本主义的新阶段，而非垄断资本主义。只有认清这个新阶段，才能深刻体会到我国改革开放以来为什么要设立经济特区以及如何探索中国特色社会主义道路。

47.《论马克思劳动价值论的立场、论证方法和理论逻辑》

作者：高林远

期刊：《四川师范大学学报（社会科学版）》

刊期：2019 年第 1 期

马克思主义政治经济学是从劳动人民立场出发来认识和研究资本主义生产方式的理论学说。"劳动创造价值"就是这一立场在理论上的集中反映。马克思的劳动价值论同当代西方经济学在价值源泉问题上的根本分歧，归根结底是由两种学说的不同立场和价值取向造成的，西方学者说劳动价值论存在所谓论证方法和理论逻辑上的缺陷，源于其所持立场的局限，是根本站不住脚的；而试图将各种非劳动因素视为价值创造源泉以及离开马克思劳动价值论的内在逻辑来任意扩展"劳动"概念的做法，不仅是对马克思劳动价值论的否定和歪曲，而且也将马克思主义政治经济学这一长期必须坚持的指导思想贬低为对短期现象或现行政策的解释工具。

48.《70 年所有制改革：实践历程、理论基础与未来方向》

作者：葛扬、尹紫翔

期刊：《经济纵横》

刊期：2012 年第 10 期

生产资料所有制改革始终是我国经济体制改革中的重大问题之一。新中国成立以来，根据马克思主义政治经济学的基本原理，在总结实践经验的基础上，我们对生产资料的所有制结构和公有制的实现形式进行了调整，满足了解放和发展生产力的要求。进入新时代，为了进一步推动生产力发展，我们继续深化生产资料所有制改革，将发展混合所有制作为基本经济制度的主要实现形式。混合所有制既增强了国有企业的竞争力，又扩大了民营企业的经营范围。混合所有制与我国国有企业的分类改革是相辅相成的。我国的混合所有制改革与西方国家的混合经济不同，在发展过程中必须始终坚持公有制的主体地位，以保证我国经济发展的社会主义性质。

49.《开拓当代中国马克思主义政治经济学的新境界》

作者：顾海良

期刊：《经济研究》

刊期：2016 年第 1 期

当代中国马克思主义政治经济学立足于我国国情和社会主义经济改革的实践，是对这一实践中积累的经验和理性认识的升华，也是在对马克思主义政治经济学基本原理更为宽广视域的研究和运用中，对马克思主义政治经济学时代特色的彰显。当代中国马克思主义政治经济学的原创新性的和批判继承性的"术语的革命"，成为"系统化的经济学说"的学术范式的标识。当代中国马克思主义政治经济学既重于吸收和借鉴各种经济学理论的精华之处，又善于摒弃和批判其糟粕之处，在发展中逐渐形成交流、交融、交锋等多种对待方式。当代中国马克思主义政治经济学在决胜全面建成小康社会的经济发展进程中，有着多方面的新发展，蕴藏着"系统化的经济学说"创新的难得的历史机遇。习近平关于马克思主义政治经济学是坚持和发展马克思主义"必修课"、为马克思主义政治经济学新发展贡献"中国智慧"的思想，体现了对当代中国马克思主义政治经济学发展的新的要求。

50.《新发展理念的马克思主义政治经济学探讨》

作者：顾海良

期刊：《马克思主义与现实》

刊期：2016 年第 1 期

以创新、协调、绿色、开放、共享为内容的新发展理念，是制定国民经济和社会发展"十三五"规划的指导思想和中心线索，是马克思主义政治经济学基本原理与中国经济社会发展实际相结合的新成果。新发展理念在对"实现什么样的发展、怎样发展"问题新的回答中，凸显其马克思主义政治经济学的意蕴；新发展理念是对马克思主义政治经济学理论的当代运用和丰富，特别是对马克思恩格斯关于经济的社会发展理论和人的全面发展理论的当代阐释与现实应用；新发展理念直面中国经济社会发展的现实问题，以强烈的问题意识，致力于破解发展难题、增强发展动力、厚植发展优势，是党的十八大以来习近平对当代中国马克思主义政治经济学的新的理论贡献。

51.《新发展理念与当代中国马克思主义经济学的意蕴》

作者：顾海良

期刊：《中国高校社会科学》

刊期：2016 年第 1 期

党的十八届五中全会通过的《中共中央关于制定国民经济和社会发展第十三个五年规划的建议》，是今后五年经济社会发展的行动指南，是决战决胜全面建成小康社会的纲领性文件。这一纲领性文件提出的创新、协调、绿色、开放、共享的五大发展理念，直面中国经济社会发展的现实问题，以强烈的问题意识，致力于破解发展难题、增强发展动力、厚植发展优势，成为制定国民经济和社会发展"十三五"规划的指导思想和中心线索。由创新、协调、绿色、开放、共享这五个方面构成的新发展理念，实际上也是决战决胜全面建成小康社会历史进程中当代中国马克思主义政治经济学的新成就。

52.《中国特色社会主义政治经济学的"导言"——习近平〈不断开拓当代中国马克思主义政治经济学新境界〉研究》

作者：顾海良

期刊：《经济学家》

刊期：2019 年第 3 期

2015 年 11 月，习近平在中央政治局第 28 次集体学习时发表的《不断开拓当代中国马克思主义政治经济学新境界》的讲话，就如马克思《〈政治经济学批判〉导言》的中国版本。《新境界》对马克思《导言》的思想赓续和理论创新,体现在马克思主义政治经济学对社会性和历史性的坚守、马克思主义政治经济学中国"历史路标"的镌刻、对从"结构"到"系统化的经济学说"的探索、"中国智慧"的思想特征和时代意蕴等四个方面,对当代中国马克思主义政治经济学发展有着重要的学理和学术的示范效应和指导意义,是推进中国特色社会主义政治经济学发展的方法论和理论上的"导言"。

53.《中国特色社会主义经济学的新篇章——习近平系列重要讲话中阐发的经济思想》

作者:顾海良

期刊:《毛泽东邓小平理论研究》

刊期:2014 年第 4 期

习近平系列重要讲话中阐发的经济思想,写就了邓小平 1984 年提出的"马克思主义基本原理和中国社会主义实践相结合的政治经济学"的新篇章。习近平经济思想注重运用从"国民经济的事实"出发到"问题意识",再从"问题意识"到"问题倒逼"的方法,注重从历史、现实与未来内在联系的视域上揭示经济改革和发展理论的真谛。习近平经济思想在社会主义市场经济体制改革和完善的理论上,在对社会主义初级阶段经济制度、经济体制和运行过程的总体探讨上,形成了一系列创新性的观念和理论成就。

54.《马克思经济学的研究对象与中国特色社会主义经济学的创新》

作者:顾海良

期刊:《当代经济研究》

刊期:2013 年第 6 期

在马克思经济学中,有以叙述资本主义经济关系的典型形式和本质特征的经济学对象上的理解,也有以研究资本主义经济关系的特殊形式和现实特征的经济学对象上的理解。中国特色社会主义经济学，在对象方法上，以社会主义初级阶段经济关系为研究对象，突出经济制度、经济体制和经济运行的整体研究，把握解放生产力和发展生产力理论基础地位，以"剥离下来"和"结合起来"为方法论要义；在理论结构上，以经济改革论、经济制度论、市场经济论、科学发展论和对外开放论为主导理论。这些主导理论的相互联系、相互依存，构成一个有机整体。这些主导理论的相互结合、相互作用，生成其他一系列衍生性理论。主要理论和衍生性理论结合在一起，共同构成中国特色社会主义经济学理论体系。

55.《习近平新时代中国特色社会主义经济思想》

作者：顾梦佳、王腾、张开

期刊：《政治经济学评论》

刊期：2019 年第 3 期

党的十八大以来，中国共产党将马克思主义政治经济学基本原理同中国经济发展新实践相结合，不断推进马克思主义政治经济学中国化，努力把实践经验上升为系统化的经济学说，形成了作为中国特色社会主义政治经济学最新理论成果的习近平新时代中国特色社会主义经济思想。本文从五个方面对习近平新时代中国特色社会主义经济思想进行了理论梳理：一是坚持加强党对经济工作的集中统一领导，保证我国经济沿着正确的方向发展；二是坚持以人民为中心的发展思想，解决新时代我国社会主要矛盾；三是贯彻新发展理念，建设社会主义现代化经济体系；四是深化供给侧结构性改革，解决新时代我国经济发展主要矛盾；五是坚持我国社会主义初级阶段基本经济制度，处理好公有制经济与非公有制经济之间的关系。

56.《中国经济发展进入新常态的理论根据——中国特色社会主义政治经济学的分析视角》

作者：郭克莎

期刊：《经济研究》

刊期：2016 年第 9 期

党中央在研究经济形势中将短期走势与长期趋势联系起来，提出经济发展进入新常态的重大判断，根本依据是中国特色社会主义政治经济学的理论逻辑。从适应生产力发展阶段看，我国的工业化过程已进入后期阶段，经济增速、产业结构、增长动力将发生较大变化，这些趋势性变化与新常态的主要特点是一致的。从遵循经济发展规律看，许多国家和地区在经历了长期高增长并进入较高收入阶段后，都出现了以增长速度大幅回落为特征的重大转变，潜在增长率、增长因素、增长机制等都发生了有规律的变化，其历史经验为新常态提供了佐证材料。从推进经济发展取向看，提出新常态的战略思想，也体现了坚持以人民为中心的发展理念。新常态理论作为中国特色社会主义政治经济学的一项重大理论创新成果，将被实践证明具有重要的理论地位和作用。

57.《加快建设现代化经济体系的逻辑内涵、国际比较与路径选择》

作者：郭威、杨弘业、李明浩

期刊：《经济学家》

刊期：2019 年第 4 期

建设现代化经济体系作为习近平新时代中国特色社会主义经济思想的集中体现，是党中央从党和国家事业全局出发，紧扣新时代矛盾变化、营造经济新动能成长环境、适应国际新形势竞争要求而作出的重大决策部署。本文通过阐释建设现代化经济体系的科学内涵，在总结 20 世纪中后期美日德三国建设现代化经济体系、引导本国经济转型升级、实现高质量发展的实践经验的基础上，根据我国实际情况进一步提出包括完善社会主义市场经济制度、夯实经济体系产业基础、转换经济体系内生增长动力、提高经济体系资源配置效率和强化经济体系人才支撑在内的，以供给侧结构性改革为主线建设现代化经济体系的对策建议。

58.《论习近平新时代中国特色社会主义经济思想》

作者：韩保江

期刊：《管理世界》

刊期：2018年第1期

习近平新时代中国特色社会主义经济思想是中国特色社会主义政治经济学的最新成果。从实践基础来看，它"形"于党的十八大前习近平从政全过程和七年知青岁月，"成"于党的十八大以来的中国特色社会主义经济发展新实践。从理论渊源来看，它作为马克思主义政治经济学和中国特色社会主义政治经济学之"集大成者"，不仅充分继承马克思主义政治经济学的立场、观点和方法，而且充分继承了毛泽东关于社会主义经济发展的思想和邓小平、江泽民、胡锦涛创立和发展的中国特色社会主义经济发展思想，同时注意吸收中国传统文化营养和当代西方经济学中的有益成果。从科学内涵来看，它是"一个新发展理念"和"七个坚持"的有机整体。习近平新时代中国特色社会主义经济思想需要在决胜全面建成小康社会和全面建设现代化强国新实践中坚持和发展。

59.《中国特色社会主义政治经济学对西方经济学理论的借鉴与超越——学习习近平总书记关于中国特色社会主义政治经济学的论述》

作者：韩保江、张慧君

期刊：《管理世界》

刊期：2017年第7期

坚持和发展中国特色社会主义政治经济学，要以马克思主义政治经济学为指导，同时借鉴西方经济学的有益成分。西方经济学中的市场经济理论、现代产权理论、政府干预理论、经济增长与发展理论、收入分配理论、国际经济理论等，在一定程度上对于我们研究中国改革发展以及社会主义市场经济的建立和完善具有重要借鉴意义。在借鉴西方经济学的过程中，我们也要坚决摒弃其庸俗成分，避免照搬照抄，关键是紧密结合中国实际，具有敏锐的中国问题意识，聚焦中国改革和发展的重大理论和现实问题，着力提出能够体现中国立场、中国智慧、中国价值的理念、主张、方案。

只有在比较、对照、批判、吸收、升华的基础上，才能真正构建起科学的中国特色社会主义政治经济学理论体系。

60.《习近平新时代中国特色社会主义经济思想的源流和主线》

作者：韩保江、王佳宁

期刊：《改革》

刊期：2018 年第 3 期

习近平新时代中国特色社会主义经济思想是中国特色社会主义政治经济学的最新成果。从理论渊源来看，它不仅充分继承了马克思主义政治经济学的立场、观点和方法，而且充分继承了中国特色社会主义经济发展思想，同时注意吸收中国传统文化营养和当代西方经济学中的有益成果。从科学内涵来看，它是涵括了"一个新发展理念"和"七个坚持"的有机整体。习近平新时代中国特色社会主义经济思想需要在决胜全面建成小康社会和全面建设现代化强国新实践中坚持和发展。

61.《"供给侧结构性改革"的政治经济学释义——习近平新时代中国特色社会主义经济思想研究》

作者：韩保江

期刊：《经济社会体制比较》

刊期：2018 年第 1 期

推进供给侧结构性改革，是以习近平同志为核心的党中央在综合分析世界经济长周期和我国经济发展新常态的基础上，对我国经济发展思路和工作着力点的重大调整，是实现我国经济从高速度增长阶段向高质量发展阶段转变的必然选择。因此，党的十九大报告把"深化供给侧结构性改革"作为建设现代化经济体系的"第一举措"，提出建设现代化经济体系，必须把发展经济的着力点放在实体经济上，把提高供给体系质量作为主攻方向，显著增强我国经济质量优势。供给侧结构性改革与供给学派不是一回事。经济新常态是供给侧结构性改革的逻辑前提，新发展理念是供给侧结构性改革的价值引领。习近平总书记关于供给侧结构性改革的重要论述，不仅开拓了马克思主义政治经济学新境界，极大地丰富了中国特色社会主义政治经济学，而且为进一步深化供给侧结构性改革，加快建设现代化经济体系提供了理论指导。

62.《习近平以人民为中心的政治经济学说》

作者：韩庆祥

期刊：《人民论坛》

刊期：2016年第1期

坚持以人民为中心的发展思想，坚持把促进人的全面发展作为"十三五"规划的核心理念，把坚持人民主体地位摆在发展的指导原则之首，充分彰显了习近平总书记经济思想的民本情怀。把人民的期待变成我们的行动，把人民的希望变成生活的现实，让人民群众有幸福感、获得感，这是习近平总书记致力于经济发展的价值取向和根本目的所在。

63.《坚持以人民为中心的发展思想》

作者：韩喜平

期刊：《思想理论教育导刊》

刊期：2016年第9期

坚持以人民为中心的发展思想是对马克思主义发展理论的基本精神内核的坚守和发展，是对西方发展理论局限性的超越，其精神实质体现了中国共产党的执政理念和中国特色社会主义制度的优越性，指明了全面建成小康社会，实现中华民族伟大复兴中国梦要坚持的基本原则和具体路径。

64.《混合所有制改革影响国有企业绩效的基本逻辑与路径》

作者：韩沚清、许多

期刊：《财会通讯》

刊期：2019年第2期

本文就混合所有制改革对国企绩效影响的机理和路径进行全面系统的

研究。结果表明，混合所有制改革影响国有企业绩效的基本逻辑是：混合所有制改革从两个方面，通过三个层次以直接或间接的方式影响国有企业绩效；其影响的具体路径是：通过调整股权结构、优化激励机制、放松融资约束、提高投资效率、提高内部控制有效性和减轻政策性负担影响国企绩效。总之，混合所有制改革主要是通过完善公司内部治理机制和剥离政策性负担两大路径影响国企绩效，而调整股权结构是影响国企绩效的最主要途径。

65.《中国要素收入分配研究进展述评》

作者：郝枫

期刊：《经济学动态》

刊期：2013 年第 8 期

要素分配是收入分配研究的基础和逻辑起点，具有重要的理论意义与政策价值。国内要素分配研究起步很晚，但在国内发展现实和国际研究热潮共同推动下呈加速跟进之势，集中涌现出一批成果。经细致梳理，将其归为四大主题：指标测度与国际比较研究为其基础，要素份额演进趋势研究为其亮点，决定机制与影响因素研究为其核心，应用领域与政策研究为其归宿。本文立足分主题剖析，力图廓清该领域的研究现状与发展态势，并对其发展前景进行展望。

66.《也谈国际价值规律及其作用的特征》

作者：何干强

期刊：《政治经济学评论》

刊期：2013 年第 1 期

国际价值规律是商品价值规律在国际经济流通领域的表现形式。国际价值规律与国内价值规律相比，虽然具有许多共同点，但是，两者在形成和存在的历史条件上，在起基础作用的价值的质和量的规定上，在结合资本关系的表现形态上却具有不同的经济特征；尤其是在作用的后果上，国际价值规律具有不同于国内价值规律的特征，主要是：生产力发达国家的先进企业可以持久地获得超额利润，生产同种商品的生产力落后国家的企业仍然会在该国存在，国际价值交换会产生不平等经济关系，形成有利于发达国家的国际分工等。马克思的国际价值论对中国经济的对外开放具有重大指导意义。

67.《马克思重建个人所有制的再解读——以生产关系的二重性为分析视角》

作者：何玉霞、刘冠军

期刊：《社会主义研究》

刊期：2013 年第 1 期

对马克思所有制思想渊源和生产关系二重性的研究表明，马克思把所有制更多的看成是劳动对它的客观条件的关系，所有制的历史变迁正是生产关系二重性的现实体现。生产关系的二重性决定了重建个人所有制既包括生产资料所有制，又包括消费资料所有制。生产资料的个人所有是为了否定资本主义条件下资本对劳动力的剥夺，这是纵向维度上体现在所有制变迁上的生产关系变化规律；消费资料的个人所有则是为了保证个人全面自由的发展，这是从横向维度上评判在特定的生产方式组织形式下生产关系优劣的标准。重建个人所有制是实现劳动者解放的物质基础，是一个长期的、动态的过程。

68.《以创新的理论构建中国特色社会主义政治经济学的理论体系》

作者：洪银兴

期刊：《经济研究》

刊期：2016 年第 4 期

中国特色社会主义政治经济学是当代中国的马克思主义政治经济学，在阶段性上的学科定位是：在生产关系上属于社会主义初级阶段的政治经济学，在生产力上属于中等收入发展阶段的政治经济学。中国特色社会主义政治经济学的对象扩展到生产力,其任务是建立关于解放、发展和保护生产力的系统性经济学说。基本经济制度和基本收入制度是社会经济制度的基本方面,这方面的系统性经济学说构成中国特色社会主义政治经济学的核心内容。中国的市场化改革推动了政治经济学的研究扩展到经济运行领域。社会主义市场经济理论的确立和演进,反映了中国特色社会主义政治经济学的理论进展。对供求关系转向需求侧和供给侧的体制及相应的改革分析,开拓了中国特色社会主义政治经济学研究的新空间。

69.《〈资本论〉和中国特色社会主义经济学的话语体系》

作者:洪银兴

期刊:《经济学家》

刊期:2016年第1期

理论经济学的话语体系包括经济学的范式和所使用的经济学范畴。中国特色社会主义政治经济学话语体系要以《资本论》提供的马克思主义经济学范式为基础。其中包括《资本论》中建立的系统的经济学范畴,阐述的经济学基本原理,对未来社会的预见和规定,某些在《资本论》中明确认为到未来社会中不再存在而在社会主义初级阶段的实践中仍然起作用的经济范畴。中国特色社会主义政治经济学包含了马克思主义经济学中国化和时代化的话语。其创新和发展是马克思主义经济学范式和话语体系内的创新。其中包括:以生产力和生产关系的话语体系说明社会主义初级阶段及其基本经济制度;以商品经济和价值规律的话语体系说明社会主义市场经济;以生产关系和分配关系的话语体系说明社会主义初级阶段的分配制度;以发展生产力和扩大再生产的话语体系建立经济发展理论。

70.《非劳动生产要素参与收入分配的理论辨析》

作者:洪银兴

期刊:《经济学家》

刊期:2015年第4期

在现阶段实行生产要素参与收入分配的制度，一是与劳动价值论相容，二是与社会主义初级阶段的基本经济制度相容。资本、知识、技术、管理等要素属于私人所有，需要建立有效的激励机制，以增加国民财富。各种生产要素参与分配是参与整个新创造价值（v+m）的分配。在市场配置资源的条件下，要素价格分别在各自的要素市场上形成，不仅对有效地配置和使用各种生产要素起调节作用，而且可以对各种要素报酬作市场评价。在生产要素参与分配的条件下需要贯彻社会主义的社会公平正义和按劳分配的分配原则。从表面上看，分配的不平等在很大程度上由要素参与分配导致。但深层次分析，产生收入差距的根本原因是不同的个人所拥有的要素存在很大差别。因此解决收入不平等的关键在于缩小不同的个人所拥有的参与分配的要素差别，特别是财产和知识的差别。劳动报酬不只是指生产一线的劳动者报酬，还指技术和管理人员的报酬。提高劳动报酬的关键在各尽所能和体现劳动还是谋生手段的要求。这些要求在初次分配阶段就要实现。

71.《建设现代化经济体系的内涵和功能研究》

作者：洪银兴

期刊：《求是学刊》

刊期：2019 年第 2 期

现代化有明确的目标和标准，建设现代化经济体系，开启现代化的行动和路径是高质量开启现代化建设新征程的关键性战略安排，可以为整个现代化建设进程奠定坚实的基础。从推动现代化进程考虑，现代化经济体系可以概括为三个方面：一是优化经济结构的现代化经济体系，其中包括现代化的产业体系、现代化的城乡区域发展体系、现代化的绿色发展体系；二是转换增长动力的现代化经济体系，包括现代化的收入分配体系、现代化的全面开放体系；三是现代化的国家治理体系，涉及现代化的市场体系、现代化的政府调控体系。

72.《40 年经济改革逻辑和政治经济学领域的重大突破》

作者：洪银兴

期刊：《经济学家》

刊期：2018 年第 12 期

回顾以往 40 年，改革开放每一次的重大进展都是由政治经济学领域的重大突破开道和推进的。根据 40 年经济改革的逻辑，政治经济学领域的重大突破所推动的改革突出表现在五个方面：第一，社会主要矛盾理论的突破，明确了所处的社会主义初级阶段和进入新时代；第二，社会主义市场经济理论的突破，推动了资源配置方式改革并且明确了市场化改革方向；第三，社会主义初级阶段基本经济制度理论的突破，推动了所有制结构调整和公有制的改革；第四，要素报酬理论的突破，推动了基本分配结构的改革；第五，经济运行理论的突破，推动了供给侧结构性改革。这其中的每一个重大突破都伴有相关理论的突破，是一系列重大政治经济学理论创新的综合。

73.《习近平新时代中国特色社会主义经济思想引领经济强国建设》

作者：洪银兴

期刊：《红旗文稿》

刊期：2018 年第 1 期

随着中国特色社会主义进入新时代，我国经济发展也进入了由高速发展增长阶段转向高质量发展阶段的新时代。推动经济高质量发展，是适应我国社会主要矛盾变化和全面建成小康社会、全面建设社会主义现代化国家的必然要求，也是遵循经济规律发展的必然要求。在实践中形成的以新发展理念为主要内容的习近平新时代中国特色社会主义经济思想是指引中国走向富强的理论之魂。要切实推动经济强国建设，就要抓住我们所处的发展阶段的重大发展问题，而以重大发展问题为导向就必须要坚持新发展理念，以人民为中心实现发展成果的全民共享，要在创新和开放中寻求发展新动力，同时必须遵循社会规律的包容性发展，通过遵循客观规律来解决发展的不平衡不充分问题。

74.《习近平新时代中国特色社会主义经济思想的发展背景、理论体系与重点领域》

作者：胡鞍钢、周绍杰

期刊：《新疆师范大学学报（哲学社会科学版）》

刊期：2019 年第 2 期

习近平新时代中国特色社会主义经济思想是我国当前及今后经济建设的指导思想。本文首先阐述了该思想提出的时代背景，即中国特色社会主义进入了新时代。基于党的十八大以来习近平总书记关于经济建设的系列讲话精神、经济建设的实践，以及马克思主义政治经济学关于生产力与生产关系的基本观点，构建了习近平经济思想的理论解释框架，系统阐释习近平经济思想的理论体系。最后，本文给出在实践中落实习近平经济思想的重点领域。

75.《习近平构建人类命运共同体思想与中国方案》

作者：胡鞍钢、李萍

期刊：《新疆师范大学学报（哲学社会科学版）》

刊期：2018 年第 5 期

中国进入世界强国时代，走进世界舞台中心，引领世界迈向新时代。在新"十字路口"，习近平总书记回答了"中国追求建设什么样的世界"问题，提出了"构建人类命运共同体"，并积极倡导、努力践行。作为习近平新时代中国特色社会主义思想的核心和精髓，人类命运共同体的目标在于构建一个"大同世界"，其创新之处体现在以人类整体为中心，以共同利益为基石，以共同价值为导向，以共同责任为保障，以共同发展为追求；其独特优势在于能够兼顾不同群体的利益需求，能够兼容不同的价值理念。构建人类命运共同体意义重大，对中国、对世界各国、对人类社会的发展影响深远。中国将坚持奉行"共赢主义",积极推进"一带一路"建设,着力打造"五位一体"的人类命运共同体。

76.《中国社会主要矛盾转化与供给侧结构性改革》

作者:胡鞍钢、程文银、鄢一龙

期刊:《南京大学学报(哲学·人文科学·社会科学)》

刊期:2018年第1期

党的十九大报告首次作出新时代中国社会主要矛盾发生转化的重大判断,矛盾主要方面从落后的社会生产转变为经济、社会、文化、生态等各方面的发展不平衡不充分。新中国成立以来,社会主要矛盾随时代发展发生了几次重大转变。对新时代矛盾主要方面进行的实证分析表明,各方面发展不平衡不充分均较为严重,且均在新时代前后出现一定拐点,其中,社会发展不平衡不充分问题相对更为严重,经济发展不平衡不充分相对有所缓解但依旧十分明显。新矛盾的解决需要坚持以供给侧结构性改革为主线的新思想,从增加优质供给和优化结构两个方面,在经济、社会、文化、生态等各领域推动并完善供给侧结构性改革。

77.《试论社会主义市场经济理论的创新和发展》

作者:胡家勇

期刊:《经济研究》

刊期:2016年第7期

社会主义市场经济理论是中国特色社会主义政治经济学的重要组成部分,是马克思主义政治经济学基于中国改革开放实践的重大理论突破,其精髓是,社会主义作为一种社会制度,市场经济作为一种资源配置机制,二者可以有机结合起来,同时发挥各自的优势,并生成新的制度、体制优势。社会主义市场经济理论已凝练出许多重要理论观点,涉及政府与市场的关系、基本经济制度、收入分配制度、市场经济运行和对外开放等重大理论和实践问题,其中一些已构成中国特色社会主义政治经济学的基本原则。全面深化改革和全面建成小康社会新实践必将推动社会主义市场经济理论的深化和系统化。

78.《论"以人为本"人本主义与"以人民为中心"》

作者：胡钧、施九青

期刊：《改革与战略》

刊期：2016 年第 11 期

中国传统文化中的"以人为本"与资本主义时期提出的人本主义具有共同性：都具有"二重性"。一方面，二者都承认人在社会存在和发展中的主体地位；另一方面，虽然在本质上，二者都把百姓的作用看作是维护自身存在和巩固统治地位的工具，但二者又具有不同的社会关系内容。二者间也存在区别：前者体现的是人身依赖关系，后者表现的是以物的依赖性为基础的个人的独立性的增强。中国共产党提出的"以人为本"虽然也表现出对人在社会存在和发展中的主体地位的确认，但在社会关系的内容上则与它们有根本区别：这里的"人"是有具体社会规定性的人民，提出"以人为本"实质上是中国共产党一贯坚持的为人民服务的根本立场和价值导向的表现。"以人民为中心"是把人民放在心中的最高位置，坚持全心全意为人民服务的根本宗旨，这是中国共产党区别于其他政党的最明显的标志。

79.《马克思主义政治经济学的根本方法和具体方法——纪念马克思诞辰 200 周年》

作者：胡磊、赵学清

期刊：《经济学家》

刊期：2018 年第 9 期

通过将马克思《1857—1858 年经济学手稿》《政治经济学批判（第一分册）》《资本论》及其手稿联系起来考察，我们发现马克思主义政治经济学的方法分为根本方法和具体方法两个层次。根本方法是唯物史观和唯物辩证法，具体方法包括科学抽象法、从具体到抽象的研究方法和从抽象到具体的叙述方法、逻辑与历史相一致的方法、分析和综合相结合的方法、数量分析法等。政治经济学的根本方法规定了具体方法的理论基础和应用范围，具体方法是根本方法的科学延伸、灵活运用和深化细化，二者既相对独立又互相渗透，既有层次差异又有内在关联，共同开启了政治经济学的科学革命。政治经济学的创新发展需要坚持根本方法，发展具体方法，合理借鉴现代西方经济学研究方法。

80.《论马克思按劳分配理论的形成、发展及其实现问题》

作者：胡连生

期刊：《理论探讨》

刊期：2013 年第 5 期

马克思提出社会主义社会的收入分配原则是凭借劳动证书实行按劳分配。列宁在社会主义实践中，实行了货币工资、奖金、利润分成等按劳分配的具体实现形式。我国在社会主义初级阶段的实践中探索了社会主义市场经济体制下按劳分配的实现问题。按劳分配是社会主义社会的基本制度特征，是中国特色社会主义社会的主体分配形式。深入探讨按劳分配的有关问题，对于深化我国收入分配制度的改革，推动中国特色社会主义事业的健康发展大有裨益。坚持按劳分配为主体，在理论上，应厘清按劳分配与按生产要素分配、社会保障、收入差距的辩证关系；在实践上，须划清按劳分配与按企业经营权分配、按资源垄断分配、按执掌公共权力分配的界限，规范按劳分配。

81.《改革开放以来我国劳动报酬的变动分析——基于以人民为中心发展思想的视角》

作者：胡莹、郑礼肖

期刊：《经济学家》

刊期：2019 年第 7 期

改革开放以来，我国劳动报酬总量快速提升，但劳动报酬份额处于相对较低水平，并呈现出缓慢下降的趋势。全员劳动生产率的增长率与劳动报酬增长率基本保持一致，劳动报酬份额与资本所得份额基本呈现负相关关系。从马克思主义政治经济学的角度来看，劳动力价值内容的变化、所有制改革的影响、经济发展方式的转变以及相关的政策因素等是造成我国劳动报酬现状的主要原因。提高劳动报酬的绝对值与比重是坚持以人民为中心发展思想的基本要求。为此，需要处理好经济增长与劳动报酬的关系，处理好劳动生产率与劳动报酬的关系，处理好资本所得与劳动报酬的关系，实现经济增长与居民收入的同步增长、劳动生产率与劳动报酬的同步提高。

82.《试论中国特色社会主义政治经济学的理论创新方向——基于马克思政治经济学批判的分析》

作者：黄华、程承坪

期刊：《经济学家》

刊期：2017 年第 6 期

中国特色社会主义政治经济学是马克思主义政治经济学的继承和发展，只有在把握马克思主义政治经济学精髓的基础上才能实现理论创新。马克思通过对资本主义社会以物质财富为中心、以资本逻辑为主轴、以私有制为基础、以自由市场为理念的批判，为中国特色社会主义政治经济学的创新发展提供了启示。因此，中国特色社会主义政治经济学的理论创新方向可以从以人本为中心、以劳动逻辑为主轴、以公有制为主体多种所有制共同发展为基础、以市场有效和政府有为为理念来探寻。

83.《大国市场开拓的国际政治经济学——模式比较及对"一带一路"的启示》

作者：黄琪轩、李晨阳

期刊：《世界经济与政治》

刊期：2016 年第 5 期

近年来，中国政府启动了"一带一路"建设，积极推动开拓周边国家市场。世界历史上，四种曾经出现过的大国市场开拓模式可以从不同角度为中国"一带一路"建设提供经验参考。作为世界政治中的两个后来者——德国与日本，19 世纪末至 20 世纪初，德国"抢占守成大国的市场开拓模式"是危险的，因为它损害了霸权国英国国内的产业利益，推动英德经济竞争升级到军事竞争；20 世纪后半期，日本"依赖霸权国家的市场开拓模式"是脆弱的，因为它损害了霸权国美国国内的产业利益，促使美国选择限制日本产品进入美国市场，阻断了日本的市场开拓之路。作为世界政治中的两个霸权国——英国和美国，18 世纪后期至 19 世纪后期，英国"倚靠边缘国家的市场开拓模式"是摇摆的，因为面临产业损害的边缘国家逐渐出现强大的产业集团反对英国的市场渗透时，这一模式的不可持续性逐步显现；19 世纪末开始，美国"基于国内开发的市场开拓模式"是稳固的，它让边缘国家国内出现日益依赖美国的产业集团，为美国撬动海外市场提供了强大的战略工具和更大的回旋余地。中国的市场开拓需要避免这四类模式的困境，优先开发国内市场是中国"一带一路"战略获得成功的重要基石。

84.《在发展实践中推进经济理论创新》

作者：黄泰岩

期刊：《经济研究》

刊期：2017 年第 1 期

中国创造了世界经济发展史上的奇迹，使中国具备了构建中国特色社会主义经济理论体系的典型条件。从实践经验中，我国已总结提升出了一些中国特色社会主义经济理论。但是，在中国进入中高收入阶段后，面对跨越"中等收入陷阱"的严峻挑战，照搬新自由主义经济学、发展经济学、经济增长理论等学说难以指导中国新的实践，已有的中国特色社会主义经济理论也需要与时俱进。为破解发展新难题，我国提出了由经济发展新常态、新理念、新动力、新路径和新政策等构成的用于指导中国新实践的新理论，并将该理论与党的十八大以前形成的理论进行系统化，形成了中国特色社会主义经济理论的新体系，最后指出了新体系具有的理论价值、世界价值和实践价值。

85.《再论生产力、生产方式与生产关系之间的关系——基于人类社会生产变迁史的思考》

作者：黄涛、韩鹏

期刊：《西部论坛》

刊期：2012 年第 3 期

生产方式是一个由生产的技术条件与社会条件结合而成的具有独立性的纯粹宏观概念。由于生产力和生产关系的构成都与生产的技术条件和社会条件密切相关，因此，两者中的任何一方发生变化都会导致生产方式发生变化，即两者都是生产方式的决定因素。只是因为生产力的技术构成方面在马克思的分析框架中是外生的，才导致了"生产力—生产方式—生产关系"这样一个公式。但是，由于生产力的社会构成本身是以生产关系的形式表现出来的，且是内生于马克思的经济系统的，生产关系的变化也可能导致生产方式发生变革，这时就不能再用"生产力—生产方式—生产关系"这个公式了。

86.《凝结了中国智慧的马克思主义政治经济学——党的十八大以来我国的经济理论创新》

作者：黄晓勇

期刊：《管理世界》

刊期：2017 年第 9 期

党的十八大以来，以习近平为核心的党中央在我国经济社会发展的理念、政策、路线和实践方面进行了全方位的探索，经济学者们也与时俱进地进行了深入的理论研究，这些共同凝聚成为中国特色社会主义经济理论的创新和发展。这些理论创新可简单概括为三个方面：经济新常态的提出是社会主义初级阶段理论的新发现，五大发展理念则是社会主义发展经济学的新进展，国家治理体系和治理能力现代化是社会主义国家治理理论的新突破。党的十八大以来的经济理论创新，既创造了马克思主义政治经济学的新范式，也正谱写着现代经济理论发展的新篇章，是凝结了中国智慧的马克思主义政治经济学。不过，我国经济学界的理论创新需要注意四个方面的问题：一是要通过扎实的理论研究正面回应外部的研究关切和学术批评，二是中国模式的理论提升不宜操之过急，三是更加重视基础理论研究，四是支持健康的学术争论和学术批评。

87.《防范化解金融风险的政治经济学研究》

作者：姬旭辉

期刊：《经济学家》

刊期：2019 年第 2 期

金融在资本流通和经济增长中发挥着"调节中枢"的重要功能，能够促进利润率的平均化、提高资本的利用效率。但是由于金融和虚拟资本相对独立的运动规律，虚拟资本的价格容易与现实资本价值相背离，并引发金融风险。金融部门的膨胀会从生产部门转移大量利润，从而减少可用于积累和扩大再生产的剩余价值，不利于经济增长。金融风险的系统性爆发还会严重影响和拖累实体经济的发展，导致宏观经济的不稳定性和脆弱性。因此，必须加强对金融的监管和引导，促使金融服务于实体经济，严格控制经济过度金融化的趋势，防范化解金融风险。

88.《〈资本论〉生态经济思想的基本特征及其当代价值》

作者：吉志强

期刊：《广西社会科学》

刊期：2013 年第 2 期

生态经济思想是《资本论》的重要内容，马克思在对资本主义生产过程进行系统分析和批判的过程中，表达出了一系列诸如循环经济、集约型经济、农业生态经济等丰富的生态经济思想。这些生态经济思想是集系统性、永续性、过程性和人道性等基本特征于一体的整体性思想。马克思在《资本论》中所阐释的生态经济思想及其基本特征对我们在社会主义市场经济条件下坚持科学发展、建设社会主义生态文明和构建社会主义和谐社会等都具有重要的指导价值。

89.《论马克思主义经济学中国化的几个问题》

作者：贾后明

期刊：《经济纵横》

刊期：2013 年第 5 期

马克思主义经济学中国化是马克思主义经济学与中国实践相结合的必然产物，是马克思主义经济学创新和发展的具体体现。作为马克思主义理论的主要组成部分，马克思主义经济学必然会随着马克思主义中国化而出现中国化问题。不过，马克思主义经济学的中国化与马克思主义哲学和科学社会主义理论的中国化有不同之处。马克思主义哲学和科学社会主义理论可以结合中国传统哲学和中国的社会主义实践而形成新的思想和理论，但马克思主义经济学有着自身内在的逻辑与结构，还面临着西方经济学的挑战，其所面临的理论困境远远大于哲学和科学社会主义理论。马克思主义经济学中国化要解决马克思主义经济学与经济学一般理论、西方经济理论之间的关系，回答中国社会主义市场经济实践提出的新问题。只有努力构建中国化的马克思主义经济学新体系，才能最终体现马克思主义经济学在指导中国经济建设中的地位与价值。

90.《市场经济只能建立在私有制基础上吗？——兼评公有制与市场经济不相容论》

作者：简新华、余江

期刊：《经济研究》

刊期：2016年第12期

市场经济需要企业自主经营、自负盈亏、产权明晰。公有制企业包括国有企业通过转机改制、实行现代企业制度，能够适应市场经济的要求，从而使公有制能够与市场经济相结合。市场经济并不是只能建立在私有制基础上，以市场经济只能建立在私有制基础上的看法推导出的中国发展市场经济必须实行私有化的结论不能成立。中国社会主义初级阶段的经济是商品经济或者市场经济的基本条件是存在社会分工和多种不同的所有制。此条件下，即使在公有制经济内部，不同的企业或者经济单位的产出和资源利用效率也不一样，为了鼓励企业提供更多更好的产出，提高资源利用效率，必须允许企业拥有相对独立的经济利益，社会不能无偿占用或者调拨企业的产出，企业之间也必须实行等价交换，否则会挫伤企业和职工的积极性，造成资源的低效利用甚至浪费。公有制企业的生产和交换也是商品生产和交换，公有制经济也是商品经济或者市场经济。社会主义市场经济理论和邓小平关于计划与市场的论述，并不违背马克思主义政治经济学的商品经济和社会主义经济运行特征的基本原理，并不否定社会主义经济发展到高度成熟发达的高级阶段、所有制演进到单一公有制的时候，将不再是商品经济或者市场经济的长远趋势。

91.《发展和运用中国特色社会主义政治经济学引领经济新常态》

作者：简新华

期刊：《经济研究》

刊期：2016年第3期

习近平总书记在主持中共中央政治局第二十八次集体学习时强调，马克思主义政治经济学是马克思主义的重要组成部分，也是我们坚持和发展马克思主义的必修课。要通过认真学习马克思主义政治经济学基本原理，认真学习贯彻习近平总书记的重要讲话精神，真学、真懂、真信、真用马克思主义政治经济学，学会运用马克思主义政治经济学的立场、观点和方法，深化对我国社会主义经济发展规律的认识和把握，深化对当代资本主义内在矛盾及其发展趋势的认识和把握，深化对人类社会发展规律、社会历史发展必然趋势和当代世界发展格局及其国际形势的认识和把握；提高领导中国特色社会主义发展的能力和水平，提高处理国际问题的能力和水平；总结中国特色社会主义建设新鲜经验，回答我国经济社会发展面临的新阶段、新情况、新问题，构建中国特色社会主义政治经济学，实现马克思主义政治经济学的创新发展。

92.《论攻坚阶段的国有企业改革——国有企业深化改革必须正确认识的几个基本问题》

作者：简新华

期刊：《学术研究》

刊期：2012 年第 10 期

改革处于攻坚阶段，国有企业还要不要改革，朝什么方向改、改什么、怎样改，成了理论界乃至全社会关注、讨论的热点问题。由于改革开放以来，国企改革在取得了巨大成绩的同时还存在突出的问题，所以必须深化改革。如何正确认识和深化国有企业改革，不仅直接关系到能否建立起社会主义市场经济体制的微观基础、真正建立起社会主义市场经济体制，还决定着中国的改革能否坚持社会主义方向、壮大增强国有经济、巩固和加强社会主义经济基础、真正避免贫富两极分化、切实走向共同富裕。国企私有化将会造成巨大灾难，因此，国企改革的方向和任务只能是完善国有企业制度，发展壮大国有企业，更好地发挥国有经济的主导作用，为走向共同富裕作出更大贡献。国企改革必须采取六大方面的措施，正确处理国有经济与私有经济之间的关系。

93.《实施乡村振兴战略及可借鉴发展模式》

作者：蒋和平

期刊：《农业经济与管理》

刊期：2017 年第 6 期

"乡村振兴"战略，是党的十九大报告提出的七大战略之一。十九大报告指出："农业农村农民问题是关系国计民生的根本性问题，必须始终把解决好'三农'问题作为全党工作重中之重。"并提出产业兴旺、生态宜居、乡风文明、治理有效、生活富裕的总要求，坚持农业农村优先发展，加快推进农业农村现代化。我国经济正处在转变发展方式、优化经济结构、转换增长动力的攻关期，推进农业供给侧结构性改革，提高农业农村全要素生产率有利于不断增强我国经济的创新力和竞争力。实施"乡村振兴"战略为"三农"工作指明了方向，为未来农业农村发展描绘出蓝图。本文在阐明实施"乡村振兴"战略背景及意义的基础上，理顺了其内在的逻辑关系，强调了实施"乡村振兴"战略的重点，并总结归纳出安吉模式、虔心小镇模式、眉山泡菜产业发展模式、袁家村模式和平谷大桃产业模式，可为各地实施"乡村振兴"战略提供发展模式借鉴。

94.《不能脱离马克思的理论框架来发展劳动价值论》

作者：蒋南平、崔祥龙

期刊：《经济纵横》

刊期：2013 年第 10 期

近些年国内学者在劳动价值论研究方面形成了八种价值论，可归结为四大学派：一是拓展派，包括"广义活劳动价值论""物化劳动价值论""广义劳动价值论"；二是综合派，包括"统一劳动价值论""多元价值论"；三是质疑派，包括"历史局限性的劳动价值论""整体劳动价值论"；四是否定派，主要是指"非劳动价值论"。其中一些观点偏离了马克思劳动价值论及马克思主义经济学相关理论，尤其是背离了马克思经济学理论的基本逻辑框架来发展或重新解读劳动价值论，给我国经济社会发展带来不少理论与实践问题。要推进我国社会主义现代化健康快速发展，必须以马克思经济学理论的逻辑框架为根基，坚持和发展劳动价值论。

95.《改革开放以来马克思主义经济学在中国的运用及经验》

作者：蒋南平、汤子球

期刊：《经济学动态》

刊期：2014 年第 1 期

改革开放以来，马克思主义经济学在中国的运用进入了一个新的时期。在这个时期，理论成果及实践成果较之以前更为丰富，为马克思主义经济学中国化作出了重要贡献。马克思主义经济学中国化的过程就是把马克思主义经济学理论与经济体制改革的实践相结合，产生出具有中国特色的社会主义经济理论，即中国化的马克思主义经济学理论，构建中国经济学的过程。这一时期，我们对马克思主义经济学的运用主要体现在经济理论运用模式的选择、中国经济学理论框架的建立、形成中国特色社会主义经济实践成果方面。

96.《从收入分配改革到现代国民财富分配体系的建立》

作者：靳卫萍

期刊：《经济学动态》

刊期：2013 年第 10 期

新中国成立之后，收入分配在不断进行改革，尤其是改革开放之后收入分配制度随着经济体制的变革而变革。当前我国"按劳分配为主体，多种分配方式并存"的分配制度尽管有了很大进步，但是受其调节范围的限制，我国收入分配差距仍在不断扩大。我们需要在借鉴工业化国家经验的基础上，建立具有中国特色的，调节范围更为广阔、意义更为深刻的现代国民财富分配体系和制度。

97.《准确把握〈资本论〉的精髓是重构马列主义政治经济学的前提》

作者：鞠立新

期刊：《经济纵横》

刊期：2013 年第 12 期

最近一二十年来，在我国政治经济学领域，传统马列主义政治经济学发展遭遇瓶颈。究其根本原因，在于没有全面准确地解读《资本论》，把马克思《资本论》的理论贡献仅仅看成是剩余价值论，且将剩余价值理论仅仅解读为揭示雇佣工人受剥削秘密的"剥削论"，与我国社会主义市场经济的现实形成了严重悖论。我们必须从根本上消除对《资本论》的误读误解，正本清源，充分认识到马克思《资本论》具有资源优化配置和剩余价值两大理论贡献，其劳动价值论和剩余价值论本身也有优化配置社会资源的重要机制，以此重构马列主义政治经济学，增强其在现代市场经济中的生命力。

98.《政治经济学批判与唯物史观》

作者：隽鸿飞

期刊：《学习与探索》

刊期：2013年第2期

唯物史观作为马克思思想的核心既是建立在政治经济学批判的基础之上的，也是在政治经济学批判中得到进一步深化和发展的。正是通过政治经济学批判，马克思完成了哲学革命，确立了从现实的人及其实践活动出发阐释人类历史的基本原则和理论结构，从而创立了唯物史观。唯物史观的创立则使政治经济学批判超越了传统的政治经济学而成为一种社会历史批判。从宗教批判到对国家、法和政治的批判，再到政治经济学的批判，构成了青年马克思宗教批判的第一重逻辑；而从宗教批判开始的对黑格尔和整个近代西方形而上学的批判，则构成了马克思批判哲学的第二重逻辑。无论是对政治经济学的批判还是对黑格尔哲学的批判，马克思始终是围绕着现实的人及其生存危机展开的。马克思通过政治经济学批判，揭示了人的对象性的本质，将人自身的存在理解为一个在对象性实践活动中现实地生成的过程，这同时也就是现实的生活世界的生成过程。一般形而上学批判、政治经济学批判和空想社会主义批判三者是统一的，共同构成了马克思唯物史观,脱离三者中的任何一个,都无法真正理解马克思思想。通过批判分析政治经济学,马克思实现了对唯物史观的基本原则系统化,使之成为认识和理解人类历史的科学理论。马克思在整个政治经济学批判之中始终贯彻了历史与逻辑相统一的原则,《资本论》的逻辑所展现出来的不仅仅是资本主义社会现实的经济结构,而是在历史与逻辑相统一基础上对资本主义社会形成和发展的全部的历史过程的深刻理解和把握。

99.《分配理论与农民专业合作社盈余分配原则——兼谈〈中华人民共和国农民专业合作社法〉的修改》

作者:孔祥智、周振

期刊:《东岳论丛》

刊期:2014年第4期

利益分配是农民专业合作社制度的核心构建,也是合作社发展壮大的关键。从经济学收入分配理论的演变看,主要有两大类观点:一是按劳分配,一是按要素分配。从国际合作社分配原则的演进看,我国合作社的盈余分配制度在公共积累、交易量(额)返还上存在着重大缺陷,合作社的盈余分配存在着严重忽视管理者才能的现象。针对以上问题,要加快对《农民专业合作社法》的修订,通过法律的引领性与规范性作用,进一步完善我国合作社的盈余分配制度。

100.《生产结构、收入分配与宏观效率——一个马克思主义政治经济学的分析框架与经验研究》

作者:李帮喜、刘充、赵峰、黄阳华

期刊:《经济研究》

刊期:2019年第3期

现有文献对收入分配调整、经济结构变动和宏观效率提升三者之间的关系鲜有系统性研究。本文将马克思的再生产图式拓展为由固定资本、一般性生产资料、消费资料组成的"马克思—斯拉法"型三部类结构表,并利用中国 1987—2015 年的投入产出表，刻画投资驱动型增长下收入分配与宏观效率之间的关系。文章测算了中国经济的工资—利润曲线，再根据实际与潜在收入分配结构之间的偏离度，评估了中国宏观效率提升的空间。结果表明，利润率出现了下降的趋势，符合马克思的理论预测；利润率的下降主要归因于外延式增长方式下固定资本投资快速增长引起的资本有机构成提高；对宏观经济效率的分析表明，在传统增长方式之下，改善宏观经济效率的空间极为有限，必须转变经济发展方式，打造经济增长新动能。

101.《新中国 70 年的经济增长：趋势、周期及结构性特征》

作者：李帮喜、赵奕菡、冯志轩

期刊：《管理世界》

刊期：2019 年第 9 期

本文从马克思经济学原理出发，利用剩余产品生产和再生产结构两个范畴构建了一个关于社会化大生产条件下理解经济增长的一般理论框架，并从经验层面讨论了新中国成立 70 年来经济增长的总量和结构性特征。本文分别测算了这一时期中国经济增长的两种潜在增长率和大道路径，刻画了中国经济剩余的生产分配及最优增长结构。通过经验分析得出如下结论：第一，由于持续的资本使用—劳动节约型的技术进步，中国存在着一般利润率和潜在增长率的长期下降趋势；第二，社会主义市场经济体制的建立显著降低了中国宏观经济的波动性；第三，20 世纪 70 年代初以前，中国面临着低生产资料投资—低消费的困境，成为制约经济发展的主要结构性问题，这一问题在 20 世纪 70 年代以后得到了解决，并代之以高生产资料投资—低消费的模式。结合马克思经济学的分析工具我们能够很好地解释中国经济增长的长期趋势、阶段性及周期性特征。

102.《当前欧债危机的政治经济学分析》

作者：李本松

期刊：《理论月刊》

刊期：2012 年第 8 期

欧债危机是以国家主权作为信用担保，对外借钱或者发行债券，但因各种原因不能按期如约偿还债务所造成信用违约的危机。欧债危机已在欧洲造成全面综合性危机。站在政治经济学视角上分析欧债危机可以看出：一是为什么借钱发债，借钱发债是资产阶级实现统治和欺骗民众的需要，是资本主义社会阶级矛盾恶化的结果，欧债危机是资产阶级统治和政治欺骗的一次失败和破产；二是为什么还不上钱，是因为资本主义寄生性和腐朽性所造成的经济"非生产性"使其失去还钱能力；三是为什么救助危机步履艰难，是因为资本主义之间的矛盾导致外部救助很难实现，现行欧盟和欧元区的体制和机制矛盾导致自我救助很难实现。

103.《"亚细亚生产方式"再探讨——重读〈资本主义生产以前的各种形式〉的思考》

作者：李根蟠

期刊：《中国社会科学》

刊期：2016 年第 9 期

亚细亚生产方式是马克思对原始社会形态初创性的理论概括，其内涵是以原始共同体土地共同所有制为核心的原始共产主义。马克思以留存于文明世界中的公社残片为依据，运用逆向推演和残片复原相结合的方法，在材料相当缺乏的情况下成功地揭示了原始社会生产关系最基本的特点。将经过抽象而形成的亚细亚生产方式的"一般"概念，同它依以抽象的素材的亚洲村社及东方社会实态区分开来，是正确理解亚细亚生产方式的关键。

104.《劳动产权理论及其意义》

作者：李惠斌

期刊：《马克思主义与现实》

刊期：2013 年第 3 期

劳动产权理论围绕制度经济学家康芒斯提出的"制度和集体所有制不能妨碍个人的权利与自由"这个世纪性难题，从马克思的剩余价值理论和建立个人所有制理论出发，具体论述了"企业的各种劳动要素应该各按其劳动贡献获得企业公共积累或企业增量资产中的排他的个人权利份额"这一基本思想。本文用洛克的劳动产权理论和马克思的劳动价值论对古典经济学中的分配理论进行了大胆的修改和发展，提出了"过去的劳动""风险劳动"和"活劳动"分别参与分享企业税后利润的财富分配理论。此外，本文还从经济学、哲学、科学社会主义和政治学等几个方面对劳动产权理论的重要意义进行了论述，同时就劳动产权理论与利润分成、劳动力产权、企业激励机制等关系进行了辨析。

105.《中国特色社会主义政治经济学史研究的新阶段新使命》

作者：李家祥

期刊：《南开经济研究》

刊期：2019年第4期

回顾中国特色社会主义政治经济学史学科的发展历程，认清其进入新阶段的发展变化与历史使命，有益于从学说史的角度促进中国特色社会主义政治经济学的建设。从学科产生、发展的角度看，中国社会主义政治经济学史在我国已经大体经过了产生形成和稳步发展两个阶段，开辟了新兴研究领域，提升了研究层次质量，但与中国特色社会主义政治经济学建设的需要相比，其作用没有发挥到位。在中国特色社会主义政治经济学建设进入新时期之际，社会主义政治经济学史的研究也步入新阶段，在研究目标、原则、规模、方法等方面呈现出新特点。为此要高度重视中国特色社会主义政治经济学史的研究，把聚焦服务中国特色社会主义政治经济学建设作为自身研究的历史使命与核心任务，注重做到转变观念、打好基础、突出重点、搭建平台、拓宽视野。

106. 《新自由主义市场拜物教批判——马克思〈资本论〉的当代启示》

作者：李建平

期刊：《当代经济研究》

刊期：2012 年第 9 期

新自由主义是导致当前国际金融危机的西方主流经济理论。新自由主义对市场的过度颂扬和崇拜，可称之为市场拜物教。马克思曾对这种颠倒人与物关系的市场拜物教作过深刻的揭露和批判。马克思充分肯定资本主义市场和市场经济的巨大历史进步作用，但也指出，现代市场、市场经济和世界上任何事物一样，具有二重性。马克思在《资本论》中关于资本主义市场和市场经济存在十个方面内在缺陷的论述，具有重要的理论意义和现实意义。在社会主义市场经济条件下，市场拜物教是无法消除的，但是我们可以采取积极的措施，限制其作用的范围，化解其产生的矛盾，消除其恶劣的影响，防范其潜在的危机。

107. 《供给侧结构性改革的当下情境及其下一步》

作者：李娟伟、周晓唯

期刊：《改革》

刊期：2016 年第 12 期

从马克思主义政治经济学视角来看，若生产关系不能适应生产力结构演化的需要，就会导致经济供给侧出现动力不足、高成本、高杠杆等问题，因此需要坚持科技创新促进生产力发展、完善居民福利保障制度、协调政府调控与市场机制配置资源、改善基础环境质量四个方面的供给侧改革标准，从科技创新、政府绩效考核、政府与市场协调、市场经济保障制度建设四条路径入手，通过完善科技创新体系、优化政府职能、完善社会保障制度、深化国有企业改革等措施，加快实施我国供给侧结构性改革。

108. 《新中国 70 年来经济发展模式的关键：央地关系的演进与变革》

作者：李康

期刊：《经济学家》

刊期：2019 年第 10 期

政府行为与中国经济增长密不可分，这一点已经取得了广泛共识。新中国 70 年来，央地间"条块结合"的基本架构虽未发生大的变动，但其间的权力配置格局和具体的实施类型却始终在不断调整和优化，从计划经济时期的中央高度集权和央地之间频繁的"放权"和"收权"循环，到改革开放后中央向地方和企业分权及市场经济体制的建立和完善，再到新时代条件下央地之间权责划分的制度化和法治化。这一历史演进过程是和优先发展重工业、解放生产力以实现经济高速增长和经济转向高质量发展等不同时期的战略目标和经济发展模式紧密相连的。本文在秉持辩证唯物主义和历史唯物主义的方法，遵从经济基础和上层建筑之间的辩证统一规律，以及把握事物在矛盾运动中不断发展的特点的基础上，科学地总结了新中国成立 70 年来央地关系的历史演进及逻辑内涵。

109.《中国特色绿色发展道路的阶段性特征及其实现的路径选择》

作者：李梦欣、任保平

期刊：《经济问题》

刊期：2019 年第 10 期

绿色发展是中国新时代经济社会发展的新任务、新使命和新目标，中国特色绿色发展是基于马克思提出的人与自然和谐相处的基本思想，并在理论架构和实践突破中上升为生态文明的新价值谱系。绿色发展作为时代理念和现实导向的双重需求，通过对人类改造自然行为模式的初始架构进行重新设定，成为效率提高、和谐共处、持续发展的顶层设计。中国绿色发展道路在不同时期的实践探索按发展特征可划分为四个阶段，分别是意识主导阶段、制度支撑阶段、系统推进阶段和全面实现阶段，通过研究绿色发展的历史演进行为，归纳中国绿色发展道路的阶段性变化，试图梳理绿色发展的演化逻辑和发展特征，并寻找阻碍中国特色绿色发展进程的矛盾和桎梏，探索绿色化道路全面实现的政策方法。在新时代背景下，为中国特色绿色发展提供适宜的路径选择，使中国在高质量发展与绿色生态文明的充分融合中再现繁荣盛况。

110.《如何看待现阶段我国农民合作社的"规范性"？——一个政治经济学的探讨》

作者：李萍、田世野

期刊：《四川大学学报（哲学社会科学版）》

刊期：2019 年第 1 期

目前，我国学术界一般以西方合作社价值与原则为标尺来衡量我国农民合作社的规范性，存在着"制度背景的局限性""适用范围的局限性"和"理论范式的局限性"。西方传统上和现代中，合作社具有客观上的市场性与主观上的反市场性之间、资本与劳动所代表的市场权力反向变化之间的深刻矛盾，而矛盾的集中体现是平等的社员权利与社员异质性间的矛盾，且伴随着合作社实践的嬗变呈现出"公司化""营利性"等"异化""漂移"的倾向性现象。基于"过程观"或"生产力视野"的共享发展理念，内生于"中国特色"的农民合作社的益贫功能和共享性特质，其实现机制和依赖的制度环境具体通过普通社员的自由选择权和"用脚投票"机制、普通社员与精英社员的利益博弈机制、政府对合作社益贫行为的激励机制以及政府减贫行为的激励机制来促进共享发展。尊重中国农民"互惠理性"和合作共享的现实需求，需要全面深化改革，完善中国特色社会主义制度体制机制，增强整体制度环境的益贫性和共享性，这当是中国农民合作社是否"规范"之争的关键所在。

111.《国际价值链的"环节价值"是当代价值形态》

作者：李欣广

期刊：《管理学刊》

刊期：2015 年第 3 期

价值是经济财富的社会尺度。价值的表现形态随着社会经济的变化而变化，以社会必要劳动时间度量的劳动耗费是最初的价值形态，此后价值形态沿着国内与国际两条路线演变。国内价值形态的演变路线经历了生产价格与垄断价格两个阶段。国际价值形态的演变路线是先形成了国际价值，国际生产价格尚在形成中。当今生产国际化背景下，由国际产品内分工而形成国际价值链，商品的价值创造与价值增值过程受国际生产链各环节的分割被分解为不同的环节，不同环节的价值形成取决于两种竞争：最终商品的市场竞争与商品生产链内各环节的市场竞争。商品生产链内的竞争逻辑由三个环节构成：进入壁垒、市场竞争、要素供求状况。不同价值环节之间收益悬殊，体现了国际市场的经济关系新变化。

112.《政治经济学的新境界：从人的全面自由发展到共享发展》

作者：李雪娇、何爱平

期刊：《经济学家》

刊期：2016 年第 12 期

共享发展坚持以人民为中心，将经济发展的所有成果分享给全体人民，体现了社会主义的公平正义。本文首先从人的类存在、个体存在和社会存在三个角度回顾了人的全面自由发展理论的基本内涵，并结合共享发展中全民共享、全面共享、共建共享和渐进共享的发展理念，对比分析提出共享发展理念是对马克思主义政治经济学的继承和发展，是马克思主义中国化和时代化的新成果。

113.《美国员工持股计划及其对我国国企改革的启示》

作者：李政、艾尼瓦尔

期刊：《当代经济研究》

刊期：2016 年第 9 期

混合所有制经济实行员工持股，有助于提升国有企业的竞争力，为国有企业的长远发展增添活力。但其在国企中的推行和有效运作需要具体的制度安排做保障。我国的员工持股实践与美国等发达国家相比还处于起步阶段，有关制度安排还不够完善，这会影响员工持股制度应有潜力的充分发挥。美国员工持股计划自 1974 年获得官方认可，发展已有四十余年之久，是世界范围内比较成功的员工所有制形式。深入了解美国员工持股计划的理论渊源、运行机制、特征、发展概况和它对企业业绩的影响以及它的局限性，可以为我国国有企业推行员工持股提供参考。在国有企业中推行员工持股，应当围绕"形成资本所有者和劳动者利益共同体"和"建立激励约束长效机制"这样的目标设定具体的制度安排。

114.《"国企争议"与国有企业创新驱动转型发展》

作者：李政

期刊：《学习与探索》

刊期：2012 年第 11 期

长期以来，国有企业一直是中国国民经济的重要支柱，也是中国全面建设小康社会的主要力量，更是落实国家宏观经济政策及参与国际竞争的主力军。然而一段时间以来，围绕国有企业及其改革的争议此起彼伏。这些争议表明社会各界对国有企业尚有一定的认识误区与迷思，国有企业改革已经进入一个新的阶段。在中国建设创新型国家的战略背景下，提高自主创新能力、走创新驱动发展之路，是中国国有企业尤其是中央企业改革发展的基本方向和主要目标。而如何加快提高中央企业自主创新能力以适应创新型国家建设及自身"做强做优"、跻身国际一流企业的需要呢？关键就在于塑造中央企业创新驱动发展的动力，完善其相关体制与激励机制，营造一种支持、鼓励企业自主创新的文化氛围与政策法制环境。

115.《我国国有企业自主创新能力现状与提升路径》

作者：李政

期刊：《哈尔滨工业大学学报（社会科学版）》

刊期：2012 年第 1 期

在贸易全球化背景下，市场竞争愈发激烈，产品生命周期不断缩短，技术创新对于企业生存和发展越来越重要。国有企业作为我国国民经济的支柱，有责任、有义务从国家战略的高度出发，在提高自主创新能力、建设创新型国家中担当主力，发挥带头作用。近年来我国国有企业自主创新能力迅速提升，但与其所拥有的资源和地位相比，仍然存在明显不足。今后应通过改革国有企业经营者的绩效考核机制、培育企业家精神、增加研发投入等措施，进一步发挥国有企业的创新主体作用，提高其创新能力。

116.《中国道路与混合所有制经济》

作者：厉以宁

期刊：《中国市场》

刊期：2014 年第 23 期

支持并鼓励混合所有制经济的建立和发展是中国社会主义经济理论的重大创新，从经济学理论与中国经济改革实践的角度论述了资源配置效率的迫切性。在此基础上，提出建立和发展混合所有制经济的途径是：鼓励现有国有企业走向混合所有制经济、鼓励发展非公有资本控股或参股的混合所有制企业、员工持股的规范化、界定不同行业的国有企业功能以便针对不同行业特点提出改革措施等。同时澄清了调研中发现的对混合所有制经济的一些偏颇认识，进一步论述了民营企业在混合所有制经济建立和发展过程中实现向现代企业转变的相关问题，着重指出实行企业员工持股制是建立和发展混合所有制企业的最有效途径之一。

117.《经济治理体系和治理能力现代化：政府与市场的双重视角》

作者：刘承礼

期刊：《经济学家》

刊期：2015 年第 5 期

经济治理体系和治理能力现代化是国家治理体系和治理能力现代化的重要组成部分。在本文中，经济治理体系被理解为政府与市场对经济主体进行调节的制度体系；而经济治理能力则被界定为政府与市场对经济主体进行调节的能力。为了从制度设计和制度执行上搞好经济治理工作，需要正确地处理好政府与市场之间的关系。本文通过对学术界关于政府与市场之间关系研究成果的梳理，试图对经济治理的相关理论进行比较，进而从政府与市场两个层面来设计使经济治理体系和治理能力现代化的途径。

118.《"一带一路"战略的质疑与回应——兼论人类命运共同体构建的国际认同》

作者：刘传春

期刊：《石河子大学学报（哲学社会科学版）》

刊期：2016年第1期

"一带一路"作为实现中国梦目标的战略之一，旨在扩大中国与沿线国家深层次、宽领域、全方位的合作关系。但中国与沿线国家在合作中存在的政治互信不牢固、经济互惠不坚定、机制建设不稳固等问题，挑战着"一带一路"战略实施的可能性、可行性和稳定性。该文根据影响国际合作的政治互信、经济互惠、机制建设三大因素，探讨国际社会对"一带一路"战略的质疑及我国的回应举措，从中回答如何通过"一带一路"建设，增强国际社会对中国构建人类命运共同体的认同。本文认为，通过增进政治互信、巩固经济互惠、创新合作机制，将在深化中国与沿线国家合作关系中，增强人类命运共同体构建的国际认同，推动"一带一路"战略的成功实施。

119.《人类命运共同体内涵的质疑、争鸣与科学认识》

作者：刘传春

期刊：《毛泽东邓小平理论研究》

刊期：2015年第11期

随着人类命运共同体由愿景走向实实在在的行动，中国逐渐明确人类命运共同体旨在实现人类共同安全、共同发展、共担责任的内涵。但是，实现人类共同安全、共同发展、共担责任的命运共同体内涵，面临着被质疑，在国内学术界也存在争鸣。有必要从世界因相互依存而形成的发展、合作、共赢的属性来科学认识人类命运共同体的内涵，推动人类命运共同体的理论研究。

120.《中国经济学如何研究共享发展》

作者：刘凤义

期刊：《改革》

刊期：2016年第8期

共享是中国特色社会主义的本质要求。共享理念的实质是坚持以人民为中心的发展思想，体现的是逐步实现共同富裕的要求。在已有经济学研究中，尚未形成系统的关于共享发展的分析框架。构建中国特色社会主义政治经济学理论体系，应该把共享发展作为逻辑主线贯串始终。构建共享发展系统研究的初步框架，应拓展马克思主义政治经济学劳动力商品理论作为共享发展的微观基础；在生产、分配和消费的有机统一中研究共享发展的稳定性和可持续性；在企业与政府、微观与宏观有机结合中研究共享发展的互补性和协调性。

121.《服务产品国际价值的转形和国际转移及对中国服务贸易的启示》

作者：刘航、赵景峰

期刊：《马克思主义研究》

刊期：2012年第3期

服务产品的使用价值和价值具有很多特性，其国际价值的转形、转移和实现也具有特殊表现形式。服务产品国际价值转形的动力更强、阻力更弱，国际利润平均化趋势更加明显，但这一过程会带来比制造业的国际利润平均化更深重的国际剥削。对发展中国家来说，既可以实现某些服务行业的平均利润和利润率提高，又难以避免其服务产品被发达国家"低价"消费的剥削现象。因而，中国在推动服务贸易自由化的同时，应提高服业的国际竞争优势，实现服务业相关价值链的社会化生产。在目前经济全球化快速发展，世界格局不断调整变化，以及第三产业主体化和服务贸易兴起的背景下，坚持与创新马克思国际价值理论，并以此来解释服务产品国际价值的特殊性质以及国际服务贸易的本质，具有十分重要的意义。

122.《经济新常态中的精准扶贫理论与机制创新》

作者：刘解龙

期刊：《湖南社会科学》

刊期：2015 年第 4 期

在我国经济新常态背景下，精准扶贫是一项需要与时俱进的工作，也是一项需要理论支撑和理论创新的工作。经济新常态从宏观、中观、微观三个层次影响精准扶贫，在经济新常态中，精准扶贫也面临新的机遇，必须全面学习、把握落实好习近平总书记的扶贫思想，推进理论创新和体制机制创新。

123.《正确认识当代资本主义的新变化》

作者：刘丽萍

期刊：《产业与科技论坛》

刊期：2012 年第 12 期

二战后，当代资本主义发生了诸多的新变化。社会主义国家要正确认识当代资本主义新变化的原因及实质，客观分析并吸收借鉴资本主义发展中的积极因素，从而进一步发展和完善中国特色社会主义制度，坚定走中国特色社会主义道路的信念和决心。

124.《中国特色社会主义政治经济学核心理论定位研究》

作者：刘谦、裴小革

期刊：《经济学家》

刊期：2019 年第 1 期

中国特色社会主义政治经济学核心理论的定位需要考虑以下两个基本

原则：一方面，核心理论的定位需要立足于社会主义初级阶段，鲜明体现这一理论体系所产生的时代背景的具体特征；另一方面，核心理论的定位同样需要从方法论意义上借鉴马克思在构建其经济学体系时所遵循的原则。以上述两个基本原则为依据，可以将社会主义市场经济理论确立为这一理论体系的核心。具体原因在于：首先，这一理论完整反映了现阶段我国在构建中国特色社会主义政治经济学理论体系时所处的具体时代特征——以市场经济为依托发展社会生产力；其次，我国对于社会主义与市场经济融合的可能性以及融合的具体方式的探索自完成社会主义三大改造时起就在持续进行；再次，在这一理论体系当中，生产资料所有制理论、宏观调控理论、经济发展理论以及收入分配理论等，都是围绕构建和完善社会主义市场经济理论而存在的。

125.《中国特色社会主义政治经济学史建设中需侧重的几个问题》

作者：刘清田

期刊：《经济学家》

刊期：2019 年第 10 期

中国特色社会主义政治经济学史是中国社会主义基本经济制度确立以来中国社会主义经济建设和改革实践的思想史，也是继承马克思主义政治经济学原理基础上的理论创新发展史，构建系统全面的中国特色社会主义政治经济学史，已成为哲学社会科学领域的重要课题和经济学界的研究热点。本文结合中国特色社会主义政治经济学史的研究现状和最新成果，提出在发掘和建设中国特色社会主义政治经济学思想史的过程中，需要侧重和凸显四个方面的内容：（1）不仅梳理中国特色社会主义政治经济学本身开创、形成和发展的历史，还要明确其历史发展的坐标系和对照组；（2）不仅要界定中国特色社会主义政治经济学史的历史起点，更要明晰起点界定的事实和学理依据；（3）不仅要构建叙述主线和内容结构，更要确立内在贯通始终的理论主线；（4）不仅要讲理论史，更要明确讲方法创新史。

126.《马克思主义政治经济学与以人民为中心的发展思想》

作者：刘儒、刘鹏、杨潇

期刊：《西安交通大学学报（社会科学版）》

刊期：2016年第2期

以人民为中心是马克思主义政治经济学的特有品质和根本立场。进一步创新发展当代中国马克思主义政治经济学的核心是要始终坚持以人民为中心的发展思想，坚持用中国特色社会主义政治经济学的重大原则分析问题和指导实践，不断增强中国特色社会主义政治经济学的理论自信，不断推进当代中国马克思主义政治经济学迈向新境界。

127.《在马克思主义与中国实践结合中发展中国特色社会主义政治经济学》

作者：刘伟

期刊：《经济研究》

刊期：2016年第5期

社会主义政治经济学是研究社会主义生产方式发展运动规律的学说。中国特色社会主义事业正处在艰苦探索和努力创新的历史进程中，因而特别需要政治经济学的指导；中国特色社会主义的伟大实践，不仅对社会主义政治经济学提出了强烈的需求，而且创造着理论自信。中国特色社会主义政治经济学的历史观在于坚持解放和发展生产力的历史唯物主义原则；中国特色社会主义政治经济学的核心命题在于考察如何坚持社会主义市场经济改革方向；中国特色社会主义政治经济学的主要任务在于分析如何调动各方面积极性；中国特色社会主义政治经济学在现阶段的根本目的在于阐释如何防止陷入"中等收入陷阱"。

128.《新时代中国特色社会主义政治经济学视阈下的"人类命运共同体"》

作者：刘伟、王文

期刊：《管理世界》

刊期：2019 年第 3 期

国际政治经济体系不断发展和演变，经济上，资本主义经济使经济全球化不断深入，一方面促使资本在世界范围内有效配置，另一方面使一国的资本主义经济危机演变为全球性的世界经济危机；政治上，以主权国家为基石的国际体系所隐含的强权政治逻辑，与现代技术、资本发展所需的全球合作之间产生冲突，从而使得世界出现发展赤字、和平赤字和治理赤字等问题。21 世纪以来，特别是进入新时代中国特色社会主义建设阶段，中国经济崛起成为全球化中的最大变量，马克思的"交往理论"以及对人类历史上不同种类共同体的研究和阐释，为我们重新审视新时代国际政治经济体系并进一步发展对外开放提供了基本立场和研究方法。与西方近代共同体建构局限于国家维度不同的是，习近平同志提出构建"人类命运共同体"的全球治理理念，构成新时代中国特色社会主义政治经济学开放理论的核心。本文研究认为，"人类命运共同体"体现了新时代中国特色社会主义开放的基本宗旨和智慧，是对不同文明和谐共存的思考，其实施路径多种多样，最为突出的是"一带一路"倡议的提出与落实，不断推进公正合理的国际政治经济新秩序逐步形成。

129.《中国经济改革对社会主义政治经济学根本性难题的突破》

作者：刘伟

期刊：《中国社会科学》

刊期：2017 年第 5 期

社会主义初级阶段以公有制为主体、多种所有制经济共同发展的基本经济制度，与市场机制对资源配置起决定性作用，二者如何实现有效结合，是构建中国特色社会主义政治经济学的根本性难题。西方资产阶级经济学以及对马克思主义经典作家思想的传统理解，否认二者统一的可能性。中东欧经济转轨国家关于二者结合的实践及理论探索，均以放弃公有制而告终。中国特色社会主义经济改革实践的根本特征，在于坚持二者的有机统一，目前已经取得了重大进展，同时面临一系列新的问题。

130. 《坚持新发展理念，推动现代化经济体系建设——学习习近平新时代中国特色社会主义思想关于新发展理念的体会》

作者：刘伟

期刊：《管理世界》

刊期：2017 年第 12 期

新发展理念作为习近平新时代中国特色社会主义思想的重要组成部分，坚持运用辩证唯物主义和历史唯物主义的基本立场和方法，深刻总结中国特色社会主义经济发展的经验，对新时代中国特色社会主义的发展规律、特点作出了科学阐释，把关于发展的科学思想和理论提升到了新的历史高度，为推动新时代的中国特色社会主义社会经济现代化事业的发展提供了行动指南，是马克思主义经济学与中国实践结合而形成的当代中国马克思主义的重要组成部分。习近平新时代中国特色社会主义思想中关于新发展理念的思想和方略，把"发展"的认识提升到新的科学高度。贯彻新发展理念，关键在于从现代化的产业体系和现代化的经济体制两方面，构建中国特色社会主义现代化经济体系。

131. 《中国特色社会主义政治经济学必须坚持马克思劳动价值论——纪念〈资本论〉出版 150 周年》

作者：刘伟

期刊：《管理世界》

刊期：2017 年第 3 期

中国特色社会主义政治经济学必须讨论价值理论基础，本文主要探讨三个问题。第一，从三个最根本的历史原因说明政治经济学为什么必须以价值理论为基石。第二，中国特色社会主义政治经济学需要怎样的价值理论？说明马克思政治经济学中的劳动价值理论的特色，即从古典到科学的变革。第三，从三个方面阐述如何统一马克思主义劳动价值论与中国特色社会主义政治经济学；中国特色社会主义政治经济学必须以马克思主义劳动价值论为基础，必须坚持马克思主义彻底否定私有制及与私有制相联系的商品生产关系的历史观，必须坚持马克思主义劳动价值论的基本阶级立场和历史价值观，坚持其对社会生产力进步和发展的积极呼应的历史唯物主义和辩证唯物主义的态度。

132.《中国经济改革历史进程的政治经济学分析》

作者：刘伟、方敏

期刊：《政治经济学评论》

刊期：2016 年第 2 期

本文运用马克思主义政治经济学的方法，从经济改革理论与实践的历史分析出发，对改革命题的实质、不同改革理论与模式的比较、中国改革进程的理论逻辑与历史逻辑等问题进行了分析。本文认为，中国的经济改革是为了实现社会主义基本经济制度与市场经济有机结合。这在理论上完全不同于西方正统经济学对改革命题的理解，在实践上也和接受"华盛顿共识"的转轨国家形成了鲜明的反差。中国的经济改革具有充分而深刻的思想动员和理论准备。改革始终围绕生产力与生产关系的矛盾运动展开，具有一系列鲜明的逻辑特征：在所有制结构改革与市场机制培育的统一中推进体制转轨，在企业产权制度改革与市场价格制度改革的统一中构建社会主义市场经济的内在竞争机制，在改革的历史可行性与必要性的统一、增量改革与存量改革的统一中不断往前发展。

133.《在社会主义市场经济伟大实践的基础上树立中国经济理论的自信》

作者：刘伟

期刊：《政治经济学评论》

刊期：2013 年第 1 期

党的十八大报告强调要树立制度、道路、理论的自信，在这其中，树立经济理论的自信有着突出的意义。中国特色社会主义市场经济发展的制度、道路实践上的成就及自信，是我们经济理论树立自信的坚实基础，中国特色社会主义市场经济发展中的新问题、新要求，是我们经济理论科学发展的重要条件。在中国经济实践基础上构建和发展经济理论，要处理好中国经济问题研究与马克思主义经济理论和西方资产阶级经济学说间的关系；处理好经济学的科学性与人文性之间的关系；处理好经济学内容的思想性和形式的完美性之间的关系；处理好经济学的历史价值观的阶级性和解释能力的逻辑性之间的关系。

134.《唯物辩证法视阈下新时代社会主要矛盾变化探析》

作者：刘希刚、史献芝

期刊：《河海大学学报（哲学社会科学版）》

刊期：2018 年第 1 期

唯物辩证法是理解新时代社会主要矛盾变化的哲学前提。在唯物辩证法视阈下，党的十九大报告提出的社会主要矛盾变化是主观辩证法与客观辩证法互动的历史性结论，内含着唯物辩证法意蕴，是新时代标志、丰富内涵与创新性工作要求的有机统一。在时代价值维度，社会主要矛盾变化标志着中国特色社会主义发展的阶段性质变、中国社会主义现代化战略目标的转变、中国特色社会主义走向世界舞台中心的国际地位变化；在思想内涵维度，新时代社会主要矛盾变化集中体现为矛盾条件的客观性变化、矛盾因素的共时性变化、矛盾关系的根本性变化，需要辩证性地理解；在工作方法维度，社会主要矛盾变化对工作实践提出了新的发展理念、新的问题关切以及弘扬创新工作精神等创新性要求。

135.《基于社会生产和再生产模型的国际价值量决定机理研究》

作者：刘晓音、宋树理

期刊：《世界经济》

刊期：2017 年第 10 期

国际价值量的决定机理一直是马克思劳动价值论在国际经济领域发展面临的重大课题。本文基于马克思的劳动价值论，利用社会生产和再生产模型，建立用于任意国际交换商品的单位国际价值量与其国际生产价格之间的比例关系，证明无论是从静态的生产过程来看，还是从动态的再生产过程来看，都可以确定任意国际交换商品的唯一单位国际价值量决定方程。进一步讨论，任意国际交换商品的单位国际价值量决定方程结合其行业国际价值总量决定方程，可以说明两种含义世界必要劳动时间共同决定的任意国际交换商品的单位国际价值量的形成机理，并且可以更加合乎逻辑地解释钻石和水的价格决定、国际不平等交换等"经济之谜"。

136.《中国特色社会主义政治经济学研究对象的探索》

作者：刘学梅、郭冠清

期刊：《经济学家》

刊期：2019 年第 12 期

中国特色社会主义政治经济学是正在形成和发展的当代马克思主义政治经济学，要建立能阐释中国特色社会主义发展道路并指导中国经济发展的"系统化学说"，关键和难点是确立正确的研究对象。本文结合政治经济学研究对象探讨的历程，对中国特色社会主义政治经济学研究对象所包含的历史阶段、社会主义性质、中国社会主义初级阶段下的政治经济学研究对象进行探索，研究发现，中国特色社会主义政治经济学研究的是中国社会主义初级阶段的生产方式以及相应的生产和交换条件。

137.《习近平新时代中国特色社会主义经济思想的理论贡献和实践价值》

作者：刘长庚、张磊

期刊：《经济学家》

刊期：2018 年第 7 期

以新发展理念为主要内容的习近平新时代中国特色社会主义经济思想，对新时代"实现什么样的经济发展、怎样实现经济发展"的科学问题给予了新的回答，极大地丰富和发展了中国特色社会主义政治经济学理论，实现了多个"有机统一"，推动新时代经邦济世达到新高度。习近平新时代中国特色社会主义经济思想是开辟中国特色社会主义政治经济学新境界的一座思想丰碑，新发展理念、七个"坚持"与新时代经济高质量发展的各项任务形成有机统一的整体，为实现更高质量、更有效率、更加公平、更可持续的发展提供了科学的实践指南，推动实现中华民族经济复兴。

138.《理解"混合所有制经济"：一个文献综述》

作者：刘长庚、张磊

期刊：《政治经济学评论》

刊期：2016 年第 6 期

关于混合所有制经济的内涵，有广义和狭义、宏观和微观等多个角度的理解，我国当前所说的混合所有制经济，应主要是指公有资本和非公有资本在微观（企业）层面的融合。对于混合所有制经济的性质的认识，有非"公"非"私"论、"控股"论和"公有制"论等几种观点。要明确"公有制"和"公有性"的区别，从微观控股主体来看，混合所有制经济可能是公有性的，也可能是非公有性的。发展混合所有制经济是为了增强国有经济的主导作用，完善和发展中国特色社会主义。然而，还有一些关于发展混合所有制经济的误区和重要问题需进一步澄清和研究，以便更好地促进混合所有制经济的健康发展。

139.《马克思经济学与资本主义》

作者：柳欣

期刊：《南开经济研究》

刊期：2013 年第 6 期

20 世纪 50—80 年代的著名"剑桥资本争论"揭示出主流新古典理论存在不可避免的逻辑矛盾，表明目前国民收入核算体系中所有由货币量值表示的统计变量完全由社会关系或特定的货币金融体系决定，而与主流经济学基于生产函数的技术分析无关。马克思经济学研究的是现实资本主义生产方式和与之相联系的生产关系与分配关系，其核心是以货币为基础的资本与雇佣劳动，由此形成以获取货币利润为目的的特殊竞争制度或比谁挣钱多的游戏。通过采用抽象的价值与剩余价值概念说明这种资本主义关系的性质并阐释现实中的工资、利息、利润和国民收入等概念。马克思在表明资本主义企业成本收益计算的基础上建立起一个完整的理论体系用于讨论现实资本主义的有效需求和经济波动问题，并表明由有效需求决定的收入分配来自资本主义经济为利润和资本积累而生产的性质。由此阐明，马克思经济学所关注的正是现实经济中由货币和国民收入核算统计变量所表示的资本主义竞争与收入分配的社会关系，主流经济学对这些统计变量和现实经济问题的解释是完全错误的。

140.《"人类命运共同体"：马克思主义时代性观照下理想社会的现实探索》

作者：卢德友

期刊：《求实》

刊期：2014 年第 8 期

马克思主义之所以能紧随时代发展而不断丰富，贵在理论视野从历史走向现实。在追寻理想社会这个论题上，"人类命运共同体"观念的倡导，从维护人类利益的世界视野、协调社会发展的内在冲突、关注现代个人的生存境遇等角度，与"自由人的联合体"具有理论契合。在诸多保持马克思主义时代性的努力中，"人类命运共同体"不失为行之有效的现实探索。

141.《马克思经济危机理论释义及其当代价值》

作者：卢江

期刊：《经济学家》

刊期：2019 年第 8 期

长期以来，经济危机被视为资本主义制度内在规律的外部表现，必然导致制度走向崩溃,这一判断的主要依据是《资本论》第一卷第二十四章第七部分"资本主义积累的历史趋势"中"外壳炸毁"和"私有制丧钟敲响"论述,但是马克思在该部分写作时并没有明确提及"危机"。梳理《马克思恩格斯全集》中对经济危机的相关论述可以发现,马克思恩格斯早期对经济危机持有制度性诅咒的认知,并抱以促进制度革命的过分期望。然而,随着唯物史观的经济分析能力日渐成熟,马克思改变了对经济危机内生性的单一认识,在资本主义私有制生产方式必然消逝的危机消极性作用基础上,增加了危机作为资源重配和恢复正常利润率的必要强制手段新见解,同时指出系统性危机出现的可能性和必然性。

142.《论双重结构下的混合所有制改革——从微观资源配置到宏观制度稳定》

作者:卢江

期刊:《经济学家》

刊期:2018 年第 8 期

混合所有制改革是中国特色社会主义市场经济建设的重大内容,也是全面深化经济体制改革的重要抓手。混合所有制包括两种内涵:一种是整个经济结构层面的,主要指存在着不同性质的所有制经济成分;另一种是企业股权结构层面的,主要指不同性质的出资人交叉持股,着重体现在国有企业改革上。从马克思主义政治经济学视角来看,混合所有制改革是社会主义初级阶段我国进一步发展生产力的必要之举,有利于微观资源合理配置,同时也是破除体制障碍,维护宏观制度稳定的有效途径。混合所有制改革的方向是要激发经济活力,从而更好地满足人民日益增长的美好生活需要。要坚决抵制以混合所有制改革为名的各种新自由主义思潮对我国经济体制改革的渗透和影响。

143.《经济金融化行为的政治经济学分析——一个演化博弈框架》

作者:鲁春义、丁晓钦

期刊：《财经研究》

刊期：2016 年第 7 期

自 2008 年美国金融危机发生以来，经济金融化成为国内外学界关注的焦点。文章从政治经济学的角度指出了金融化的本质在于资本积累演变为资本脱离剩余价值的生产与交换而通过金融系统实现增殖的过程，进而通过构建一个包含异质性主体的非对称演化博弈模型，揭示了非金融主体与金融主体之间从普通经济关系到金融关系的动态演变过程及其作用机制。研究表明：（1）经济主体之间的动态关系演变表现为非金融企业主要通过金融活动获取利润，金融企业则关注中间业务和表外业务并将普通家庭纳入其体系使之成为新的利润源泉，而普通家庭则被迫接受强势经济主体的二次分利，这些关系的变化将导致一国经济的金融化乃至金融危机。（2）经济发展状态取决于金融主体与非金融主体之间的相互关系，其中，非金融主体行为起主导性作用。在既定假设下，当非金融主体仅通过其资源保护行为影响金融主体的分利技术时，既可以促使一国经济走向新的稳定状态，也可促使其走向崩溃；当非金融主体通过其资源保护行为和分利技术影响金融主体的分利技术时，经济可以实现演化稳定状态。（3）经济主体的金融化行为有三个层面的影响：一是经济主体的金融化行为促进经济主体自身在短期内实现高额资本积累；二是金融主体的分利行为与非金融主体的生产行为经常呈现对立的经济关系并容易被激化；三是没有政府介入的自由市场必然导致矛盾激化而陷入危机。因此，深入理解经济金融化问题的本质及其对经济的影响机制，对当前中国的经济转型和金融改革都具有重要意义。

144.《流通费用、交易成本与经济空间的创造——〈资本论〉微观流通理论的当代建构》

作者：鲁品越

期刊：《财经研究》

刊期：2016 年第 1 期

流通领域的劳动包括"生产性劳动"与"纯粹流通性劳动"。后者不仅没有创造劳动价值，反而耗费生产领域所生产的劳动价值，此即"流通费用"，它与西方经济学的"交易成本"概念相呼应。那种认为唯有创造价值的劳动才有意义以及耗费价值的活动全然没有意义的观点是错误的。劳动创造价值是为了被使用与耗费，其中一部分必然耗费在经济系统内部的流通过程中，但其创造了社会经济运行与发展所需的"经济空间"。经济空间由科技文化创新等生产性劳动创造条件，但由流通领域的交往性劳动实际营造。而流通过程受到两种力量的推动，创造了两种经济空间——"建设性经济空间"和"破坏性经济空间"，其对立统一运动能够解释"诺思第二悖论"。

145.《〈资本论〉是关于市场权力结构的巨型理论——兼论社会主义市场经济的理论基础》

作者：鲁品越

期刊：《吉林大学社会科学学报》

刊期：2013 年第 5 期

劳动价值是由劳动产品所承载的人与人的社会关系力量，在等级制度下它是一切政治权力的根源，而在市场制度下它成为支配生产要素的市场权力的根源。一旦转化为货币，蕴含于产品中的市场权力就脱离了其使用价值载体而成为纯粹的普遍的市场权力。而当其投入生产过程中，就会通过生产要素的载体形式转化为资本权力，它是劳动价值的市场权力的集中化表现形式。资本权力通过作为其载体的生产资料支配劳动者，进而支配由劳动者创造的剩余价值的分配。全社会的资本力量通过市场竞争共同分割全社会生产的剩余价值，其他各种非市场力量（如土地所有权等）一旦进入市场也共同分割剩余价值，由此生成社会的市场权力体系，造成商品价格与其价值的偏离，这种偏离显现为市场权力结构谱系。

146.《习近平新时代中国特色社会主义经济思想科学体系初探》

作者：陆立军、王祖强

期刊：《经济学家》

刊期：2018 年第 5 期

习近平新时代中国特色社会主义经济思想是马克思主义政治经济学中国化的新成果，是一个科学完整的思想体系，开启了中国特色社会主义政治经济学发展的新境界。它以新发展理念为主要内容，以全面深化改革为根本动力，以坚持和完善社会主义基本经济制度为综合基础，以推动经济高质量发展和建设现代化经济体系为基本目标。它在经济理论上独树一帜，具有雄伟的中国气魄和鲜明的时代特征，是发展中国特色社会主义经济的总纲领。

147.《新时代中国社会主要矛盾转化及其深远影响》

作者：栾亚丽、宋则宸

期刊：《宁夏社会科学》

刊期：2018 年第 1 期

党的十九大报告对新时代我国社会主要矛盾的新判断，既是对马克思主义经典作家矛盾理论的运用与发展，又是中国社会实践发展引发理论概括的新发展，构成习近平新时代中国特色社会主义思想的重要组成部分。从历史与现实、从理论与实践综合视角考量，科学认识与准确把握新时代中国社会主要矛盾转化的理论基础和现实依据及其主要矛盾转化所彰显出的时代特征，不仅将对党和国家从全局视角聚焦时代发展的根本问题、全面谋划治国理政的战略任务及其价值取向产生深远影响，还将为其他国家破解现代化进程中的问题提供中国方案而产生重大影响。

148.《供给侧改革背景下国有企业混合所有制改革的理论逻辑与实践路径》

作者：罗良文、梁圣蓉

期刊：《湖南社会科学》

刊期：2016 年第 4 期

国有企业混合所有制改革是供给侧结构性改革的核心内容，供给侧结构性改革将加快国有企业混合所有制的改革步伐。本文在厘清供给侧结构性改革与国有企业混合所有制关系的基础上，分析了我国国有企业存在的结构性问题以及混合所有制改革的理论逻辑，在总结国外以及国内先进地区典型国有企业混合所有制改革经验的基础上，提出了我国国有企业混合所有制改革的实践路径。

149.《新科技革命、全球化与社会主义自主发展论》

作者：罗文东

期刊：《社会主义研究》

刊期：2012 年第 1 期

新科技革命在不同程度上加深了资本主义社会的基本矛盾，为社会主义自主发展准备了越来越充分的物质技术条件，进一步显示了社会主义取代资本主义的历史必然性。作为科技进步和世界交往扩大的必然产物，全球化在促进生产力的发展、劳动的社会化以及人类的普遍交往与能力的发展等方面，都具有积极的历史作用，是社会主义在全世界最终胜利的"前阶"。发达资本主义国家主导的全球化，把资本主义各种矛盾和弊病扩散到全球，从而给社会主义国家构成了严峻挑战。自主发展体现了社会主义生产方式的本质要求和工人阶级及广大劳动人民的根本利益，是我们推进革命、建设和改革开放事业的内在动力和中国特色社会主义优越性的高度体现。从社会主义制度产生和发展的历史进程来看，正确认识和处理生产的自主性与生产资料社会占有的矛盾，促进人的自主发展，是社会主义社会巩固完善的紧迫任务。

150.《论新时代中国社会主要矛盾历史性转化的理论与实践依据》

作者：吕普生

期刊：《新疆师范大学学报（哲学社会科学版）》

刊期：2018 年第 4 期

党的十九大报告立足新时代历史方位对我国社会主要矛盾的历史性转化作出全新研判，认为新时代我国社会主要矛盾是人民日益增长的美好生活需要和不平衡不充分的发展之间的矛盾。深刻理解这一重大论述需要分析判断社会主要矛盾发生转化的理论依据和实践依据。经典理论依据包括社会根本矛盾与主要矛盾关系原理、社会主要矛盾供求两侧及其主要方面原理，以及由这两大基本原理所推导出来的理论标准。据此，在社会主义初级阶段以及整个社会主义全过程，社会根本矛盾的内在属性并未发生实质性变化，这决定着社会主要矛盾在性质上一直是人民内部矛盾，即人民需求与社会供给之间的矛盾。社会主要矛盾的主要方面即生产力水平已经发生显著变化，这决定着原有主要矛盾的解决状况、需求侧的增长状况以及当前供给侧能否满足已经变化的需求侧。实践依据体现在三个维度：一是生产力发展水平的显著提高真正化解了早期社会主要矛盾；二是生产力水平的提高真实促进了人民需求结构和需求层次的发展变化；三是不平衡不充分的发展现状难以满足新的社会需求。

151.《中国经济改革的实践丰富和发展了马克思主义政治经济学》

作者：吕政

期刊：《中国工业经济》

刊期：2017 年第 10 期

中国经济改革的实践不断丰富和发展了马克思主义政治经济学理论。中国处在社会主义初级阶段的科学论断，遵循和发展了马克思主义关于社会主义社会发展阶段的理论。有中国特色的社会主义显示出强大的生命力。所有制结构既坚持发展社会主义公有制经济，又鼓励和支持非公有制经济的发展。混合所有制经济既能够促进资本集中，又有利于实现资本社会化，避免社会财富分配的两极分化。社会主义市场经济的理论和政策，发展了马克思主义政治经济学关于商品生产和商品交换的理论、价值规律理论，突破了社会主义与市场经济对立的认识，并稳妥地推进了由计划经济向社会主义市场经济的转变。中国关于资源配置的产业结构理论和产业政策发展了马克思主义政治经济学的社会扩大再生产理论。

152.《论我国的奢侈品生产和消费——也论马克思〈资本论〉的奢侈品生产和消费思想》

作者：马伯钧

期刊：《社会科学》

刊期：2013年第2期

马克思《资本论》的奢侈品生产和消费的宏观结构论、微观动力论、社会经济条件论和生产效率论等四大奢侈品经济理论，是我国发展奢侈品生产，满足社会正当的奢侈品需求的基本理论根据。我国有巨大的奢侈品需求，奢侈品需求是享受需求，满足消费者的享受需求是人的本性的要求，是社会主义生产目的和以人为本的要求；是扩大国内消费需求的有效途径之一；是消费者的权利；已为社会所认可。发展我国的奢侈品生产，是经济全球化的大国经济要以国内生产为主的要求，有利于我国经济发展和"两型社会"建设，是奢侈品演变为必需品规律的要求，是需求拉动型经济的要求，是一种比进口奢侈品更好的选择。奢侈品的本质是享受资料，奢侈品消费和节约并行不悖。自己研发生产销售奢侈品是上策，进口奢侈品满足国内需求是中策，消费者直接到国外购买奢侈品是下策。要使奢侈品消费成为合理的时尚，就要使收入分配差距合理化，要反对浪费的和无聊的奢侈品消费，禁止用公款进行奢侈品消费。

153.《伟大的实践、深邃的理论——学习习近平新时代中国特色社会主义经济思想的体会》

作者：马建堂

期刊：《管理世界》

刊期：2019 年第 1 期

习近平新时代中国特色社会主义经济思想，根植于波澜壮阔的中国经济建设伟大实践，对中国经济发展改革问题进行了系统阐释，明确回答了经济形势怎么看、发展阶段怎么判、发展目标怎么定、经济工作怎么干等重大问题。习近平新时代中国特色社会主义经济思想，系统完整、博大精深、逻辑严密，每一方面的论述都有富有创见的重大观点、前瞻性的战略部署和"四梁八柱"的关键举措。本文结合对习近平新时代中国特色社会主义思想和党的十九大精神的深入学习，尝试从方向论、目标论、主体论、认识论、方略论、动力论、底线论等七个方面，梳理归述习近平新时代中国特色社会主义经济思想。

154.《当代资本主义经济研究》

作者：马慎萧、段雨晨、金梦迪、李彬、田佳禾、金山、兰楠

期刊：《政治经济学评论》

刊期：2019 年第 3 期

距离 2008 年全球经济危机的爆发，已然过去十余年，而资本主义经济体系至今仍未完全摆脱混乱与动荡，在此背景下，2018 年关于当代资本主义经济的研究，主要从五个方面展开：一是在对当前资本主义发展的阶段性特征进行准确判断的基础上，分析全球化和自由化的现状、影响和发展趋势，同时对目前西方福利国家制度不可持续、各经济体不平衡发展的原因进行反思；二是以经济停滞作为当前资本主义的典型特征，对经济危机的根源与演变展开讨论；三是对当前资本主义货币金融实践的最新变化进行充分反思、分析；四是关于资本主义生态危机的政治经济学研究；五是从生产、就业、资本主义社会形态等角度出发，就新技术革命对当代资本主义的影响进行分析。

155.《用唯物史观科学把握生产力的历史作用》

作者：马昀、卫兴华

期刊：《中国社会科学》

刊期：2013 年第 11 期

生产力是人们生产物质资料的能力。构成生产力的诸要素既包括劳动力和生产资料，也包括管理、分工协作、科学、自然力等。劳动是生产力发展的主动力，劳动者利用生产资料和科学技术、生产组织及自然力，推动生产力的发展。我国强调创新驱动发展，就是要依靠作为第一生产力的科学技术，推进和统率其他生产要素的变革及其协调发展。生产力作为最活跃和最革命的因素，会自行发展，有其自己的内在原因和发展规律。生产力诸要素的内在矛盾和解决，是生产力发展的重要源泉。生产关系的变化不是也不可能是生产力发展的根本动力。对什么是社会主义和怎样建设社会主义的判断标准，应坚持社会主义的生产力标准和价值标准的统一，既包括大力发展生产力，也包括搞好社会主义生产关系，逐步实现共同富裕。

156.《新自由主义积累体制的矛盾与 2008 年经济—金融危机》

作者：孟捷

期刊：《学术月刊》

刊期：2012 年第 9 期

自 1979 年以来，发达资本主义经济进入了所谓新自由主义阶段。1979 年至今的资本积累可以看作一个持续的长期衰退阶段。在此过程中，新自由主义积累体制的内在矛盾，通过全球化、金融化、技术革命、资产泡沫和过度消费，不断地得到暂时性"修复"，但这些形形色色的"修复"只是为资本积累的基本矛盾创造了新的发展空间，并决定了危机爆发的最终形式。与剩余价值率的增长相伴随的过度投资和过剩产能，作为全球资本积累基本矛盾的表现形式，自 20 世纪 70 年代危机以来一直像幽灵一般时隐时现。在未来，若无一场大规模的新技术革命甚或帝国主义的战争，发达资本主义经济的确有可能像垄断资本学派所预言的那样，在最近这次危机后步入一段长期停滞的局面。

157.《"一带一路"与"人类命运共同体"》

作者：明浩

期刊：《中央民族大学学报（哲学社会科学版）》

刊期：2015年第6期

塞缪尔·亨廷顿提出所谓"文明冲突"论，向人们展现未来文明冲突的可怕前景。其实，"文明冲突"与其说是对未来的展望，倒不如说是对过去的写照。我们看到，由于贯穿于整个历史过程的发展失衡，人类社会曾长期充满着不同文明之间的竞争和冲突。今天，"一代一路"的提出与"人类命运共同体"的建构设想，帮助人们将这种略显悲观的文明冲突论颠倒过来。我们有理由相信：人类并不是由和谐走向对抗，由和平走向冲突；而是由对抗走向共生，由冲突走向和谐。我们同样有理由相信，"一带一路"所包含的理念和所提供的战略路径，使"人类命运共同体"具有了现实的可能性，理应加倍珍惜，全力推进！

158.《新发展理念与精准扶贫的契合及实践路径》

作者：莫光辉、陈正文、王友俊

期刊：《广西社会科学》

刊期：2016年第6期

新发展理念包括创新、协调、绿色、开放、共享等五方面的内涵，从当前精准扶贫实践来看可以发现，创新发展是精准扶贫的驱动引擎，协调发展体现精准扶贫资源分配的公正性，绿色发展保障精准扶贫的可持续性，开放发展拓宽精准扶贫的国际交流平台，共享发展提升精准扶贫的社会效益。这五个方面也体现了新发展理念与精准扶贫的契合性。当前，在经济发展新常态下，精准扶贫需要新发展理念的指导，应从重视精准扶贫的机制体制创新、注重精准扶贫的利益协调、加强精准扶贫的生态资源保护、拓展精准扶贫的开放交流平台、巩固精准扶贫的发展成果共享等方面找准精准扶贫实践突破方向。

159.《〈资本论〉再研究：文献、思想与当代性》

作者：聂锦芳

期刊：《中国高校社会科学》

刊期：2013 年第 6 期

《资本论》是马克思一生最重要的著述，是诠释马克思思想最重要的文本依据。在当代新的境遇下把马克思主义研究推向新的高度和层次，仍然绕不开这座"思想高峰"。第一，必须站在世界学术研究的前沿领域，以权威、完整和准确的文献资料、版本作为重新研究《资本论》的基础。第二，必须突破把《资本论》仅仅看作是单纯的政治经济学著作和哲学上只是对唯物史观的运用与检验的传统而狭窄的研究思路，在扎实的文本、文献解读的基础上将其宽广的思想视野、深邃的历史意识和深刻的哲学蕴涵全面地展示、提炼出来。第三，必须结合对 20 世纪资本批判史的梳理、目前资本全球化的发展态势来重新理解和评价《资本论》中的资本理论及其对资本逻辑的批判，确立其思想史地位和当代意义。

160.《共产党和工人党视野中的资本主义新变化》

作者：聂运麟

期刊：《马克思主义研究》

刊期：2012 年第 2 期

资本主义国家的共产党和工人党认为，当代资本主义已经有了新的发展，发生了重大变化，国家垄断资本主义进入了国际化发展的新阶段，表现出一系列新的特征。资本主义的新发展、新变化是资本主义发展的自然历史过程，科技革命和生产力的革命是其变化发展的基本动因；"新自由主义"的推行是其变化发展的重要政策性因素；苏联东欧的剧变是其变化发展的一个重要推动因素。共产党和工人党认为，尽管资本主义发生了重大变化，但资本主义的本质没有变，它仍然无法解决其自身固有的基本矛盾，且这一新的发展变化还为社会主义的实现创造了新的物质条件。

161.《习近平新时代中国特色社会主义精准扶贫思想研究》

作者：潘慧、滕明兰、赵嵘

期刊：《上海经济研究》

刊期：2018年第4期

习近平新时代中国特色社会主义"精准扶贫"思想的形成是马克思主义与新时代实践相结合的理论创新。党的十八大以来，习近平总书记在精准扶贫过程中提出了一系列新思想和新举措，构成精准扶贫理论"七大体系"，逐步形成"精准扶贫"思想的系统理论，为新时代精准扶贫理论研究提供了方向、目标和方法，逐渐成为指导各地扶贫工作实践的重要方针并形成重要的扶贫工作经验，促进了一系列精准扶贫政策的制定与实施。

162.《新时代我国社会主要矛盾转化需要深入研究的若干问题》

作者：庞元正

期刊：《哲学研究》

刊期：2018年第2期

党的十九大关于我国社会主要矛盾已经发生转变的重大论断，为推进相关问题的研究提出了一系列重大课题。主要矛盾的转变有根本性转变和阶段性转变两种性质不同的情况，而新时代我国社会主要矛盾的转变属于后一种转变。判断社会主要矛盾是否发生转变，不仅要根据主要矛盾两个对立面的自身变化作出判断，而且要根据事物多种矛盾中哪一种矛盾居于支配和主导地位来判断。新时代我国社会主要矛盾的主要方面是不平衡不充分的发展，它决定着我国社会发展的性质和作为发展中国家的国际地位。这一主要矛盾的转化提出了对社会主义初级阶段主要矛盾再认识的任务，根据矛盾的个性和共性的关系，可以把我国社会主义初级阶段的主要矛盾概括为：人民日益增长的对发展的需要同发展还不能在短时期内满足人民的需要之间的矛盾。

163.《经济发展新常态中的主要矛盾和供给侧结构性改革》

作者：逄锦聚

期刊：《政治经济学评论》

刊期：2016 年第 2 期

对我国经济发展新常态下主要矛盾和主要矛盾方面的判断，是供给侧结构性改革的重要理论和实践依据。我国经济进入新常态后呈现出一些亟待解决的问题，这些问题说明我国处于并将长期处于社会主义初级阶段的社会主要矛盾是人民日益增长的物质文化需要与落后的生产力发展水平之间的矛盾没有变，而其中落后的生产力发展水平处于矛盾的主要方面。在适度扩大总需求的同时，着力加强供给侧结构性改革，既不能照搬凯恩斯主义，也不能照搬以供给学派为理论基础的里根经济学，必须坚持以马克思主义政治经济学生产、分配、交换、消费关系和社会总产品实现的原理为指导，坚持中国特色社会主义政治经济学的八项重大原则：第一，坚持以人民为中心的基本原则；第二，坚持矛盾分析和抓住主要矛盾、解决主要矛盾的原则；第三，坚持解放生产力、发展生产力和创新、协调、绿色、开放、共享的发展理念的原则；第四，坚持社会主义初级阶段基本经济制度不动摇的原则；第五，坚持和完善社会主义基本分配制度的原则；第六，坚持按比例分配社会劳动和协调发展的原则；第七，坚持社会主义市场经济改革方向，妥善处理政府与市场的关系的原则；第八，坚持对外开放基本国策不动摇的原则。

164.《中国特色社会主义政治经济学的民族性与世界性》

作者：逄锦聚

期刊：《经济研究》

刊期：2016 年第 10 期

中国特色社会主义政治经济学是马克思主义政治经济学在当代中国的新发展。中国特色社会主义政治经济学的民族性包括两重含义：一重含义是,基本立场、基本观点、基本方法的特殊性;另一重含义是,决定基本立场、基本观点、基本方法的基本国情、基本实践的特殊性。中国特色社会主义政治经济学的世界性也包括两重含义:一重含义是在中国特色社会主义政治经济学的民族性中,包含着人类共同的价值追求,具有世界范围经济学理论的一般性和普遍性;另一重含义是中国特色社会主义政治经济学可以与别国经济理论与实践相互学习和借鉴。无论是民族性还是世界性,关键在于创新。中国特色社会主义政治经济学只有立足我国国情和实践,吸取优秀传统文化,同时又能认真吸取别国经济学的有益成分和实践经验,提出具有主体性、原创性的理论观点,构建具有自身特质的学术体系、话语体系,才能真正形成自己的特色和优势,并为世界经济和经济学理论的发展贡献中国智慧。

165.《中国特色社会主义政治经济学论纲》

作者:逄锦聚

期刊:《政治经济学评论》

刊期:2016 年第 5 期

本文比较系统地阐述了中国特色社会主义政治经济学在我国经济建设、改革发展中的指导地位和作为一门科学的研究对象、任务与方法;阐述了中国特色社会主义政治经济学的形成过程、主线、主要理论和体系结构;提出中国特色社会主义政治经济学是开放的发展的科学,阐述了发展中国特色社会主义政治经济学的主要方向、着力点和需要处理好的几个重要关系,包括发展中国特色社会主义政治经济学过程中理论创新与实践的关系、中国特色社会主义政治经济学与马克思恩格斯创立的政治经济学的关系、中国特色社会主义政治经济学与西方经济学的关系、中国特色社会主义政治经济学与中国传统文化中的经济思想的关系和中国特色社会主义政治经济学中国与国际化的关系。

166.《论〈资本论〉的经济危机理论体系——兼论社会主义与市场经济的兼容性》

作者：裴小革

期刊：《经济学动态》

刊期：2013 年第 9 期

《资本论》不但直面资本主义市场经济中的问题，而且具有可以用于全面分析经济危机的整体性理论体系。在《资本论》经济危机理论体系的基础上对经济过程进行全面研究可以看到，虽然资本主义存在于市场经济之中，但恰恰是资本主义的生产方式和政治制度，用劳资之间交易关系的平等自由掩盖了他们之间生产关系的不平等不自由，才形成了不断导致经济危机的社会化生产同资本主义占有形式之间的基本矛盾，使市场经济不能正常运行。所以应该在资本主义和市场经济之间作出明确区分。依据这个体系构建的经济危机应对和克服方法，不是取消市场经济，而是要尽力消除导致经济危机的资本主义因素，即少数人对生产资料和剩余价值的独占。在中国特色社会主义理论体系的指导下，让广大人民群众共同享有人生出彩的机会，共同享有梦想成真的机会，共同享有同祖国和时代一起成长与进步的机会，在不断改革和完善社会主义市场经济体制的过程中，促进经济发展方式的转变和人民共同富裕。

167.《习近平新时代对外开放思想的经济学分析》

作者：裴长洪、刘洪愧

期刊：《经济研究》

刊期：2018 年第 2 期

习近平新时代对外开放思想是习近平新时代中国特色社会主义思想和经济思想的重要组成部分，它不仅是我国进一步扩大开放的理论指南，而且是当代中国经济学研究的重大理论命题。本文的研究发现是：中国经过将近 40 年的改革开放，不仅处于高度空前的历史站位上，而且已经走进了世界舞台的中心，这个新时代赋予了习近平对外开放思想以全新的内涵。"不谋全局者不足以谋一域，不谋万世者不足以谋一时"，已成为新时代谋划中国扩大开放的新要求。习近平对外开放思想就是这个历史要求的时代产物，它的历史性贡献主要是：第一，为中国开放型经济与开放型世界经济的内外联动提供了中国方案；第二，科学总结了以往经济全球化正反两方面的经验教训，提出了推动经济全球化朝着更加开放、包容、普惠、平衡、共赢的方向发展的新理念；第三，阐发了互利共赢、多边机制汇聚利益共同点和谋求最大公约数的政治经济学新观点；第四，揭示了实现中国梦的发展道路必须与人类命运共同体紧密相连的历史必然性。根据辩证唯物主义和历史唯物主义的基本观点和方法，本文论证了习近平新思想的马克思主义科学性。

168.《中国特色开放型经济理论研究纲要》

作者：裴长洪

期刊：《经济研究》

刊期：2016 年第 4 期

在我国对外开放的长期实践中，中国共产党提出并创立了"开放型经济"理论，成为中国特色社会主义政治经济学的有机组成部分。它遗传了马克思主义优化培育的基因，深深扎根于我国亿万人民的对外开放的伟大实践，经过广大理论工作者的辛勤浇灌，已经成长为参天大树。它创新了马克思主义世界市场理论和国际分工理论，创新了毛泽东三个世界划分的理论，成为中国改革开放 35 年的基本实践和基本经验的理论总结。它的理论框架包括：完善互利共赢、多元平衡、安全高效的开放型经济体系；构建开放型经济新体制；培育参与和引领国际经济合作竞争新优势；完善对外开放战略布局；积极参与全球经济治理和公共产品供给。作为纲要，本文只是提出了理论的基本架构，尚有大量内容需要研究和充实。在建设和发展中国特色开放型经济理论中，我们能够从西方国际经济学知识体系中借鉴的内容并不多，可以直接为我所用的更少，因此中国经济学者应当有这样的使命感和自信心：我们必须走自己的路，创造中国自己的学术体系和理论范式。但是，中国经济学研究在西方经济学学术体系的强烈影响之下，要想走出一条反映中国特色社会主义经济发展规律的、具有中国风格和中国气派的理论发展道路，确实任重道远。

169.《数字经济的政治经济学分析》

作者：裴长洪、倪江飞、李越

期刊：《财贸经济》

刊期：2018 年第 9 期

数字经济是一种更高级、可持续的经济形态，以信息通信技术为核心的技术手段对社会经济的各个方面起着前所未有的促进作用。本文在对数字经济的概念进行经济学解释的基础上，运用政治经济学原理分析了数字信息产品的社会再生产过程和数字产业的特点，探讨了数字经济微观主体和共享经济的特征。本文认为，数字经济的出现使得传统经济学理论面临挑战，迫切需要理论研究和创新来解释这一新的经济现象。

170.《习近平中国特色社会主义经济思想的时代背景与理论创新》

作者：裴长洪、赵伟洪

期刊：《经济学动态》

刊期：2019 年第 4 期

习近平新时代中国特色社会主义经济思想是立足于"新时代"这一历史新站位形成的中国特色社会主义经济建设的理论指南。"新时代"呈现的经济社会趋势性变化是：中国经济正在从高速增长转向高质量发展；技术变革和新的生产力日益成为高质量发展的物质基础；社会主要矛盾转化为高质量发展提供了更大的市场需求；中国走进世界舞台的中心，必然要以构建开放型世界经济应对各种挑战。以新发展理念为主要内容，以供给侧结构性改革为主线，加强党对经济工作的领导，以"以人民为中心"的发展思想为核心统领，构成了中国特色社会主义经济理论的重大创新。

171.《法治经济：习近平社会主义市场经济理论新亮点》

作者：裴长洪

期刊：《经济学动态》

刊期：2015 年第 1 期

如何理解社会主义市场经济本质上是法治经济，是本文探讨的主题。提出这个命题的现实客观依据是中国经济基本上已经是市场经济，它具备五个方面的显著标志；提出这个命题的理论依据是马克思历史唯物主义经济法学理论，它有三个最基本的内涵。中国法治经济的最核心的要求是打造约束权力的笼子，处理好市场配置资源的决定性作用和更好发挥政府作用。建立中国法治经济的基础是完善产权制度规范，构建一个有利于促进产权最优配置的法律体系，通过对产权形态的选择和保护，提高财产的利用效率。建立法治经济的主体要求是完善市场运行规则，使交易成本最小化，资源利用效率最大化，也要遵循自然规律与和谐包容的社会发展规律。

172.《习近平新时代中国特色社会主义经济思想中的构建开放型经济新体制研究》

作者：濮灵

期刊：《经济学家》

刊期：2018 年第 4 期

构建开放型经济新体制，是习近平新时代中国特色社会主义经济思想的重要组成部分，是为适应对外开放新要求而及时作出的重大战略部署。这一战略，同时承载着新时代对外开放战略的理论创新、制度创新和动力创新。它是在经济全球化深入发展背景下，立足于新时代的基本国情和发展实践，对当代中国马克思主义政治经济学的创新发展；是以进一步破除妨碍发展的体制机制弊端为重点，对新时代全面深化改革总目标的坚定落实；是新时代坚持加强党集中统一领导经济工作的重要内容，是党治国理政务必做好的重大任务。这一战略不仅将为我国发展更高层次的开放型经济、建设现代化经济体系指明行动方向，还将为推动建设开放型世界经济提供中国智慧、贡献中国方案，是新时代中国特色社会主义献礼改革开放四十周年的华美篇章！

173.《国有企业混合所有制改革：动力、阻力与实现路径》

作者：綦好东、郭骏超、朱炜

期刊：《管理世界》

刊期：2017年第10期

发展混合所有制是现阶段我国国有企业改革的重要内容和关键突破口，分析改革的动力与阻力，明晰其实现路径有助于改革的顺利推进。本文认为，国有企业混合所有制改革的动力主要在于提升经济绩效、改善企业治理、促进社会稳定与发展，而改革的阻力则主要来自部分既得利益者的阻碍、落后激励机制的制约、意识形态的固化及公众对变革的担忧。因此应多方式推进混合所有制改革，加大国有资产经营机制改革力度，切实加强各类产权的法律保护，维护公众利益。

174.《坚持国有企业改革与坚持社会主义制度》

作者：钱津

期刊：《河北经贸大学学报》

刊期：2012年第1期

中国建立社会主义公有制性质的国有企业的目的是消灭剥削制度，由于不存在剥削，因此国有企业能够比非公有制企业的效率更高。但国有企业在世界上不是普遍存在的，即只能在少数的实行社会主义制度的国家存在。现在，新加坡共和国还不是社会主义国家，所以不可能有任何社会主义性质的国有企业，事实上所有的新加坡政府办的企业都是公营企业，而且还都被西方国家认为是很不规范的公营企业。因而，中国改革国有企业不可能学习新加坡模式，中国建立公营企业也不应当学习新加坡政府办的企业。盲目地学习新加坡，会给中国的国有企业改革带来灾难，也会严重地制约和影响中国公营企业制度的建立与规范。如果中国只有国家资本主义性质的公营企业，缺少具有社会主义特性的国有企业，那改革之后中国就不会属于社会主义国家了。因此，坚持国有企业改革，就是坚持社会主义性质的改革，就是坚持中国已经建立的社会主义制度。

175.《论国有企业改革的分类与分流》

作者：钱津

期刊：《经济纵横》

刊期：2016 年第 1 期

由于缺少应有的理论指导，到目前为止，世界上还没有哪一个国家的国有企业改革能够绝对成功。"摸着石头过河"搞国有企业是不行的，没有科学的理论指导，客观决定国有企业改革是不能成功的。当前，在经济学基础理论研究的基础上，对商业类国有企业进一步作出竞争性企业与非竞争性企业的分类应是国有企业进行分类改革的最重要内容。之后，开创并稳步地推进分流改革，将现有的非竞争性的国有企业全部制度演化为公营企业。而开创性地分别推进国有企业改革和公营企业改革将是积极、能动地高度理性地认真贯彻落实《中共中央、国务院关于深化国有企业改革的指导意见》的最重要举措。在社会主义初级阶段，我国有必要同世界上所有的国家或地区一样地规范设立公营企业。

176.《唯物史观、动态优化与经济增长——兼评马克思主义政治经济学的数学化》

作者：乔晓楠、何自力

期刊：《经济研究》

刊期：2017 年第 8 期

本文以推动马克思主义政治经济学的创新发展为目标，以马克思主义最优经济增长理论为线索，在系统评述该理论的建模特点与主要结论的基础上，通过与西方经济学数学模型的对比辨析，对马克思主义政治经济学数学化的基本原则与建模思路进行了探讨。研究指出：马克思主义政治经济学并不排斥数学方法，但是对其进行数学化建模的过程必须要以坚持历史唯物主义的研究方法作为基本原则，即抓住生产力与生产关系这对矛盾及其运动来对经济社会的运行规律进行分析。具体而言，在坚持劳动价值论的基础上，构建一种包含工人与资本家两种行为主体，区分生产资料与消费资料两大部类，并且纳入剥削关系与迂回生产特点的动态模型可能是一种可行的建模思路。

177.《人工智能与现代化经济体系建设》

作者：乔晓楠、郗艳萍

期刊：《经济纵横》

刊期：2018 年第 6 期

人工智能作为新工业革命的核心技术之一，将进一步实现机器对人的脑力劳动的替代，进而促进劳动生产率的提高。因此，人工智能对于我国建设现代化经济体系具有重要意义。从政治经济学视角对人工智能进行审视，必须同时关注生产力与生产关系两个层面。一方面，发挥人工智能在促进生产力发展方面的积极作用，在农业、制造业、公共事业、批发零售、金融保险、健康医疗、物流运输、共享经济等领域全面导入人工智能，力争借助新工业革命的历史机遇迎头赶上，实现弯道超车。另一方面，必须重视人工智能对劳动就业与收入分配产生的冲击，政府需要在强化社会保障、着力促进就业、调节收入分配等方面发挥作用，在推动生产力发展的同时，持续调整优化生产关系，使之可以适应并促进生产力的发展，加速实现"两个一百年"奋斗目标。

178.《社会再生产视角下的经济波动：一个马克思主义 RBC 模型》

作者：乔晓楠、王璟雯

期刊：《南开经济研究》

刊期：2019 年第 1 期

本文在吸收借鉴马克思主义最优经济增长理论的基础上，构建了一个马克思主义 RBC 模型，并以此来探讨社会再生产视角下的经济周期特征。研究发现，两大部类的技术进步冲击对劳动配置与经济波动的影响截然不同。任何一个部类的技术进步都将引导劳动更多地配置于该部类之中，同时也将改变两大部类的产出量，并进一步引发社会再生产结构的变化。伴随着上述过程，两大部类单位产品所包含的价值也会发生变化，进而导致价值总量、资本有机构成与利润率相应变动。此外，本文还对反映剥削程度的劳资关系进行了分析，通过模拟发现劳资关系的变化将显著改变经济周期在波动性、协动性以及粘持性等方面的特征。

179.《马克思收入分配理论及现代启示》

作者：乔榛、徐龙

期刊：《河北经贸大学学报》

刊期：2014 年第 2 期

收入差距现已成为一个凸显的世界性问题，作为最发达的美国因收入差距不断扩大而引发经济危机并向全世界扩散；许多发展中国家因收入差距扩大而深陷"中等收入陷阱"无法自拔；多数转型国家也为收入差距扩大而困扰。所有这些国家呈现出来的收入差距问题的背后都有自由市场或西方主流经济学的阴影。这意味着当今现实对经济学理论或收入分配理论提出新的要求。马克思收入分配理论强调收入分配实际上是以要素"地位"为根据并受到内在和外在因素的影响。这体现出一种不同于西方主流经济学对收入分配差距的新解释，或者也是一种可供选择的收入分配研究新范式。

180.《我国理论经济学研究 2012 年的新进展及面临的重大实践问题》

作者：邱海平

期刊：《经济纵横》

刊期：2013 年第 2 期

通过对 2012 年我国理论经济学研究成果的整理和分析可以发现，我国理论经济学研究的整体格局和人们的思想认识正在发生重要的变化与转型，盲目迷信和推崇西方经济学的局面开始扭转，政治经济学研究进一步活跃，创建具有中国特色、中国风格和中国气派的中国经济学已成为真正具有远见的中国经济学人认同和追求的共同目标。目前，世界经济和我国经济都已进入一个新的发展状态和阶段。因此，新时期里，我国理论经济学研究必须在发达资本主义经济的发展趋势问题、社会主义与市场经济的关系问题、我国经济进一步对外开放的性质和道路问题等重大实践问题方面加强理论创新，提供理论支持。

181.《"中等收入陷阱"命题与争论：一个文献研究的视角》

作者：权衡、罗海蓉

期刊：《学术月刊》

刊期：2013 年第 11 期

"中等收入陷阱"没有系统的增长经济学与发展经济学理论依据。经济发展既是从低收入到中等收入和高收入阶段的过程，也是不断克服和跨越系列"发展陷阱"的过程。"中等收入陷阱"的本质是经济增长方式及其动力转换问题；基本特点是增速长期放慢，收入差距扩大，社会矛盾与危机不断；根本原因在于体制机制和结构性瓶颈。成功跨越"中等收入陷阱"的核心与关键在于通过创新驱动转变经济增长模式，为经济增长探索新的源泉和动力机制。中国正在面临跨越"中等收入陷阱"的挑战，未来十年是中国经济能否成功跨越这个阶段的关键时期。问题的实质是中国经济发展方式问题。中国跨越"中等收入陷阱"的唯一出路，就是推动真正意义上的"创新驱动、转型发展"，通过实施技术创新战略、制度创新战略和商业模式创新战略，加快创新驱动新发展，这是中国未来成功跨越"中等收入陷阱"的重要方向和路径。

182.《经济全球化的实践困境与"一带一路"建设的新引擎》

作者：权衡

期刊：《世界经济研究》

刊期：2017 年第 12 期

从世界经济生产力发展规律和趋势来看，效率驱动、利益驱动、技术驱动、人才驱动等诸多推动力将在客观上推动经济全球化继续前进和发展。但是，经济全球化发展经过上一轮近二十年的快速发展以后，目前遇到了一些现实困惑。进入新时代的中国提出"一带一路"国际合作与交流平台，有助于破解经济全球化发展的现实困境，有助于加快经济全球化的自我修复和调节，有助于推动经济全球化发展朝着更加公平、更加包容、更加普惠、更加平衡和更加开放的世界经济方向继续前进。

183.《新时代高质量发展的政治经济学理论逻辑及其现实性》

作者：任保平

期刊：《人文杂志》

刊期：2018 年第 2 期

进入中国特色社会主义新时代，我国经济已由高速增长阶段转向高质量发展阶段，高质量发展的实现首先要明确其理论逻辑。马克思主义政治经济学对质量问题进行了多方面的论述，在微观方面，马克思主要运用劳动价值理论分析了产品质量与使用价值、价值之间的关系问题；在宏观方面，主要研究了生产过程的质量循环链、生产力质量和经济增长质量等问题，马克思对质量问题的这些论述是新时代高质量发展的政治经济学理论逻辑。梳理马克思主义政治经济学中的质量经济学理论，对实现高质量发展具有重要的现实指导意义，这些现实性主要体现在构建以质量为导向的中国特色社会主义政治经济学，同时建立中国特色的微观经济学理论，促进新时代高质量的微观经济发展。建立中国特色的中观质量经济理论，促进新时代高质量的中观经济发展。建立中国特色的宏观质量经济理论，促进新时代高质量宏观经济发展。建立中国特色的国际贸易质量经济新理论，促进新时代高质量的开放发展。

184.《创新中国特色社会主义发展经济学阐释新时代中国高质量的发展》

作者：任保平

期刊：《天津社会科学》

刊期：2018 年第 2 期

西方发展经济学无法为中国的经济发展提供有效指导，新时代的中国经济发展实践急需创新中国特色发展经济学。在理论定位上，新时代中国特色发展经济学不再重点研究如何解决贫穷落后的问题，而是应该研究中国独特的现代化强国建设的道路问题。在实践定位上，中国特色发展经济学应立足中国现代化建设的实际，总结概括中国经济以及世界经济发展的重大历史经验教训，探索中国现代化发展和高质量发展的经济规律，并将其上升为系统化的理论，以阐释新时代中国经济的高质量发展。新时代中国特色发展经济学的创新要以马克思主义的经济发展理论和中国特色社会主义政治经济学为理论基础，开拓发展观、发展目标、发展任务、发展模式、发展动力、发展战略和发展形式的新境界，多层次构建其理论体系。

185.《国有企业改革：成就与问题》

作者：荣兆梓

期刊：《经济学家》

刊期：2012 年第 4 期

文章认为三十年国有企业改革取得了预计的效果：国有经济的产权制度与经营制度发生了根本转变，国有及国有控股企业的经济效率逐步提高，已经具备了在市场经济中平等竞争的能力；同时，国有经济的相对规模和产业布局渐趋合理，多元的所有制结构趋于优化。但是，国有资产管理体制仍然存在"一个'太大'两个'不到位'"的深层次问题，其基本构架还需要重新设计，继续改革。

186.《〈资本论〉在何种意义上与我们同时代——〈资本论〉的方法及其当代发展》

作者：沈斐

期刊：《经济学家》

刊期：2013 年第 6 期

对马克思的误解与诋毁，大多源自对《资本论》方法的不理解。"资本内在否定性"是马克思辩证法在《资本论》中的具体表达，它自身内含"发展"的特质，即：其逻辑展开（研究方法）与历史表达（叙述方法）在实践中相互印证而达成发展中的一致；其生命力和前进力源自现实经济生活中不断生成的矛盾张力。作为方法论的资本内在否定性，是《资本论》方法在当代的应用与发展：它以现实与理论的双重批判为研究目的、以特定的资本积累结构为研究对象、以中间层次的分析为研究方法，旨在为世界经济提供一种唯物史观的演化论认识，为政治经济学理论创新奠定方法论基础。在这一研究视域里，中国的社会主义市场经济具有不可估量的世界历史意义。

187.《现代化经济体系的科学内涵及建设着力点》

作者：石建勋、张凯文、李兆玉

期刊：《财经问题研究》

刊期：2018 年第 2 期

党的十九大报告首次提出"建设现代化经济体系"这一新的概念，是新时代推动经济高质量发展的目标和任务。如何深刻理解现代化经济体系的基本内涵？为什么要建设现代化经济体系？如何建设现代化经济体系？这是需要认真研究、阐释的三个重大理论和实践问题。本文在认真学习研读十九大报告精神的基础上，从三个层面深入解析现代化经济体系的科学内涵，从实现"两个一百年"的奋斗目标、不断解决中国社会主要矛盾等视角，研究分析建设现代化经济体系的必要性和紧迫性，进而研究阐释贯彻新发展理念，加快建设现代化经济体系的主要着力点。

188.《从单一生产到联合生产的国际价值决定论》

作者：宋树理、姚庐清

期刊：《世界经济》

刊期：2019 年第 11 期

本文基于马克思主义经济学的基本假定条件，从一般生产过程的单一生产模式到联合生产模式，顺次推导国际交换商品的单位、行业和国家的国际价值量三个决定表达式，诠释世界劳动的国际价值规律，继而量化比较不同含义的世界必要劳动时间在国际价值形成和实现过程中发挥决定作用的异同性，以及明确世界市场供求关系变化影响的必要性。进一步说明，在开放经济中，单位商品的国别价值决定同样要满足世界必需总量的比例要求，而且在不同发达程度国家之间正常商品和可兑换货币的交换中，剩余价值一般是从发达程度较高的国家向发达程度较低的国家实现国际转移，形成超额利润。

189.《逆全球化与美国"再工业化"的不可能性研究》

作者：苏立君

期刊：《经济学家》

刊期：2017 年第 6 期

制造业是国家经济长远发展的根基，是带动增长、就业与创新的源泉。"去工业化"是一个国家工业部门就业占比和增加值占比持续下降的现象。技术革命扩散和经济全球化是"去工业化"的直接动因，而资本主义生产方式主导下平均利润率的下降是"去工业化"的根本动因。美国推动"逆全球化"的目的是要实现本国"再工业化"，其本质是要使低端制造业回归美国以增加就业，同时保持高端制造业的竞争力。但是，使美国发生"去工业化"的根本动因并没有改变，仅仅通过逆转经济全球化，显然不能使"再工业化"战略取得成功。

190.《马克思经济理论的主要内容和研究逻辑——基于马克思主义基本原理整体视角》

作者：孙蚌珠

期刊：《思想理论教育导刊》

刊期：2013 年第 3 期

马克思经济理论作为一门科学理论，自成体系，以其为主要内容的政治经济学学科发展比较成熟，学术界对它的研究也很深入；但进行马克思主义理论一级学科建设，推进马克思主义理论整体性的研究，需要从整体性的角度对它进行探讨。马克思经济理论的研究出发点是物质资料生产，因为资本主义生产采取商品生产形式，所以，马克思研究资本主义生产方式从分析商品开始，马克思在分析商品经济的过程中创立了劳动价值论。马克思经济理论的研究对象是生产关系，商品经济和资本主义社会中生产关系都被"物"的关系掩盖着，从而产生了各种"拜物教"，马克思的剩余价值论揭示了被"物"掩盖着的资本主义生产关系的实质。马克思经济理论的研究任务是揭示经济规律，资本主义经济规律在运行中有不可克服的矛盾，马克思通过分析这些矛盾得出了资本主义必然灭亡、共产主义必然胜利的结论。

191.《〈资本论〉形象的百年变迁及其当代反思》

作者：孙乐强

期刊：《马克思主义与现实》

刊期：2013 年第 2 期

在西方学术界，《资本论》的形象出现了四重"分裂"：首先，在政治形象上，由原来的"工人阶级的圣经"转化为一种"失效的旧约"，政治影响力日益衰退；其次，在学术形象上，由原来集哲学、经济学于一体的《资本论》，被拆解为相互分割的哲学或经济学著作，并在各自领域中建构出了不同的学术形象；再次，由原来作为有机整体的"完整著作"被解构为各自独立的"手稿片段",实现了由"科学著作"到"虚构伪书"的全面退化;最后,在资产阶级经济学家眼中,《资本论》的形象也由最初的"资产阶级的判决书"转变为资本主义均衡发展的"科学指南",抹杀了《资本论》的党性原则。在这种情况下,我们如何立足于当下中国现实来重新理解《资本论》的历史贡献及其当代价值,重构《资本论》的内在形象,无疑具有极其重要的理论价值和现实意义。

192.《新时代社会主要矛盾的转化与理论分析》

作者:孙亮

期刊:《学校党建与思想教育》

刊期:2019 年第 4 期

中华民族伟大复兴中国梦的实现过程,从某种意义上而言,就是新时代社会主要矛盾解决的过程。社会主要矛盾的转化标志着我国进入了中国特色社会主义新时代。社会主要矛盾客观反映了一定时期社会发展阶段和社会生产力发展水平,集中表现了我国社会发展的新特征,但没有改变对我国所处历史阶段的判断。生产力阶段性跃进是社会主要矛盾转化的最根本原因。从"硬需要"到"软需要"的转型是社会主要矛盾转化的内在推动力。没有绝对的"平衡"和"充分",只有相对的"平衡"和"充分"。新时代社会主要矛盾理论具有中国化、大众化、制度化、辩证化等四个创新性特征。社会主要矛盾的解决要以习近平新时代中国特色社会主义思想为指导,发展是解决社会主要矛盾的根本路径,落实新发展理念,倡导真实需要,扬弃虚假需要。

193.《论马克思异化劳动理论与资本批判理论的统一——〈1844 年经济学哲学手稿〉与〈资本论〉比较研究》

作者:孙熙国、尉浩

期刊:《中国高校社会科学》

刊期:2014 年第 4 期

马克思在《1844 年经济学哲学手稿》中所讲的"异化劳动"理论不是"人本主义的价值悬设",而是"从当前的经济事实出发"考察现实具体劳动的结果,它同后来的资本批判理论在本质上是一致的。这主要体现在《1844 年经济学哲学手稿》中所论述的异化劳动和马克思在以《资本论》为代表的系列论著中所论述的资本,无论从历史和逻辑起点上看,还是从实质(资本对劳动过程的支配)、生产结果(资本对劳动结果的支配)、思想主旨和实践主题(无产阶级和人类的自由、发展和解放)上看,二者都是连贯而一致的。

194.《"逆全球化"的政治经济学分析》

作者:佟家栋、刘程

期刊:《经济学动态》

刊期:2018 年第 7 期

从经济全球化的历史长河看,以大宗商品价格趋同为标志的经济全球化过程经历了两个高潮期和两个中断或调整期;逆经济全球化的因素在经济全球化的过程中逐步积累,生长出反对全球化的要素。当这种力量足够大时,代表这种力量的政党会在选举中执政,将反全球化付诸逆全球化的政策或行动之中;从世界角度看,逆经济全球化的推动者正是经济全球化的积极倡导者,英国和美国分别都扮演过全球化倡导者的角色,它们也分别在两个逆全球化的调整期扮演着关键的角色;从一国内部的经济全球化和逆全球化选择的转换中,伴随全球化过程不断拓展,受损的利益集团及其受损程度,在规模和深度上积累起来,成为逆全球化的发动者、倡导者和支持者,它们反对全球化的实质是反对由全球化带来的要素收入的变动;在第二次经济全球化的浪潮中,跨国公司将生产过程推向全球给一些利益集团在就业以及收入上造成了机会的丧失,导致其不惜支持会给世界经济发展带来严重不确定性的政府和政策;从国家层面看,这种不确定性来自政府在"全球化的不可能三角"中更倾向于选择保护主义,这是政府付出较小代价的战略。美国对逆全球化的纠结来源于自己所建立的国际经济秩序成为保护和鼓励其他经济体获取国际经济合作利益的保护伞。因此，它的目标既是要求世界补偿过去的损失，又要建立能够保护自身利益的新秩序。

195.《习近平新时代中国特色社会主义经济思想的理论内涵和逻辑结构》

作者：王朝科

期刊：《教学与研究》

刊期：2019年第1期

以习近平同志为核心的党中央，始终坚持以马克思主义为指导，坚持把马克思主义基本原理与中国改革和发展的具体实践相结合，一以贯之地发展中国特色社会主义政治经济学。2017年中央经济工作会议首次提出"习近平新时代中国特色社会主义经济思想"，标志着"习近平新时代中国特色社会主义经济思想"的形成。党的十八大以来，习近平基于对中国特色社会主义内在必然性和发展规律的科学认识，为中华民族、为中国特色社会主义和中国特色社会主义经济发展描绘了一幅高清全息图，形成了发展中国特色社会主义经济的科学原理，基于历史、现实和世界大局的科学判断确定了实现中华民族伟大复兴中国梦的正确道路，基于道路选择，为中国经济谋篇布局，制定了一系列科学的发展战略，为实现战略目标制定了系统完善的经济政策体系，形成了由"发展规律（原理）论—发展道路论—发展战略论—发展政策论"构成的习近平新时代中国特色社会主义经济思想。

196.《马克思收入分配理论基础探究——基于〈资本论〉的逻辑视角》

作者：王朝明、王彦西

期刊：《经济学家》

刊期：2017年第10期

当前深入推进收入分配体制的改革，要以马克思收入分配理论为指导。

这样则需厘清学术界对马克思收入分配理论基础的纷争，应回到马克思《资本论》中对分配关系论述的文本性理解上来。可以说，《资本论》的逻辑从研究对象包含了分配关系，收入分配研究服从于剩余价值研究的主线，认识资本主义经济形态是从各种具体收入形式的现象形态入手，而最终抽象出现象形式背后的实质性规定并确定其理论基础。在此基础上，依据《资本论》对资本主义分配关系全景式逻辑扩展的理论解析，可以归纳出马克思的分配理论是以劳动价值论为逻辑起点，劳动力商品理论、剩余价值论和资本积累论为理论支点的。因此，价值创造提供了分配的对象，价值分配由生产要素所有权决定，价值创造与价值分配既有区别又有联系。

197.《中国特色社会主义经济理论的产生和发展——市场取向改革以来学术界相关理论探索》

作者：王诚、李鑫

期刊：《经济研究》

刊期：2014年第6期

中国特色社会主义经济理论的重大价值既源于人类历史上关于社会主义经济的理想向往，又源于当代中国人对强国富民的中国道路的现实探索。本文按照中国特色的分析思路、政策方案、价值理念，主要从社会主义基本经济制度、宏观经济理论、微观企业基础、城镇化及城乡一体化等方面，对改革开放以来学术界关于中国特色社会主义经济理论的研究和讨论进行了梳理和总结。发现只要试图从研究理念上找寻"中国特色"，并秉承中华传统文化思想和社会主义思想，对中国经济运行机制提出具有国际视野的理论分析和概括，无论采用何种工具，分析何种问题，都可称为中国特色社会主义经济理论。

198.《习近平经济思想与马克思主义政治经济学的内在关系》

作者：王岱、范希春

期刊：《当代世界与社会主义》

刊期：2019 年第 2 期

习近平经济思想与马克思主义政治经济学有着深厚的理论渊源和深刻的内在联系。习近平经济思想确立了以人民为中心的经济发展思想，坚守了马克思主义政治经济学的根本立场；坚持了党对经济工作集中统一领导的最高政治原则，为发展马克思主义政治经济学作出了原创性贡献；继承了马克思主义社会有机体理论，创新了马克思主义发展观；创新发展了马克思主义社会分配与社会公正理论，提出了促进社会公平正义、增进人民福祉、实现共同富裕的发展目标；创新发展了马克思主义的自然观，形成了中国特色社会主义生态文明思想；创新发展了马克思主义的世界市场理论，倡导开放、包容、普惠、平衡、共赢的经济全球化。习近平经济思想为马克思主义政治经济学的发展作出了原创性贡献，是具有马克思主义本质特征和时代特点的中国特色社会主义政治经济学。

199.《马克思主义经济学中国化研究述评》

作者：王昉

期刊：《经济学动态》

刊期：2013 年第 7 期

马克思主义中国化的命题和理论构建早在 20 世纪 20、30 年代即开始了初步探索，新中国成立以后，特别是在改革开放以后，马克思主义中国化研究随着改革开放和经济发展不断深化。本文对马克思主义经济学中国化的相关研究进行述评，主要包括马克思主义经济学中国化的内涵、马克思主义经济学中国化发展阶段的划分、马克思主义经济学中国化研究的主要内容、马克思主义经济学中国化与中国特色社会主义经济理论、马克思主义经济学中国化的方法与路径探索、马克思主义经济学中国化研究趋向。在此基础上，试图从学术史的角度对理论界和学术界有关这一重要问题的讨论、探索进行深度分析。

200.《改革开放 40 年乡村发展的历程与经验启示》

作者：王丰

期刊：《贵州财经大学学报》

刊期：2018 年第 5 期

党的十九大首次提出了"乡村振兴"战略，但乡村振兴的实践早已开启，并不断推动我国乡村跨越式发展。十九大报告提出实施乡村振兴战略，表明农业农村在持续发展过程中仍然存在一系列亟待解决的问题，如果这些问题处理不当，就会在一定程度上侵蚀改革开放 40 年农业农村发展的巨大成效。乡村振兴战略正是对解决这些矛盾的新回应，是对过去乡村发展战略的"升级"。从改革开放 40 年的历史动态中认识乡村发展，就会发现其理论内涵在不断丰富。与理论内涵的演进过程相对应，乡村发展历经五个阶段，即乡村经济的初步振兴、改进乡村治理的探索、中国特色的社会主义新农村建设、社会主义新农村建设和走中国特色社会主义乡村振兴道路；由此形成了四条基本经验：正确把握农村改革的基本规律、与时俱进地推进全面深化改革、树立以农民为中心的发展理念、构建和完善以基层党组织为核心的乡村治理体系。

201.《马克思讲过"共享发展"吗——兼评马克思主义中国化研究中的两种倾向》

作者：王华华

期刊：《社会主义研究》

刊期：2017 年第 1 期

对于马克思是否讲过"共享发展"的问题，我国学术界存在一种"六经注我"的倾向，认为马克思讲过"共享发展"概念，并有着丰厚的思想。事实上，这种观点是不能成立的，它是一种"危险性的增补"，造成了马克思"不在场的在场"，容易削弱马克思消除"人性异化"和"批判资本主义私有制"理论的深度性和彻底性。从著作文本到理论体系，马克思都没有讲过"共享发展"，他绝不用"玫瑰色描绘资本家和地主的面貌"，他所建构的"各尽所能，按需分配"的共产主义理想是共产党人追求的"最高纲领"，与"共享发展"的阶段性追求是不同的。但是，也不能据此就割裂"共享发展"与马克思主义之间的"中国化"联系。中共政策语境下的"共享发展"，是维护中国社会和谐的现实诉求，是实现中国共同富裕的工具理性，是马克思主义中国化的阶段创新。在马克思主义中国化研究中，我们应避免两种倾向，一种是把中共在马克思主义中国化实践中所提的政策概念硬塞给马克思，另一种是硬找马克思的概念为中共改革中的现实举措作合法性论证。

202.《循环经济理论探源与实现路径——〈资本论〉的生态语境》

作者：王建辉、彭博

期刊：《武汉大学学报（哲学社会科学版）》

刊期：2016 年第 1 期

循环经济是以物质循环规律为依据，以资源高效循环利用为特征，以实现经济发展与环境良好双赢为目标的生态型经济。人与自然共同构成的物质循环系统包括自然界物质循环、人的生命循环以及社会经济循环三个有序递进的层次。每个层次内部和各个层次之间的良性循环，是自然与人类和谐共生的客观要求。而资本逻辑主导下的以"大量生产、大量消费和大量废弃"为特征的生产方式违反了物质良性循环规律，导致社会经济循环和人及自然物质循环之间的尖锐对立，造成了日益严重的生态危机。因此必须通过循环经济立法、创新绿色科技和利用市场机制等措施，加速构建循环经济体系，推动低碳循环发展。循环经济是发展范式的深刻革命，是我国应对环境危机的必然选择。

203.《赶超型工业化的模式变迁与经常项目顺差——一个经济史和政治经济学的分析视角》

作者：王剑锋、顾标、邓宏图

期刊：《财经研究》

刊期：2013 年第 7 期

通过对改革开放前后两个30年的整体性分析得出：在不同的历史阶段，主流意识形态、国际环境差异等因素会对一国工业化的模式选择造成重要影响，但在经济体系内部，政府行为导致经济结构失衡的逻辑并未发生根本性变化。市场化取向改革以来，与其他很多发展中国家存在对外需和外资的双重需求不同，重工业优先模式遗存的高储蓄率体制使中国的出口导向型工业化更多地表现为对外需拉动的单一需求。中国在总体并不缺乏资金的情况下，随着政府对加工贸易型FDI的优惠力度不断升级，出现了资本顺差带动贸易顺差增长的现象。这意味着，由于缺乏经济史和政治经济学的分析视角，此前诸多的解释缺乏足够的说服力。基于此，本文将在这方面作出努力，为中国贸易顺差的历史和制度成因提供一种新的解释。

204.《人民币汇率制度选择的政治经济学》

作者：王晋斌

期刊：《经济理论与经济管理》

刊期：2013年第9期

本文探究了人民币汇率制度选择的政治经济学。首先，人民币汇率制度的选择必须要服务于中国出口导向型的经济增长模式。其次，这种模式推动了中国经济发展的内外部不平衡，但不需要通过汇率来逆向调节或大幅度校正这种不平衡，削弱中国经济的比较优势。再次，人民币汇率制度的选择要有助于人民币国际化。人民币国际化要坚持自我，不搞亚元。对于"汇率操纵"之类的非议，理性对待。未来人民币要继续加大防御性汇率政策的力度，防止汇率出现大幅度的波动。

205.《以智能化为核心的新科技革命与就业——国际学术研究述评》

作者：王娟、尹敬东

期刊：《西部论坛》

刊期：2019年第1期

以人工智能、无人技术为代表的第四次科技革命将对劳动力市场产生深远影响。如何评估新一轮科技革命对就业的影响，是当下国际学术界关注的热点问题。本文从就业机会、就业结构和劳动力收入分配三个层面梳理了国外学者对该问题研究的最新成果。文献研究显示，新一轮科技革命将加剧技术性失业、就业两极分化，并导致劳动力市场收入不平等，表现为劳动力收入份额的下降和劳动力内部收入分配结构的失衡。本文在此基础上对未来研究的方向和趋势进行了展望，以期对充分认识新一轮科技革命对我国就业的影响和应采取的政策有所裨益。

206.《论中国特色社会主义政治经济学理论来源》

作者：王立胜、郭冠清

期刊：《经济学动态》

刊期：2016年第5期

中国特色社会主义政治经济学是正在形成和发展的当代马克思主义政治经济学，其理论来源可以概括为五个方面：马克思主义经典作家的著作、苏联东欧社会主义建设的理论遗产、中国传统文化的"基因"、非马克思主义经济学的文明成果和中国特色社会主义建设的理论成果。本文以"马克思主义经典作家的著作"为重点，对这五种理论来源进行了阐述与论证。在"马克思主义经典作家的著作"中，重点论证了"剩余价值理论同样适用于中国特色社会主义市场经济"这一重要的命题；在"苏联东欧社会主义建设的理论遗产"中，介绍了列宁领导的俄国特色社会主义实践和前东欧试图在计划中注入市场元素的艰辛历程；在中国传统文化的"基因"中对与西方文化相区别的价值模式和伦理模式对中国特色社会主义建设的影响进行了分析；在非马克思主义经济学的文明成果中，论证了西方主流经济学"工具取向"的合理内容对我们的影响，重点强调"国民经济学"对中国特色社会主义政治经济学建设的意义；在"中国特色社会主义建设的理论成果"中，对中国特色社会主义政治经济学的产生与发展进行了提炼。

207.《深刻把握乡村振兴战略——政治经济学视角的解读》

作者：王立胜、陈健、张彩云

期刊：《经济与管理评论》

刊期：2018 年第 4 期

在新时代，我国社会主要矛盾在农村有其特殊表现：我国最大的发展不平衡，是城乡发展不平衡；最大的发展不充分，是农村发展不充分。从马克思主义政治经济学角度讲，解决这个矛盾，需要重新定位城乡关系，确立城乡融合理念，这是对城乡关系的新认识，是实施乡村振兴战略的必然选择，也是乡村振兴战略的理论依据。践行乡村振兴战略，要通过城乡融合发展来破解"三农"难题，这是一个必经过程。具体来说，要达到"产业兴旺、生态宜居、乡风文明、治理有效、生活富裕的总要求"。这五大要求既是"五位一体，立体布局"在乡村振兴战略上的体现，也是解决乡村社会主要矛盾的路径。

208.《习近平经济思想的创新思维》

作者：王立胜

期刊：《当代世界与社会主义》

刊期：2016 年第 5 期

习近平经济思想的创新得益于其经济思想的创新思维。这种创新思维表现在：问题导向是其思想起点的创新，唯物辩证法是其思想方法的创新，而起点的创新和思想方法的创新全方位地展现为坚持中的创新、继承中的创新、集成中的创新和突破中的创新四种创新形态，最后集中于经济目标的创新——"中国梦"思想的提出和组织实施。

209.《中国特色社会主义政治经济学的历史逻辑》

作者：王立胜

期刊：《政治经济学评论》

刊期：2016 年第 4 期

中国特色社会主义政治经济学的形成和发展有一条清晰的历史线索，既一脉相承，又与时俱进。以毛泽东为核心的第一代中央领导集体对中国特色社会主义政治经济学起到了奠基作用；以邓小平为核心的第二代中央领导集体成功实现了中国特色社会主义政治经济学的破题；以江泽民为核心的第三代中央领导集体构建起了社会主义市场经济基本框架，深化了中国特色社会主义政治经济学；以胡锦涛为总书记的党中央提出了科学发展观，实现了中国特色社会主义政治经济学的新拓展；十八大以来，以习近平同志为核心的党中央提出了一系列治国理政的新理念、新思想、新战略，极大地丰富了中国特色社会主义理论体系，推动了中国特色社会主义政治经济学的系统化，是马克思主义政治经济学中国化、时代化的最新成果。

210.《论中国特色社会主义政治经济学的国家主体性》

作者：王立胜

期刊：《学习与探索》

刊期：2016年第8期

在民族国家依然存在的背景下，政治经济学的国家主体性不可能消失。隐去国家主体性的世界主义经济学，实际上代表着经济强国主张扩大国际分工及强化全球经济控制权的国家主体性。在中国特色社会主义初级阶段，国家之间的竞争和合作关系必然存在，一个国家的政治经济学就是要研究这种竞争与合作关系——国家利益就是这种研究的根本点，国家主体性是中国特色社会主义政治经济学不可或缺的基本属性。中国特色社会主义政治经济学的国家主体性是经济规律一般性与个别性的统一，符合"普遍—特殊—个别"的哲学原理。国家主体性也是自主性与开放性的辩证统一，落实两者的辩证统一，就要贯彻习近平总书记"既要立足本国实际，又要开门搞研究"的基本要求：一方面认真学习，坚持理论创新的开放性胸怀；另一方面立足中国国情，站稳中国立场。

211.《新中国·新时期·新时代：社会主要矛盾的演进理路及逻辑》

作者：王美玲

期刊：《东南学术》

刊期：2019 年第 3 期

新时代我国社会主要矛盾发生了变化，但对其的解读存在一些歧义和误读，如何科学地解释这些问题，需要深入分析新中国、新时期、新时代社会主要矛盾的演进理路及逻辑。社会主要矛盾的演进理路为：新中国——政治敌对矛盾，新时期——经济供需矛盾，新时代——社会供需矛盾。社会主要矛盾的演进逻辑包括理论逻辑、价值逻辑和实践逻辑。科学地把握这一演进理路和演进逻辑，对于推进新时代中国特色社会主义事业发展具有重要意义。

212.《正确理解与认识坚持以人民为中心的发展思想》

作者：王明生

期刊：《南京社会科学》

刊期：2016 年第 6 期

党的十八届五中全会通过的《中共中央关于制定国民经济和社会发展第十三个五年规划的建议》首次提出"坚持以人民为中心的发展思想"的重大命题。这一重大命题，坚持了马克思主义唯物史观的基本原理，深化了对共产党执政规律、社会主义建设规律、人类社会发展规律的认识，体现了中国共产党发展思想的根本宗旨，阐明了坚持人民主体地位的内在要求，彰显了人民至上的价值追求，明确回答了发展为了谁、依靠谁、我是谁的根本问题，开拓了当代中国马克思主义发展观的新境界，彰显了新一届中央领导集体治国理政的鲜明特色，为全面建成小康社会，践行新的五大发展理念确立了必须坚持的基本原则。

213.《马克思的〈资本论〉与古典政治经济学》

作者：王庆丰

期刊：《学术研究》

刊期：2013 年第 8 期

古典政治经济学由于囿于经济学的研究领域，只能在资本主义社会框架之内探讨社会财富增长的机制原理。马克思的《资本论》突破了古典政治经济学不可逾越的界限——阶级关系，从而实现了科学术语的革命，将单纯的经济学范畴上升为存在论范畴。《资本论》揭示了物掩盖下所形成的人与人之间的剥削关系，并找到了一条解放何以可能的现实道路。《资本论》不仅破解了资本的秘密，也破解了存在的秘密。因此，《资本论》对古典政治经济学的超越并非一种经济学超越，而是一种哲学意义上的存在论超越。

214.《毛泽东是中国特色社会主义的伟大奠基者、探索者和先行者》

作者：王伟光

期刊：《中国社会科学》

刊期：2013 年第 12 期

毛泽东在革命战争年代就指明了中国革命的前途，即通过新民主主义革命不间断地进入社会主义革命，最终建设社会主义和共产主义。新中国成立后，毛泽东创建并不断完善社会主义经济制度以及与之相适应的政治制度，领导了大规模的社会主义经济、政治和文化建设，奠定了中国特色社会主义的制度前提、思想保证、物质基础，创造了社会主义建设的有利外部环境。在这个过程中，毛泽东创造了一系列独创性的关于中国社会主义建设的理论成果，提出实现马克思主义普遍真理同中国实际的第二次结合，走自己的路，探索适合中国国情、具有中国特点的社会主义建设道路，这是毛泽东在中国社会主义发展史上的重大理论贡献，为实现马克思主义中国化第二次历史性飞跃做了充分的思想酝酿与理论准备。这不仅是中国特色社会主义理论、道路、制度形成的历史和逻辑的起点，而且是中国革命、建设和改革的一条指导原则。毛泽东在探索中既留下了成功的经验也留下了失误的教训，这两方面都为当今中国特色社会主义建设积累了宝贵经验和重要启示。因此，不论是从历史实践上还是从理论逻辑上说，毛泽东都是中国特色社会主义事业的伟大奠基者、探索者和先行者。

215.《马克思主义政治经济学是坚持和发展马克思主义的必修课》

作者：王伟光

期刊：《经济研究》

刊期：2016 年第 3 期

习近平总书记在主持中共中央政治局第二十八次集体学习时强调，马克思主义政治经济学是马克思主义的重要组成部分，也是我们坚持和发展马克思主义的必修课。要通过认真学习马克思主义政治经济学基本原理，认真学习贯彻习近平总书记的重要讲话精神，真学、真懂、真信、真用马克思主义政治经济学，学会运用马克思主义政治经济学的立场、观点和方法，深化对我国社会主义经济发展规律的认识和把握，深化对当代资本主义内在矛盾及其发展趋势的认识和把握，深化对人类社会发展规律、社会历史发展必然趋势和对当代世界发展格局及其国际形势的认识和把握，提高领导中国特色社会主义发展的能力和水平，提高处理国际问题的能力和水平。总结中国特色社会主义建设新鲜经验，回答我国经济社会发展面临的新阶段、新情况、新问题，构建中国特色社会主义政治经济学，实现马克思主义政治经济学的创新发展。

216.《以马克思主义政治经济学引领供给侧结构性改革》

作者：王炫、邢雷

期刊：《经济问题》

刊期：2017 年第 2 期

2015 年中央经济会议提出："推进供给侧结构性改革，是适应和引领经济发展新常态的重大创新，是适应国际金融危机发生后综合国力竞争新形势的主动选择，是适应我国经济发展新常态的必然要求。"但是，中国的供给侧结构性改革不能用西方供给学派的观点来指导，而必须以马克思主义政治经济学来引导。当前中国经济的最主要矛盾，是供给侧与需求侧的结构性失衡，因此，既要进行供给侧改革，又必须同时进行需求侧改革。供给侧结构性改革不可能在短期内见效，要持之以恒；而需求侧改革最主要的是改革收入分配制度，缩小收入差距，努力提高低收入阶层的需求能力，因此，供给侧与需求侧改革需并重。

217.《乡村振兴——中国农村发展新战略》

作者：王亚华、苏毅清

期刊：《中央社会主义学院学报》

刊期：2017年第6期

党的十九大报告创新提出了"实施乡村振兴战略"，充分体现了党中央对"三农"工作的高度重视和对新时代国情特征的准确把握。乡村振兴战略是党对过去提出的重要农村战略的系统总结和升华，既涵盖了以往各个历史时期党的农村战略思想精华，也顺应国情变化赋予了农村发展以健全乡村治理体系、实现农村现代化、促进城乡融合发展、打造"一懂两爱"的"三农"工作队伍等新内涵。实施乡村振兴战略，是对乡村衰落的世界性难题的及时响应，需要从脱贫攻坚、稳粮增收保耕、农村经济发展、农业结构调整和农村社会治理等方面着手，并在政策执行上扬弃传统的农村发展观念。

218.《以新发展理念引领人类命运共同体构建》

作者：王岩、竞辉

期刊：《红旗文稿》

刊期：2017年第5期

面对世界经济长期低迷、贫富差距和南北差距拉大等世界性发展难题和全球增长动能不足、全球经济治理滞后和全球发展失衡等经济社会发展困境，唯有创新发展理念，转变发展方式，才有可能使世界经济和社会发展获得根本性的转变和突破。而"创新、协调、绿色、开放、共享"的新发展理念，作为中国改革开放近40年的经验与启示，必将对人类命运共同体的构建起到引领作用。创新发展激发了人类命运共同体的内生动力，协调发展彰显了人类命运共同体的和谐境界，绿色发展奠定了人类命运共同体的生态底蕴，开放发展勾勒出人类命运共同体的基本态势，共享发展呈现了人类命运共同体的价值旨归。

219.《深刻理解坚持以人民为中心的发展思想》

作者：王增杰

期刊：《人民论坛》

刊期：2016 年第 4 期

坚持以人民为中心的发展思想，是习近平在党的十八届五中全会上提出的一个重要思想，是贯串"十三五"规划《建议》始终的一条红线，是新时期中国共产党人的责任担当。这一思想的基本内涵是坚持人民至上，实现途径是践行创新、协调、绿色、开放、共享五大发展新理念，根本保证是加强和改善党的领导。深刻理解和准确把握这一思想，对于坚持人民主体地位，充分调动人民推动发展的积极性、主动性、创造性，积极践行五大发展新理念，落实全面从严治党新要求，用新的发展理念引领发展行动，决胜"十三五"，实现全面建成小康社会奋斗目标具有重要意义。

220.《怎样认识我国社会主要矛盾的转化》

作者：卫兴华、赵海虹

期刊：《经济纵横》

刊期：2018 年第 1 期

任何社会都存在生产力和生产关系的基本矛盾，并表现为不同的形式。新中国成立以来关于社会主要矛盾转化的判断，有其复杂性与特殊性。党的十九大报告提出的社会主要矛盾转化是中国特色社会主义进入新时代的表现。我国进入新时代是以社会主要矛盾的转化为根据的解读有待商榷。我国社会主义初级阶段主要矛盾的转化是渐进的，有个由量变到质变的过程。而且这种转化有其特殊性，具有连接性和发展性，不是相互排斥和对立的关系。而以往社会主要矛盾的转化，往往是相互排斥和对立的根本性变化。中国特色社会主义进入新时代，与社会主义初级阶段的基本国情没有变、我国仍处于世界最大发展中国家的国际地位没有变并不矛盾，而是相统一的。我国发展进入新时代，确定了我国发展的新的历史方位和新的战略布局，这是提出社会主要矛盾转化的具有内在联系的必要时机。同时，新时代的社会主要矛盾隐含着收入差距拉大的不平衡问题。

221.《怎样准确研读和把握马克思的经济学原理及其当代价值》

作者：卫兴华

期刊：《经济纵横》

刊期：2014年第6期

《资本论》不仅是革命的破坏旧世界的理论，也是科学的建设新制度的理论；不仅有历史意义，也有现实意义。《资本论》过时论、马克思主义经济学过时论是根本不学不懂《资本论》博大精深内容、不学不懂马克思主义经济学真谛的人们的浅薄之论。马克思经济学研究应当秉承客观、科学的研究态度。应当正确认识马克思经济学的历史意义和现代价值，澄清马克思经济学研究中的理论是非，从系统性和整体性上把握马克思的理论观点，以求得学界争议问题的解答。

222.《如何走好新时代乡村振兴之路》

作者：魏后凯

期刊：《人民论坛·学术前沿》

刊期：2018年第3期

中国能否如期全面建成小康社会，能否如期建成富强、民主、文明、和谐、美丽的社会主义现代化强国，重点和难点都在农村地区。实施乡村振兴战略是党中央根据当前中国国情和发展阶段变化作出的一项重大战略决策。在人民日益向往美好生活的新时代，我们所需要的乡村振兴不单纯是某一领域、某一方面的振兴，而是既包括经济、社会和文化振兴，也包括治理体系创新和生态文明进步在内的全面振兴。城市与乡村是一个相互依存、相互融合、互促共荣的生命共同体。实施乡村振兴战略，就是要防止农村凋敝，促进城乡共同繁荣。在实施这一战略的过程中，需要破解人才短缺、资金不足和农民增收难三大难题。

223.《习近平新时代中国特色社会主义经济思想：马克思主义政治经济学关于社会主义现代化建设的创新发展》

作者：魏建

期刊：《改革》

刊期：2018 年第 11 期

经过 40 年的奋斗，中国成为世界第二大经济体，进入了中国特色社会主义现代化建设的新时代。习近平新时代中国特色社会主义经济思想站在历史的高位上，以社会主义现代化建设为核心使命，继承并发展了马克思主义政治经济学。以人民为中心的发展观、新发展理念、对市场和政府关系的科学定位、供给侧结构性改革和人类命运共同体思想分别更新、推进了马克思主义政治经济学，形成了较为完整的关于社会主义现代化建设的理论框架。习近平新时代中国特色社会主义经济思想将指导中国实现社会主义现代化。

224.《邓小平社会主义市场经济理论的丰富内涵及重大贡献》

作者：魏礼群

期刊：《国家行政学院学报》

刊期：2014 年第 5 期

邓小平社会主义市场经济理论围绕着市场作用、计划与市场、社会主义与市场经济的关系等社会主义现代化建设中的一系列重要问题，形成了诸多相互联系的重大思想和观点，构成了系统完备、内涵丰富的理论体系，是深刻认识中国基本国情、科学认识社会主义本质和根本任务的重大成果，是全面总结中国社会主义建设正反经验教训、充分吸收和借鉴国际上有益做法的重大成果。实行社会主义市场经济取得了历史性的巨大成功，社主义现代化建设成就斐然。面对新形势、新任务，我们要全面、准确、完整地学习领会和贯彻落实邓小平社会主义市场经济理论和党的十八大、十八届三中全会决定精神，坚定不移地推进各方面改革。

225.《论作为政治经济学研究对象的生产方式范畴》

作者：吴宣恭

期刊：《当代经济研究》

刊期：2013 年第 3 期

生产方式最大量出现的含义之一是生产关系，即包括生产、交换、分配、消费关系的广义的生产关系，或者马克思所说的"生产关系总和""社会生产关系""经济关系"，而不是仅在生产领域中发生的，与交换、分配关系并列的狭义的生产关系。劳动者和生产资料的结合方式还是劳动过程、劳动方式，实际上都是以生产资料为基础的生产关系的组成部分，把生产方式定义为结合方式、劳动过程或劳动方式，都无法说明它是独立于生产关系之外，同生产力、生产关系并列而且决定生产关系的中介环节。否定政治经济学以社会生产关系为研究对象，极易导致否定社会主义公有制的错误，因此，我们必须高度警惕。

226.《马克思主义所有制理论是政治经济学分析的基础》

作者：吴宣恭

期刊：《马克思主义研究》

刊期：2013 年第 7 期

马克思主义所有制理论是政治经济学分析的基础，根据所有制分析经济关系是历史唯物主义的基本方法。本文回顾马克思对拉萨尔错误观点的批判，并以我国理论界有关坚持和否定马克思主义所有制理论的主要论争为例，说明对待生产资料所有制地位和作用的态度历来是马克思主义与其他学说的重要分水岭。由于社会主义公有制的重要性，主张资本主义私有化的人都利用一切时机和借口反对公有制，特别是国家所有制。本文针对鼓吹私有化的浪潮，简要批判它们的错误理论，提出一定要高度重视所有制对经济发展的决定作用，坚持社会主义公有制的主体地位。

227.《〈资本论〉的所有制理论对社会主义事业的重要指导意义》

作者：吴宣恭

期刊：《经济学家》

刊期：2017 年第 11 期

《资本论》阐述的所有制理论对我国现阶段社会主义事业具有重要的指导意义，可从以下十个主要方面去领会：（1）认识所有制的重要地位和作用，明确社会主义革命和建设的关键；（2）从所有制对剩余价值生产过程的作用，认识资本主义生产关系的基础和本质；（3）正确领会未来社会的预言，建立和完善社会主义初级阶段的基本经济制度；（4）学习所有制内部产权结构的系统剖析，探索公有制改革的途径和形式；（5）正确领会对股份公司的论述，看清资本主义私有制变迁的过渡形式；（6）了解所有制与商品交换的关系，完善中国特色社会主义市场经济；（7）认清所有制对分配的决定作用，处理好社会主义初级阶段的分配关系；（8）领会关于经济规律产生基础的阐述，认识和自觉运用社会主义初级阶段的经济规律；（9）认识所有制与社会矛盾的关系，正确处理社会主义初级阶段的社会主要矛盾及其变化；（10）将《资本论》的所有制理论作为分析社会政治经济关系的基础，正确认识中国特色社会主义的基本特点。

228.《略论〈资本论〉中商品货币理论的价值——基于中国特色社会主义市场经济的审视》

作者：鲜阳红、张尊帅

期刊：《经济问题》

刊期：2015 年第 1 期

本文从经济哲学角度分析了《资本论》，并简要介绍了其中的商品货币理论。商品货币理论属于劳动价值论的一部分，其主要内容包括商品的二因素、劳动二重性与货币产生以及商品流通、价值规律等。通过分析中国特色社会主义市场经济和其历史变迁及商品货币理论中价值规律、劳动二重性、劳动分工等理论，从企业管理、政府干预、经济均衡三个角度，分析了商品货币理论对中国特色社会主义市场经济的借鉴意义；从进步性、局限性、与时俱进性评价了商品货币理论。从进步性上看，商品货币理论对于当今时日仍不失其实用价值。从局限性上看，马克思认为在公有制背景下，商品经济会不断衰退进而消亡。但在现实的中国特色社会主义市场经济发展中，我们看到了公有制的不断发展，也看到了以公有制为主体、多种所有制共同发展的良好局面。最后，马克思主义的理论品质就是与时俱进，它是永葆青春的理论，是不断发展的理论。

229.《中国特色社会主义政治经济学与供给侧结构性改革理论逻辑》

作者：肖林

期刊：《科学发展》

刊期：2016年第3期

供给侧结构性改革不同于以往中国社会主义市场经济体制建设中的供给侧改革，它更具体系性、综合性和全局性。供给侧结构性改革是在中国经济发展新常态阶段，基于中国改革发展实践的理论综合性集成创新，构建了中国新供给经济学的理论架构。中国新供给经济学理论的创新和实践，是中国社会主义经济建设在新时期的一次探索性改革和调整，是中国特色社会主义政治经济学的重要组成部分。

230.《用马克思主义政治经济学指导供给侧结构性改革》

作者：谢地、郁秋艳

期刊：《马克思主义与现实》

刊期：2016年第1期

我国"十三五"期间强调供给侧结构性改革，是解决经济社会发展中各种深层次矛盾的客观需要，对于实现我国经济中长期稳定、可持续发展具有重要意义。供给侧结构性改革的理论依据源于马克思主义政治经济学；现实依据则是我国微观、中观、宏观、国际经济关系、政府治理等不同层面广泛存在的供给侧结构性矛盾。相应的，供给侧结构性改革的着力点就是通过机制、体制和制度创新，破解供给侧结构性矛盾。

231.《马克思主义是不断发展的理论——纪念马克思诞辰 200 周年》

作者：谢伏瞻

期刊：《中国社会科学》

刊期：2018 年第 5 期

马克思主义是人类思想史上的伟大变革，深刻地改变了人类文明进程、人类历史进程、世界社会主义发展进程。从诞生之日起，马克思主义就是不断发展的理论，而不是封闭僵化的教条。习近平新时代中国特色社会主义思想，是当代中国马克思主义、21 世纪马克思主义。这一重要思想创造性地提出一系列新的思想观点和论断，丰富发展了科学社会主义、马克思主义政治经济学、马克思主义政党建设学说、马克思主义国家学说和马克思主义哲学。在当代中国，坚持和发展习近平新时代中国特色社会主义思想，就是真正坚持和发展马克思主义。系统深入地研究阐发习近平新时代中国特色社会主义思想，是我国理论界的重大责任，是中国社会科学院的重大责任。

232.《全球生产网络视角的供给侧结构性改革——基于政治经济学的理论逻辑和经验证据》

作者：谢富胜、高岭、谢佩瑜

期刊：《管理世界》

刊期：2019 年第 11 期

本文从经济全球化进程考察中国经济发展的阶段性特征。研究发现，我国自 2000 年左右深度融入全球生产网络所形成的投资、出口联动增长模式支撑了 2000—2007 年的高速增长，新常态源于支撑 2000 年以来增长模式的社会经济条件遭到破坏。在适应和引领新常态的过程中，供给侧结构性改革可以把过剩的产能转移到中部农村地区的地下管网建设，修复资本的同时推进乡村振兴战略。与此同时，企业要努力建设关键部件开发平台，推进关键部件创新，获得全球制造的标准制定权。通过构建集成创新的核心企业和不同层次的模块化生产企业之间的国内生产网络，满足我国标准化需求和个性化需求并存的动态需求结构。

233.《新自由主义与国际金融危机》

作者：徐崇温

期刊：《毛泽东邓小平理论研究》

刊期：2012 年第 4 期

西方经济学中的新自由主义流派，在 20 世纪 90 年代成为美国的国家意识形态和主流价值观念。美国资产阶级在世界范围内推行其体制的一体化工具之后，在 20 世纪初又主要通过推行私有化和解除金融管制等举措成为引爆美国次贷危机——国际金融危机的罪魁祸首，但国际金融危机又宣告了新自由主义的破产和终结。而由 G20 取代 G8 的发展，则表明其后全球经济秩序正在发生的改变。

234.《双重结构失衡困境与破解路径探索：供给侧结构性改革的政治经济学分析》

作者：徐宏潇

期刊：《经济问题探索》

刊期：2016 年第 6 期

马克思主义政治经济学建立在唯物史观的科学基础之上，并注重运用生产力与生产关系的矛盾运动规律探讨人类经济社会发展变迁问题，为分析我国当前供给侧结构性改革的背景与推进路径提供了科学的理论分析范式。新常态下，我国经济面临生产力维度的物质产品供给结构失衡与生产关系维度的制度供给结构失衡的双重困境。因此，适时提出的供给侧结构性改革必须从生产力和生产关系两个方向着手探讨其推进路径。其中，物质产品供给结构改革构成供给侧结构性改革的主体性内容，制度供给结构改革则构成供给侧结构性改革的支持性内容。将二者有效结合起来，既是推动当代中国马克思主义政治经济学科学发展的需要，也是实现中国经济健康发展的需要。

235.《中国特色社会主义政治经济学方法论研究——兼对生产一般与资本一般机理关系的考订》

作者：许光伟

期刊：《经济纵横》

刊期：2019年第2期

马克思主义统一世界观和方法论的途径是实践的构图，是把方法论也看作是"世界观"，并进行"改造世界""理解世界""解释世界"，最终落脚于研究方法与叙述方法规定的统一。在这一构图中，"思维学"处于理解与联系的中心位置，从而可用以支持中国特色社会主义政治经济学理论建设，从中发掘方法论品性的机理探究及其工作规定。具体做法：一是必须按照生产一般与资本一般的机理关系，考订对象到研究对象的研究叙述关系，阐述全体规定的方法论工作内涵，从中"本土寻根"与寻求"辩证的表达"；二是在马克思主义思维科学框架下，把握"本质对现象的关系"（规定），回答时代问题与实践问题。方法论上的唯物主义意义在于建立方法规定对经济认识的辩证理解关系，而指涉内在关系的"深层机理探究"将揭示《资本论》体系结构如何诞生，说明解决之道始终在于历史"重新开始"与工作"再出发"。总体看，这是对从《资本论》到中国特色社会主义政治经济学理论进程的方法论视野下的实践解读，富有民族工作底蕴，并启动了"生产一般思维学"的时代研究进程。

236.《新时代我国社会主要矛盾判断的理论内蕴》

作者：许晓丽

期刊：《重庆大学学报（社会科学版）》

刊期：2019年第5期

新时代社会主要矛盾判断的提出是基于党的十八大以来中国社会生产力和生产关系的总体状况，符合马克思主义关于时代问题的相关理论。新时代我国社会主要矛盾判断具有实践性、人民性、阶段性和发展性的基本特征。新时代社会主要矛盾发生转化，表明当前社会供需矛盾已经从之前的"数量短缺型"转化为"质量不足型"，转化的实质是人类社会基本矛盾在新时代的阶段性质变。新时代社会主要矛盾发生转化是中国共产党在社会主要矛盾理论上"变"与"不变"的具体体现，即矛盾具体形式的变化并没有改变供需矛盾依然是当前社会主要矛盾的实质，也没有改变我国的基本国情和国际地位，新时代我国各项政策的制定也必须从目前我国的现实出发而不能脱离这个现实，必须坚持新时代社会主要矛盾理论不动摇。新时代社会主要矛盾的特征及其解决途径决定了新时代基本方略的特征和具体内容，并为其顺利推进提供理论依据。

237.《当代资本主义再认识：当代资本主义基本矛盾的新解读》

作者：颜鹏飞、刘会闯

期刊：《理论学刊》

刊期：2013年第9期

什么是资本主义？它走向何处？这是困扰人类数百年而颇具争议的重大问题。与全球社会经济发展正处于结构性转型过程相契合，世纪之交的资本主义社会经济形态凸显出显著的新变化。当代资本主义的基本矛盾在生产领域和分配领域都呈现出了新的特征和表现形式，资本主义也对生产关系和上层建筑进行了有限度的调整和变革，但这些新变化和新举措，又为生产关系的进一步扩展设置了新的界限、障碍、限制和桎梏，从而进一步促进对资本关系自身规定性及本质的自我背离、自我否定和自我扬弃的进程。这鲜明地体现了当代资本主义的两重性特征和生产方式矛盾运动的辩证法，彰显了马克思资本主义理论的当代价值和理论张力。

238.《论新时代我国社会主要矛盾的变化》

作者：颜晓峰

期刊：《中共中央党校（国家行政学院）学报》

刊期：2019 年第 2 期

党的十九大作出我国社会主要矛盾已经转化为人民日益增长的美好生活需要和不平衡不充分的发展之间的矛盾这一重大政治论断。社会主要矛盾变化，是我国发展新的历史方位的基本依据，是准确把握社会主义初级阶段发展变化的科学认识，是习近平新时代中国特色社会主义思想的重大观点。作为社会主义国家，我国对社会主要矛盾的判断体现了社会主要矛盾新的构建逻辑，即把人民作为社会主要矛盾的主体，把人民的需要状况与人民需要的满足状况作为社会主要矛盾的两个方面。历史经验表明，能否正确认识我国社会的主要矛盾，关系到党和国家的前途命运。新时代我国社会主要矛盾变化，有其客观依据和显著特征，与社会主义初级阶段并行不悖，对党和国家工作提出了新任务、新要求。

239.《中国特色社会主义政治经济学的理论溯源和生成背景》

作者：杨承训

期刊：《毛泽东邓小平理论研究》

刊期：2016 年第 2 期

习近平号召全党把马克思主义政治经济学当作必修课，特别要坚持和发展当代中国特色社会主义政治经济学。这是我们党和全国人民的一项重大理论建设，对于提高全党全民的理论素养和认识、掌握社会主义发展规律具有重大意义。马克思主义政治经济学是真正的科学理论，中国特色社会主义政治经济学是马克思主义政治经济学发展的新阶段，是当代中国马克思主义政治经济学。中国特色社会主义政治经济学的指导原则是"马学"为魂，"中学"为体，"西学"为用。中国特色社会主义政治经济学的方法论要突出历史分析、实证分析、比较研究和定性与定量相结合的方法，特别要尊重运用辩证法，具体问题具体分析。

240.《社会主义政治经济学的"中国特色"问题》

作者：杨春学

期刊：《经济研究》

刊期：2016 年第 8 期

社会主义与市场经济的有机结合是中国对社会主义经济形态发展的最重大贡献。围绕这种结合所进行的理论分析是中国特色社会主义政治经济学的中心任务。"初级形态"的社会主义和中华文明思想基因的理论化，是我们辨识"中国特色"的实践和理论问题的坐标或参照系的底色，但是，对其中的思想基因还存在一个理论化的问题。在市场经济体制下，社会主义与资本主义之间的实质性差异最终表现为，在重大制度的设计和安排上，是国家的意志支配着资本，还是资本的意志支配着国家的问题。社会主义初级阶段基本经济制度为国家摆脱资本意志的不良影响提供了重要的制度基础，但是，还需要在综合考虑这种制度的工具价值和内在价值的基础上，进一步思考最适度的所有制结构问题。此外，在中国语境中，只有在中央与地方的政府结构中，并且充分考虑到官商关系，才能更有效地讨论政府与市场之间的关系，展现出经济治理结构的特性和面临的问题。

241.《论公有制理论的发展》

作者：杨春学

期刊：《中国工业经济》

刊期：2017 年第 10 期

公有制理论正处于这样一种状态：经典的理论结构以其"纯粹形态"仍然充满吸引力，但是基于苏联模式的公有制理论正在失去其现实基础，而中国的实践丰富和发展了公有制理论。"以公有制为主，多种所有制经济共同发展"的体制，决然不同于苏联模式中的公有制。二者的差异不是边际意义上的变化,而是带有实质性意义的变革。这种变革正在使我们对社会主义所有制本身形成一种新的认识。中国理论家和实践者以非常巧妙的方式对所有制理论进行了创造性的发展。

242.《政遍债务削减的政治经济学分析——来自发达国家长期历史的启示》

作者:杨攻研、刘洪钟

期刊:《世界经济与政治》

刊期:2015 年第 1 期

始于 2008 年的金融危机严重损伤了发达经济体的公共财政状况,各国至今仍在艰难地寻找着债务问题的解药,如何实现成功的政府债务削减已经成为发达国家面临的集体困境。作者试图从长期历史中寻找这一问题的答案。通过对典型发达国家 1880 年至 2009 年间政府债务百年史中成功的债务削减周期进行实证分析,得出如下结论:首先,实现成功的政府债务削减更依赖支出紧缩型的财政巩固政策;其次,长期经济增长能够显著增加债务削减成功的概率;再次,通货膨胀与利率政策相配合能够起到更好的效果;最后,沉重的债务负担往往会成为各国政府化解债务困境的动力。然而,在不同的历史时期,由于世界经济体系的变迁与重塑、政府债务微观结构的变化,上述因素对政府债务削减的影响存在着巨大差异,曾经被历史证明行之有效的政策在今天未必适用。此外,政治与法律因素同样扮演了重要角色:民主化程度更高以及实施财政规则的国家更易于实现成功的政府债务削减;与传统观点不同,国内政治竞争性的增强会使执政者更为关注日益恶化的债务僵局以赢得选民与声誉,可信地降低债务水平;不同的法律起源同样制约着政府债务的削减,普通法系能够为债务削减提供更为良好的法律环境以促进债务削减的成功。

243.《以"五大发展理念"把握、适应、引领经济发展新常态》

作者:杨嘉懿、李家祥

期刊：《理论月刊》

刊期：2016 年第 4 期

党的十八届五中全会提出了"五大发展理念"，牢固树立并深刻领会"五大发展理念"，对主动把握、积极适应和科学引领经济发展新常态具有重要意义。要运用"五大发展理念"深刻认识新常态的内在规律，为"十三五"期间的经济发展提供科学指导，通过创新激活经济的新增长点，借助协调平衡经济稳定发展，形成经济格局的新平衡，依仗绿色推动经济健康发展，凭借开放形成经济新的联动，依托共享保障经济转型升级，实现经济发展的新目标。

244.《以新发展理念破解经济发展的不平衡不充分》

作者：杨嘉懿

期刊：《理论月刊》

刊期：2019 年第 2 期

党的十九大以来，党中央在深刻洞悉新时代的经济发展基本特征、科学把握社会主要矛盾的变化方向、不断深化对经济发展规律认识的基础上，指出要着力解决发展不平衡不充分的问题，尤其是经济发展的不平衡不充分问题。因此，需深入分析我国经济发展不平衡不充分的主要表征及原因，把新发展理念作为破解经济发展不平衡不充分的战略指引和行动指南，推动发展动力的创新、发展布局的协调、发展形态的绿色、发展格局的开放和发展成果的共享。

245.《产业结构变迁与中国经济增长——基于马克思主义政治经济学视角的分析》

作者：杨仁发、李娜娜

期刊：《经济学家》

刊期：2019 年第 8 期

本文从马克思主义政治经济学视角分析经济增长中产业结构严谨的基

础和动力，基于三次产业劳动力生产率计算的产业结构变迁度和以第三产业占比超越变化为临界点两种方法，总结中国改革开放 40 年以来产业结构变迁的典型事实，在此基础上，实证分析中国产业结构变迁对经济数量型增长和质量型增长的作用。研究发现：产业结构变迁对经济增长的作用效应不同，对数量型增长和质量型增长均表现出先降低后上升的过程，但随着产业结构变迁度的提高，对质量型增长的促进作用稳步提升；进一步验证得到，当产业结构变迁度大于 1 或第三产业占比超过第二产业时，产业结构变迁对经济质量型增长的促进作用超过对数量型增长的作用。因此，新时代中国需要不断提高产业结构变迁度，实现经济从高速增长向高质量增长转变。

246.《国有企业改革逻辑与实践的演变及反思》

作者：杨瑞龙

期刊：《中国人民大学学报》

刊期：2018 年第 5 期

自从我国开启市场导向的改革以来，把具有软预算约束的国有企业改造成为自主经营、自负盈亏的市场竞争主体就成为经济体制改革的中心环节。40 年来，国有企业改革先后经历了遵循放权让利逻辑、两权分离逻辑、产权多元化逻辑、"抓大放小"逻辑、优化所有权约束机制逻辑等改革阶段，使得国有企业逐渐从行政附属物向市场主体转变，从僵化的经营体制向法人财产权独立化转变，从纯而又纯的所有权结构向产权多元化转变，从行政垄断向竞争性市场结构转变，从管企业、管资产向管资本转变，从封闭型企业向开放型企业转变，从广泛分布到布局更加合理转变。改革所取得的成绩是有目共睹的，但由于在国有制的框架内难以解决政企不分、所有权不可转让等难题，国有企业的传统弊端仍难以得到根除。进一步深化国有企业改革需要进行理论创新，走出"国进民退"或者"民进国退"的二律背反理论困境。应构建与社会主义市场经济体制相适应的"国民共进"的微观结构，即根据国有企业所处行业（竞争性与非竞争性）的不同及所提供产品（私人产品与公共产品）的差异实施不同的改革模式，形成国有经济与民营经济不是相互冲突而是可以共同发展的改革逻辑。

247.《关于新时代中国特色社会主义"主要矛盾"的理解与意义》

作者：杨生平

期刊：《贵州社会科学》

刊期：2017年第11期

主要矛盾思想是毛泽东在《矛盾论》中提出的，它不仅是对马克思主义思想的继承与发展，也是分析我国不同历史时期社会性质与社会状况的有力武器。在新民主主义革命与社会主义建设时期，我们党根据历史条件的变化对我国社会不同时期的主要矛盾进行了不同论述。党的十九大报告明确提出了新时代中国特色社会主义新的主要矛盾，这既是对我国新时代特征的准确判断，又丰富和发展了中国特色社会主义理论体系。对新时代中国特色社会主义"主要矛盾"的认识与理解，既不能超越社会主义初级阶段这个基本国情，也不能看不到它与之前我国社会主要矛盾的区别，应该将它放在整个社会主义初级阶段发展的连续性与阶段性统一的意义上去理解。

248.《马克思世界市场理论及其现实意义——兼论"逆全球化"思潮的谬误》

作者：杨圣明、王茜

期刊：《经济研究》

刊期：2018年第6期

世界市场理论在马克思"六册计划"中占有十分重要的地位，是马克思希望完成但未完成的政治经济学整体理论体系的重要组成部分。本文通过探析英法古典政治经济学家的世界市场思想，梳理马克思有关世界市场的论述，阐述了对马克思世界市场理论主要思想的理解，认为该理论揭示了世界市场形成的基础、条件、原因、规律与作用，是对全球化的预见和前瞻性认识，对人们认识全球化、国际经济秩序和贸易自由化都具有重要的指导意义。目前"逆全球化"思潮暗流涌动，形成与全球化发展趋势相违背的一种现象。运用马克思世界市场理论反思"逆全球化"现象中存在的问题，才能揭开"逆全球化"谜团，为推进全球化发展和进一步增强中国在世界市场发展中的影响力提供正确指引。

249.《重写学术史与"话语体系"创新——中国特色经济学话语体系创新及其典型案例考察》

作者：叶坦

期刊：《经济学动态》

刊期：2014 年第 10 期

本文为笔者研究中国经济学术史系列实证考察的典型案例之一。研究从"重写学术史"的学术潮流入手，阐论经济学术史探索与"话语体系"创新的关联，分析进行中国特色经济学话语体系创新已经具备的五大关键性基础。进而实证考察典型案例《中国经济学史纲》五个方面的学术特色与学理价值，及其在中国特色社会主义经济学话语体系创新探索中引航导向的重要贡献。最后，将历史视镜拉得更远些，从两个视角追溯中国源远流长的"经世济民"之学，及其汇聚成为"话语体系"充足养分的史实。希冀依循中国经济学术史脉络，勾勒出一条探索和丰富中国特色经济学话语体系建设的可能路径。

250.《五大发展理念：中国特色社会主义政治经济学的重要拓展》

作者：易淼、任毅

期刊：《财经科学》

刊期：2016 年第 4 期

"创新、协调、绿色、开放、共享"五大发展理念，反映了新时期我们党对经济社会发展规律的新认识，是中国特色社会主义政治经济学的重要拓展。具体而言，五大发展理念体现了中国特色社会主义政治经济学的重大原则，凸显了中国特色社会主义政治经济学的现实指导意义，遵循了中国特色社会主义政治经济学视阈下的改革逻辑。当前，五大发展理念为破解发展新难题，厚植发展新优势，开拓发展新境界提供了科学理论指导和行动指南。只有坚决践行五大发展理念，积极推动这场关系我国发展全局的深刻变革，才能适应和引领新常态，才能抓住和用好我国发展的重要战略机遇期，才能确保如期实现全面建成小康社会的宏伟目标。

251.《流域分工视角下长江经济带高质量发展初探——一个马克思主义政治经济学的解读》

作者：易淼

期刊：《经济学家》

刊期：2019 年第 7 期

基于马克思主义政治经济学进行流域分工的理论阐释，能够把握流域分工形成的自然基础、流域分工演进的影响因素以及流域分工的"共同利益—特殊利益"逻辑，从而为中国特色社会主义流域经济研究提供重要的理论支撑。结合马克思主义流域分工的理论内涵可知，长江流域内部自然条件的差异性为长江流域分工的形成提供了自然基础。而且，伴随长江流域分工的历史演进，长江经济带得以孕育生成与长足发展，同时也在发展中呈现出新的问题。当前，应深入到长江经济带流域分工层面，尊重自然条件差异性对流域分工的基础功能，发挥交通基础设施对流域分工的促进作用，并在流域分工新格局构建中实现"共同利益—特殊利益"关系均衡，以之推进长江经济带高质量发展。

252.《政治经济学视域下的金融资本全球化探究》

作者：银锋

期刊：《湖南财政经济学院学报》

刊期：2013 年第 1 期

金融资本全球化是指金融资本主导的以发达国家跨国公司为主要载体的垄断资本的全球化。资本的逐利本性、资本竞争、以信息技术为核心的新科技革命、发达国家的全球化战略等因素推进了金融资本全球化迅猛发展。金融资本全球化是经济全球化的高级形式，是金融资本新霸权在全球空间的体现，其本质是发达资本主义的金融资本从全球空间掠夺和获取霸权利润以加强与巩固自身霸权的过程。融入金融资本全球化进程是中国实现自身发展的必然路径。金融资本全球化对中国的经济发展具有双重效应，初期以正面效应为主，随后负面效应逐渐凸显并不断强化。为了应对金融资本全球化带来的挑战，中国必须走自主发展之路。

253.《生产方式理论：经典范式与现代创新》

作者：于金富

期刊：《经济学家》

刊期：2015 年第 10 期

马克思恩格斯高度重视对生产方式的理论研究，他们不仅建立了生产方式一般的基本原理，而且具体分析了各种特殊的社会生产方式，建立了马克思主义政治经济学生产方式理论的科学范式。在传统体制下，人们机械照搬马克思主义经济学生产方式理论的某些具体结论，犯了教条主义的错误。在当代中国，我们不仅要继承与坚持马克思主义经济学生产方式经典理论的基本原理，而且应当根据中国国情与发展要求，推进马克思主义经济学生产方式理论的创新发展指导全面深化改革与深化变革的伟大实践。

254.《国际价值与等价交换》

作者：余斌

期刊：《福建论坛（人文社会科学版）》

刊期：2014 年第 5 期

学术界关于国际价值和国别价值的讨论中有不少误区。要计算某商品的国际价值，需要将超过国际水平的发达国家的国民劳动的强度和生产率与国际水平作比较,确定一个换算系数,再用这个系数乘以发达国家的生产时间,然后再与处于国际水平的国家的生产时间进行平均或加权平均。在世界市场上,两国的商品都是可以按照必要劳动时间生产出来的,但只要其中一国商品的竞争乏力导致其必要劳动时间增加进而国际价值被高估,该国就会成为国际贸易中的剥削一方,两国的商品交换就不再是等价交换。包括中国在内的发展中国家还需要团结起来采取各种措施,如自主创新和产业升级等,并注重发展本国企业,如此才能对发达国家和跨国公司施加更大的竞争压力,才能维护自身的利益。

255.《供给侧结构性改革中的马克思主义政治经济学》

作者:余斌

期刊:《河北经贸大学学报》

刊期:2016 年第 5 期

目前,中国经济发展的显著特征就是进入新常态,其主要表现是增长速度的下降,从高速转为中高速。虽然中国经济的总量已经达到了世界第二,但是,人均产值和收入还很落后,到我国人均产值达到世界第二还有巨大的发展空间。我国的供给侧结构性改革,同西方经济学的供给学派不是一回事。如果说,扩大内需是在供给的产品不变的前提下为这些产品增加需求,那么供给侧结构性改革就是要改变供给的结构来满足外溢的需求,把消费能力留在国内。当然,通过创新来提供新的产品也有可能满足另外一些潜在的需求,开拓出新的市场空间。

256.《马克思生产力理论所蕴含的生态经济思想》

作者:余锦龙

期刊:《中国特色社会主义研究》

刊期:2013 年第 4 期

马克思的生产力理论不是把生产力看作单纯的社会生产力,而是自然生产力与社会生产力的辩证统一,是一种生态生产力。马克思生态生产力的思想从生产力的角度把"人化自然"与"自然化人"有机地统一起来，把客观世界与主观世界、事实世界与价值世界、外在尺度与内在尺度有机地统一起来，从而完整地阐释了生态经济化与经济生态化的生态经济思想。生态经济化与经济生态化统一体中的生态生产力的发展，是在马克思大生态系统观的指导下的社会生产与经济活动的生态化、知识化和市场化相互融合的过程，既遵循自然生态系统运行的规律，又遵循社会经济系统运行的规律，同时遵循人类创造性思维的规律，沿着人与自然和谐共生、人与自然辩证统一和自然生产力与社会生产力辩证统一方向不断向前发展。

257.《对马克思恩格斯有关合作制与集体所有制关系的再认识》

作者：苑鹏

期刊：《中国农村观察》

刊期：2015 年第 5 期

马克思、恩格斯的合作制理论以高度发达的资本主义社会化大生产以及小农的灭亡或注定沦为农业工人的社会经济制度为研究前提，以彻底解放农民的价值关怀以及小农作为无产阶级革命同盟军为基本出发点。合作制与最终实现生产资料全社会所有制具有内在的一致性。在马克思、恩格斯的所有制理论中，集体所有制等同于全社会所有制；在马克思、恩格斯的话题体系下，集体所有制与社会所有制、国家所有制的概念是相同的，两者是交叉使用的。马克思、恩格斯的"集体"概念是指生产者作为自由人的共同体，并不存在剥夺了个人所有权的合作社的集体所有制。

258.《马克思恩格斯的国际交往理论与"一带一路"建设》

作者：张峰

期刊：《马克思主义研究》

刊期：2016 年第 5 期

马克思、恩格斯拥有丰富的国际交往思想。由于地理大发现和工业革命的相互促进，各国之间的联系日益增多，依赖日益增强，国际交往日益频繁，因此马克思、恩格斯在大量著作中系统地论述了国际交往与生产力发展、文化传播、交通运输革命、全球化等的关系。"一带一路"战略本质就是一种国际交往，马克思、恩格斯的国际交往理论对中国更好地参与全球化、完善并有效地实施"一带一路"战略，推动构建人类命运共同体，具有重要的现实意义。

259.《农村土地"三权分置"与新型农业经营主体培育》

作者：张广辉、方达

期刊：《经济学家》

刊期：2018年第2期

农村土地"三权分置"是我国农村土地制度的重大改革。本文首先讨论了农村土地所有权、承包权和经营权的基本内涵与意义，并明确放活土地经营权是土地"三权分置"制度的重要目标，其本质是在更大范围内为资金进入农村土地经营领域提供渠道，解决农业经营资金短缺与效率不足的问题，为新型农业经营主体培育提供制度支持。其次分析了不同类型新型农业经营主体分别面临的"吃不下"的经营权、"分不清"的经营权和"拿不到"的经营权困境。最后指出要从培育职业农民、完善土地经营权价值评估体系以及引入PPP模式等途径来加强新型农业经营主体培育。

260.《新时代我国社会主要矛盾变化的历史逻辑与理论向度》

作者：张恒赫

期刊：《中国地质大学学报（社会科学版）》

刊期：2018年第1期

党的十九大报告对当前我国社会主要矛盾变化的内容、表现、特征、本质等所作出的与时俱进的新表述，是习近平新时代中国特色社会主义思想的一项新内容、新亮点；是从生产力与生产关系各种相关因素的内在矛盾入手，通过对新时代中国特色社会主义社会形态的物质生产所呈现出来的根本特征与满足人民需求多样化趋势的科学分析，来实现对新时代我国社会主要矛盾变化的重新定位和本质概括。它既凝聚了社会不同阶层、不同群体共享改革成果的最大共识，又赋予了党在满足人民多方面诉求上以新的时代内涵，为我们深刻地把握中国现阶段的实际情况，提供了坐标参考和科学依据。在这种背景下，如何理解新时代我国社会主要矛盾变化的历史逻辑和理论向度，如何应对发展不平衡不充分的社会实际，就成为当前需要认真研究的一项重大课题。

261.《对经济高质量发展的马克思主义政治经济学解析》

作者：张俊山

期刊：《经济纵横》

刊期：2019 年第 1 期

质是一事物区别于他事物的特殊规定性，包括基本质和非基本质。在事物发展过程中，非基本质的发展可能妨碍基本质的实现。事物的质量就是事物表现出的属性与人们所认同的事物的基本质的符合程度。经济的基本质是向人们，首先是向最广大的劳动者提供物质生活资料的活动过程。经济发展的质量是指经济活动实现这一基本质的程度。经济发展质量直接受到社会生产关系的影响，只有社会主义生产关系下的经济发展才与经济发展质量要求相一致。我国在社会主义建设不同时期经济发展的质量要求和表现内容各不相同。推动经济高质量发展是新时代我国经济发展的必然要求，实现这一要求必须坚持社会主义方向，从技术基础、部门功能和比例、国家和政府作用、振兴农业基础及转变消费方式等多方面作出努力。

262.《对新时代中国特色社会主义现代化经济体系建设的几点认识》

作者：张俊山

期刊：《经济纵横》

刊期：2018 年第 2 期

建设现代化经济体系是新时代中国特色社会主义经济建设的重要战略任务，是对现代化认识的深化。现代化经济体系建设必须坚持新发展理念的指导，坚持在党的领导下走自主创新发展的社会主义道路。现代化经济建设理论包括马克思列宁主义的经济理论、我国社会主义建设各时期形成的社会主义理论、习近平新时代中国特色社会主义思想中的经济建设方略。我国现代化经济体系是以实体经济为中心、建立在最新科技成果的应用基础之上、以质量第一为评价标准，并有着与之相适应的社会主义消费方式。

263.《理解习近平新时代中国特色社会主义经济思想的六个维度》

作者：张开、顾梦佳、王声啸

期刊：《政治经济学评论》

刊期：2019年第1期

习近平新时代中国特色社会主义经济思想，是推动我国经济发展实践的理论结晶，是中国特色社会主义政治经济学的最新成果。马克思主义立场、观点和方法，是其理论底色；坚持加强党对经济工作的集中统一领导，保证我国经济沿着正确方向发展，是其本质特征；坚持以人民为中心的发展思想，解决新时代我国社会的主要矛盾，是其根本立场；贯彻新发展理念，建设现代化经济体系，是其主要内容；深化供给侧结构性改革，解决新时代我国经济发展的主要矛盾，是其工作主线；运用辩证方法做好经济工作，是其思想方法。这六个维度构成相互联系、相互促进的有机整体。

264.《唯物史观视野中的人类命运共同体》

作者：张雷声

期刊：《马克思主义研究》

刊期：2018年第12期

人类命运共同体是以习近平同志为核心的党中央站在新时代起点上，审视全球发展大势、以加强中国对外关系发展为基点提出的重要方案，反映了马克思主义社会共同体、世界历史理论逻辑与当代世界和中国发展的历史逻辑、实践逻辑的统一。人类命运共同体是马克思社会共同体的次级范畴，生产关系性质决定社会共同体为始基范畴，而由生产关系所决定的命运共同体则为次级范畴。在生产力与生产关系的矛盾运动推动下，随着世界历史的不断演进，人类命运共同体成为应对世界体系格局不平等、经济全球化复杂性等问题的现实形态。人类命运共同体是维护世界和平、促进共同发展的必然抉择，维护世界和平与促进共同发展相辅相成。人类命运共同体的建设反映的是世界和中国发展的实践逻辑的要求。

265.《农村"三变"改革的"中国特色社会主义政治经济学"意义》

作者：张敏娜、陆卫明、王军

期刊：《西北农林科技大学学报（社会科学版）》

刊期：2019 年第 1 期

以"资源变资产、资金变股金、农民变股东"为主要内容的农村"三变"改革在农民增收、农业发展和农村建设中取得显著成效，从四个方面体现和丰富着中国特色社会主义政治经济学重大原则：一是探索新型农业合作化道路，坚持"以公有制为主体、多种所有制经济共同发展原则"；二是深化农业供给侧结构性改革，坚持"解放和发展生产力原则"；三是优化市场和政府配置资源的分工配合关系，坚持"发展社会主义市场经济原则"；四是注重分配公平，坚持"共同富裕原则"。同时，"三变"改革以确立农民主体地位、赋予农民财产权利、维护农民切身利益为主旨，坚守和体现了中国特色社会主义政治经济学"以人民为中心"的根本立场，具有理论发展与实践推广的双重价值。

266.《试论社会主义初级阶段的时代特征及主要矛盾要求的变化》

作者：张强、王定国

期刊：《思想战线》

刊期：2015 年 S1 期

我国目前最基本的国情，最大的实际是我国仍然处在社会主义初级阶段。坚持从社会主义初级阶段的基本国情出发，就要正确把握社会主义初级阶段基本国情的时代特征，正确认识和把握社会主义初级阶段主要矛盾在新时期新阶段的表现和要求。本文在对社会主义初级阶段时代特征进行分析的基础上，系统阐述了社会主义初级阶段主要矛盾在新时期新阶段的内涵和要求，希望能够为新时期更好地坚持从社会主义初级阶段的基本国情出发提供借鉴和帮助。

267.《供给侧结构改革的政治经济学逻辑》

作者：张如意、任保平

期刊：《人文杂志》

刊期：2016年第6期

供给侧结构改革主要是针对中国新常态下的供给结构问题而进行的改革，其理论依据可以用马克思主义政治经济学的分工理论来解释。供给侧改革的实质是改善和调节劳动分工，促进旧的分工体系向新的分工体系的转化，从而促进经济增长和经济发展。依据政治经济学的分工理论，供给侧的改革要以改善社会分工和企业内部分工体系，以形成新主体、培育新动力、发展新产业为出发点。目标是促进社会分工的深化，培育新的发展动力。按照工业化方式进行改革，必须把服务业的发展与工业化的发展相结合，把传统产业的改造和新型产业的发展相结合，实现新型工业化、再工业化、工业现代化的有机结合。把消解产能过剩、形成新的分工体系和发展新型产业作为发力点。为了保证供给侧结构改革的效果，必须将完善制度保障、优化组织能力、调整产业政策和转变政策措施作为保障措施。

268.《科学认识新时代中国特色社会主义的主要矛盾》

作者：张三元

期刊：《思想理论教育》

刊期：2017年第12期

社会主要矛盾已经转化为人民日益增长的美好生活需要和不平衡不充分的发展之间的矛盾，是中国特色社会主义进入新时代的根本依据和主要特征。新矛盾意味着新目标、新斗争、新方略。更好地实现人民对美好生活的向往，更好地推动人的全面发展，是新时代的奋斗目标；实现新任务，必须立足于两个"没有变"的基本国情，有效应对重大挑战、抵御重大风险、克服重大阻力、解决重大矛盾、开展伟大斗争；面对新矛盾、新目标，必须有新方略，坚定不移地坚持以人民为中心，创新发展。发展是解决我国一切问题的关键。新目标、新斗争、新方略统一于解决新矛盾的伟大实践之中。

269.《人工智能技术条件下"人的全面发展"向何处去——兼论新技术下劳动的一般特征》

作者：张新春、董长瑞

期刊：《经济学家》

刊期：2019 年第 1 期

劳动是人类存在的本质形态。马克思从历史唯物主义和实践唯物主义出发，直击资本主义要害，提出"异化劳动"理论，对资本主义社会中的"人"进行考察，为我们研究现实中人的全面发展问题提供了视角和方法。在人工智能技术经济范式下，劳动主体、劳动内涵、劳动分工、劳动生产率、劳动的社会功能都将发生深刻变化，并通过生产系统载体变革，催生促进人的全面发展的劳动机遇。这种变化为技术革命中停滞的过剩人口向"完整的人"过渡提供了条件，服务于人的全面发展的新兴行业将逐渐兴起，劳动由生存手段向发展手段转变越来越明显，教育与生产深度融合将是新的生产力条件下"劳动方式—人的发展"这一哲学纽带的新模式。

270.《论国企的根本问题是资本问题——〈资本论〉框架下的国企改革分析》

作者：张馨

期刊：《财贸经济》

刊期：2014 年第 7 期

本文以《资本论》为理论框架分析国企改革问题，得出国企的根本问题是"资本"问题这一核心结论,并指出由于国有资本的"逆人格化",使得"政资不分"成为国企问题的根本症结。为此,本文以"政资分开"为主线,沿着企业—国家—政府单元—第三财政的路径,逐步探讨国企改革问题,并提出相应的改革主张:第一,"混合所有制"的国企也仍然要"政资分开";第二,国企应进行双重本性分离的分类改革;第三,各政府单元应实行"资本"与"资金"分离;第四,第三财政应分别纳入公共财政与国有资本财政管理;第五,依靠融入市场根本解决国企的"政资不分"问题。

271.《对计划与市场关系的再认识——从列宁到邓小平》

作者:张兴祥、洪永淼

期刊:《中国经济问题》

刊期:2019 年第 1 期

计划与市场的关系问题,实质上是社会主义与市场经济的关系问题,同时,它又是"什么是社会主义,如何建设社会主义"的核心问题。列宁在实施"新经济政策"时已在这方面作了大胆探索。改革开放后,邓小平在"什么是社会主义,如何建设社会主义"这一问题上回归到列宁的逻辑起点,并沿着相似的路径进发,既继承后者的思想,又大大超越后者。这些超越,不仅体现在理论层面,也体现在实践层面。在改革开放 40 周年之际,对列宁和邓小平相关实践与理论探索所形成的思想发展逻辑进行回顾和梳理,重新认识计划与市场的关系,无疑具有重要的理论意义和现实意义。

272.《壮大集体经济、实施乡村振兴战略的原则与路径——从邓小平"第二次飞跃"论到习近平"统"的思想》

作者:张杨、程恩富

期刊:《现代哲学》

刊期:2018 年第 1 期

从邓小平"第二次飞跃"论和习近平"统"的思想出发，壮大集体经济与实施乡村振兴战略是相互依存、荣衰与共的。新时代亟须重温"第二次飞跃"论的高瞻远瞩战略和习近平"统"的思想，科学认知两者关系，挖掘习近平"统"的思想所蕴含的"经济大合唱"思想、"大农业"思想、"统"与"分"的辩证思想、"四条底线"思想、"贫困村集体经济较弱"思想的五大内涵，在新时代改革发展实践探索中可以开辟一条壮大集体经济以及实施乡村振兴战略的有效路径。

273.《社会主义政治经济学的历史演变——兼论中国特色社会主义政治经济学的历史贡献》

作者：张宇

期刊：《中国特色社会主义研究》

刊期：2016年第1期

社会主义政治经济学是马克思主义政治经济学的重要组成部分。马克思和恩格斯关于未来社会经济特征的理论，奠定了社会主义政治经济学的基础。传统的社会主义政治经济学是社会主义政治经济学的第一个理论形态，其核心思想是公有制基础上的计划经济。随着计划经济向市场经济的转型，社会主义政治经济学也发生了深刻的变化。中国特色社会主义政治经济学是马克思主义政治经济学基本理论与中国具体实际相结合的最新理论成果，是当代中国马克思主义政治经济学的集中体现，开拓了马克思主义政治经济学新境界，丰富了人类经济思想的宝库。

274.《关于中国特色社会主义政治经济学的若干问题》

作者：张宇

期刊：《国家行政学院学报》

刊期：2016年第2期

社会主义政治经济学是关于社会主义经济制度及其发展规律的科学，是马克思主义政治经济学的重要组成部分。党的十一届三中全会以来，中国共产党把马克思主义政治经济学基本原理同改革开放新的实践结合起来，不断丰富和发展马克思主义政治经济学，创立了中国特色社会主义政治经济学，其主要内容包括：关于中国特色社会主义经济的本质，关于社会主义基本经济制度、社会主义基本分配制度、社会主义市场经济、社会主义对外开放、中国特色社会主义经济发展等。既体现了科学社会主义的基本理论，又体现了当代中国的国情和时代特点，同时体现了经济发展和制度变迁的一般规律，丰富和发展了人们对社会主义制度、市场经济和经济发展的认识。

275.《中国经济新常态的趋势性特征及政策取向》

作者：张占斌

期刊：《国家行政学院学报》

刊期：2015 年第 1 期

科学研判宏观经济的新走势，准确认识经济新常态的新特征，主动适应并引领中国经济新常态，是站在新发展阶段起点上的中国需要面对的重大问题。本文围绕习近平总书记重要讲话和中央经济工作会议的精神，对中国经济新常态的趋势性变化和特征进行分析阐释，对我国宏观经济政策的基本取向和预期目标提出若干看法，对全面深化改革创新、主动适应和引领中国经济新常态提出政策思路建议。

276.《关于中国经济新常态若干问题的解析与思考》

作者：张占斌、周跃辉

期刊：《经济体制改革》

刊期：2015 年第 1 期

从 2014 年 5 月到 2014 年 11 月底，习近平总书记已"三提"新常态。在 2014 年的 APEC 工商领导人峰会开幕式上，习近平总书记首次全面而系统性地阐述了中国经济新常态的主要特点、发展机遇、战略举措等重要思想。本文拟从中国经济新常态的提出背景、基本特征、思维理念、改革路径等角度，结合党的十八大、党的十八届三中全会和习近平总书记关于经济工作系列重要论述等内容，对习近平总书记关于中国新常态的思想进行解析和分析，供理论界研究参考。

277.《论构建中国特色社会主义政治经济学》

作者：张占斌、钱路波

期刊：《管理世界》

刊期：2018年第7期

中国特色社会主义政治经济学作为马克思主义经济学中国化的最新成果，深刻回答了实践和时代提出的新课题，有力地指导了我国经济发展的实践，开拓了马克思主义政治经济学的新境界，丰富了人类经济思想宝库，具有重大的理论价值和实践意义。中国特色社会主义政治经济学呈现出自身的理论特性，表现在：紧扣发展的时代性、保障发展方向的准确性、凸显发展目的的人民性以及彰显发展眼光的世界性。随着中国特色社会主义发展进入新时代，中国特色社会主义政治经济学也形成了适应我国社会主要矛盾转化、贯彻新发展理念、建设现代化经济体系、转向高质量发展等为核心内容的完整理论体系。坚持和发展中国特色社会主义政治经济学，必须在把握其政治原则、根本原则、核心原则、基础原则、价值原则的基础上，不断开拓中国特色社会主义政治经济学的发展路径：一是要坚持以习近平新时代中国特色社会主义经济思想为指导；二是进一步拓展中国特色社会主义政治经济学的研究对象范围；三是把体系创新与运用创新有机结合起来；四是对中国特色社会主义经济建设的重大历史经验进行总结；五是充分吸收并合理借鉴西方经济学的科学成分。

278.《习近平新时代中国特色社会主义经济思想的学理逻辑》

作者：张占斌、钱路波

期刊：《国家行政学院学报》

刊期：2018年第6期

习近平新时代中国特色社会主义经济思想是我国经济发展实践的理论结晶，其逻辑起点和时代坐标是中国特色社会主义发展进入新时代；其逻辑内核和理论依据是我国社会主要矛盾发生新变化；其逻辑统领和政治保障是坚持党对经济工作的集中统一领导；其逻辑指向和重要目标是全面建设社会主义现代化强国；其逻辑枢纽和主要内容是贯彻新发展理念、推动经济高质量发展；其逻辑重心和关键支撑是加快构建现代化经济体系；其逻辑主线和价值取向是在坚守"以人民为中心"的发展基础上实现共同富裕。上述学理逻辑深刻反映了习近平新时代中国特色社会主义经济思想基于对中国经济现实的全面分析和冷静思考，开拓了21世纪马克思主义政治经济学的发展新境界。

279.《从〈资本论〉看国际金融危机的生成和运行机制》

作者：张作云

期刊：《管理学刊》

刊期：2012年第2期

虽然西方四代金融危机理论模型在一定程度上接触到了问题的现实，但毕竟是对危机生成和运行机制的表象描述，在世界观上是唯心的，在方法论上是形而上学的。马克思在《资本论》等著作中，从不同方面对危机的生成和运行做了大量论述。笔者以马克思的立场、观点、方法为指导，沿着马克思提供的思路对当代金融危机的生成和运行机制（大体包括原生机制、动力机制、加速机制、传导机制和实现机制等）进行了深入研究。这些机制相互联系、相互作用、互为条件，形成一个有机整体，具有整体性、综合性、系统性等特征。研究当代金融危机要站在国际垄断资本主导世界经济的山巅之上，运用系统论的方法对其进行研究，力戒形而上学的表面性、片面性和均衡性。

280.《〈资本论〉与当代金融和经济危机作用的二重性》

作者：张作云

期刊：《华南师范大学学报（社会科学版）》

刊期：2012 年第 4 期

金融和经济危机是一个矛盾着的事物，既有它的正面，即对经济社会运行产生破坏作用的一面；也有它的背面，即通过破坏旧基础，创造新条件，为经济社会发展开辟新局面的一面。危机对经济社会运行的积极作用，不是直接地、以现象形式呈现在人们面前，而是以极其隐蔽的形式，在危机现象背后，从侧面或反面，通过暴力破坏原有过程、清理旧基础、开辟新局面实现的。马克思在《资本论》及相关著作中，运用辩证法的望远镜和显微镜，结合资本主义再生产的实际，在对金融和经济危机的破坏性进行分析的同时，也从另一角度对其积极作用进行了分析和揭示。研究和分析当代国际金融和经济危机，要以马克思为榜样，坚持辩证法，反对形而上学，不仅要看它的正面，也要看它的背面，抓住机遇，迎接挑战，使我们的社会主义现代化建设立于不败之地。

281.《国际金融和经济危机后我国发展面临的挑战》

作者：张作云

期刊：《管理学刊》

刊期：2014 年第 3 期

自 2007 年国际金融和经济危机发生以来，世界经济和政治形势发生了深刻变化，国际关系尤其是大国之间的关系正处于调整期，整个世界呈现出大动荡、大分化、大调整、大变革的险象环生的局面。对于我国的经济社会发展来讲，这既是严峻的挑战，也是难得的机遇。我国面临的挑战，既有来自国际的，也有来自国内的。来自国际的挑战，既包括经济方面的，也包括政治、外交、军事、文化意识形态和周边环境等各个方面的。来自国内的挑战，则主要表现为我国经济建设、政治建设、社会管理、思想文化意识形态建设等方面存在的诸多困难和问题。机遇与挑战相比较而存在，它们相互斗争推动了我国经济社会发展。看待这一问题，要多点辩证法，少点形而上学主义。

282.《马克思生产力理论的嬗变与唯物史观的形成》

作者：赵华灵

期刊：《当代世界与社会主义》

刊期：2012 年第 1 期

唯物史观认为，物质生活资料的生产方式决定人类社会发展的历史进程，生产力又是生产方式中最根本的物质推动力量。同时，唯物史观作为一种"新"唯物主义，"新"就新在把物质看作"为我之物""历史之物"与"客观之物"的统一体。主要形成于马克思《评李斯特手稿》中的生产力理论，因实现了历史主客体的统一，而构成唯物史观建立的理论基石，体现了唯物史观"自然历史过程"的基本特性，为马克思正确分析社会历史动态原象、认识社会历史发展规律奠定了理论基础，唯物史观的诸多重大原理也在此基础上得到科学表述。

283.《资本逻辑与马克思的三大社会形态理论——重读〈资本论〉及其手稿的新领悟》

作者：赵家祥

期刊：《学习与探索》

刊期：2013 年第 3 期

中国理论界对马克思的三大社会形态理论及其与五种社会形态理论的关系有着不同的理解。有人把二者对立起来，用三大社会形态理论否定五种社会形态理论；有人认为二者在本质上是统一的，在说明社会发展全过程的作用上是互补的。但争论双方却有一个共同点，即都没有按照资本的逻辑和历史解读马克思的三大社会形态理论。按照资本的逻辑和历史，从三大社会形态理论提出的逻辑考察、人的依赖性社会的特点及其解体过程、物的依赖性社会的实质及其拜物教性质、物的依赖性社会为个人全面发展的社会创造条件、个人全面发展的社会的特点及从必然王国向自由王国的飞跃五个方面，可以进一步明确三大社会形态理论的特点和实质。由此得到的一个结论是：三大社会形态理论与五种社会形态理论存在差别，但二者又具有一致性、统一性。

284.《习近平经济思想探析》

作者：赵锦辉、吴三来

期刊：《经济学家》

刊期：2018年第8期

中国特色社会主义进入新时代是习近平经济思想产生的前提条件。习近平经济思想是习近平新时代中国特色社会主义思想的重要组成部分，是中国特色社会主义政治经济学的最新成果，是新时代指导我国经济建设的行动纲领。习近平经济思想坚持用马克思主义的基本立场、基本原理、基本方法分析我国现实经济问题，它比较系统地初步回答了新时代中国特色社会主义经济建设的领导力量、奋斗目标、奋斗阶段、主要矛盾、总体布局、经济体制改革目标、发展理念、工作主线、指导方法等一系列重大问题，又是需要随着实践不断发展的理论体系。

285.《经济全球化下马克思国际价值理论的创新与发展》

作者：赵景峰

期刊：《中国市场》

刊期：2012年第40期

经济全球化是当代世界经济的发展趋势，经济全球化的发展，一方面，为继承和发展马克思国际价值理论提供了实践条件；另一方面，当代经济全球化条件下，产品生产已经实现了全球化，又为继承和发展国际价值论提出了新问题。中国一定要充分利用自己的优势，实现利益的最大化。

286.《"一带一路"战略与人类命运共同体建构》

作者：赵宪军

期刊：《湖南省社会主义学院学报》

刊期：2016 年第 1 期

"一带一路"是我国在新形势下顺应世界多极化、经济全球化、文化多样化、社会信息化的潮流，秉持和平合作、开放包容、互学互鉴、互利共赢的丝路精神，致力于区域合作、维护全球自由贸易体系和开放型世界经济发展战略，是新世纪超越社会制度，超越国界，超越民族，构建人类命运共同体的大战略。

287.《新时代社会主要矛盾的本质属性与形态特征》

作者：赵中源

期刊：《政治学研究》

刊期：2018 年第 2 期

人民日益增长的美好生活需要和不平衡不充分的发展之间的矛盾，相对于人民日益增长的物质文化需要同落后的社会生产之间的矛盾，其基本内涵与矛盾的主要方面都发生了改变，更加强调生产方式的转型升级和发展的质量与效益，更加强调生活方式与生产方式的内在统一，更加注重新时代人民生活的内涵、品质与价值。新的主要矛盾论断是基于新的实践要求的理论创新与发展，体现了解放思想、实事求是的精神，为中国特色社会主义发展进入新时代作了有力注解。同时，我们也应该看到，新的社会主要矛盾仍然属于"需要"与"生产"之间矛盾的基本范畴，在我国社会主义初级阶段基本国情和最大发展中国家地位没有改变的大前提下，国家改革发展的主要问题与中心任务仍不会改变，这决定了中国社会主要矛盾的本质属性无法根本改变。但随着中国特色社会主义的实践演进，社会主要矛盾势必呈现出新的形态与特征。

288.《马克思主义社会矛盾理论视域下我国社会主要矛盾的转变》

作者：周海荣、何丽华

期刊：《社会科学》

刊期：2018 年第 4 期

社会主要矛盾具有阶段性和发展性，深刻理解我国社会主要矛盾的转变，需要在马克思主义社会矛盾理论框架下厘清社会主要矛盾的决定因素及其与社会基本矛盾的关系。相对于阶级社会以阶级斗争为主要矛盾，社会主义社会主要矛盾在"非对抗性"生产关系的基础上回归到生产与需要之间的矛盾，这决定了社会主义社会各个阶段的主要矛盾会在社会生产的发展与人的需要之间展开。新时期我国社会主要矛盾转变为"人民日益增长的美好生活需要和不平衡不充分的发展之间的矛盾"正是这种矛盾运动的结果，其最终目标是以合理充分的发展满足人自由全面发展的需要。党的十九大对主要矛盾的新概括是对当前历史条件下我国社会主要矛盾的科学把握。

289.《中国国有企业改革：经验、困境与出路》

作者：周敏慧、陶然

期刊：《经济理论与经济管理》

刊期：2018 年第 1 期

作为国有企业产权改革主要模式，"混合所有制"改革是否有助于确保国有资产保值增值，是否有助于推动中国经济可持续发展等问题仍存在探讨空间。本文基于对改革开放以来中国国有企业改革的成就和教训的考察，提出"混合所有制"可以作为竞争性部门国有企业改革的一个过渡形式；对于垄断央企的改革应该充分借鉴国际上自然垄断行业的改革经验，打破行政垄断，推动竞争性框架建立，并切实实现从"管企业"逐步调整为"管资本"，通过改革实现国有资产的保值增值，并为经济创造新的增长点。

290.《"互联网+"推动的农业生产方式变革——基于马克思主义政治经济学视角的探究》

作者：周绍东

期刊：《中国农村观察》

刊期：2016 年第 6 期

马克思主义经典作家将人类历史上的农业生产方式分为小农生产方式、资本主义农业生产方式和社会主义农业生产方式三种形式。由于农业生产过程不易实现社会化大生产，小农生产方式并未像经典作家所预言的那样，发展成为资本主义农业生产方式。基于"生产力—生产方式—生产关系"分析框架，本文提出："互联网＋"作为一种新的生产力形态，改变了农业生产中劳动者与生产资料的结合方式，不仅有助于解决农业企业化经营模式中资本监督劳动的问题，也有助于提高农业家庭经营模式中的规模经济效应，还可以通过产品创新和社会分工广化来弥补农业生产过程中难以实现流程专业化和纵向分工的缺陷。社会主义农业的发展方向是在技术上超越小农生产方式，同时在生产方式和土地所有制上有别于资本主义农业的新型生产方式。

291.《现代化经济体系：生产力、生产方式与生产关系的协同整体》

作者：周绍东、王立胜

期刊：《中国高校社会科学》

刊期：2019 年第 1 期

建设现代化经济体系是社会主义经济体系发展的必然结果、完善社会主义市场经济的必经路径、适应社会主要矛盾变化的客观要求，同时也是提升国际经济话语权的现实需要。构建现代化经济体系不仅要求进一步提升生产力水平，还要求协同推动生产方式演进和生产关系变革。应从生产力、生产方式与生产关系的整体把握现代化经济体系的丰富内涵，同时，以新发展理念引领现代化经济体系的建立和完善。

292.《中国特色社会主义政治经济学：渊源、发展契机与构建路径》

作者：周文、宁殿霞

期刊：《经济研究》

刊期：2018 年第 12 期

本文从《资本论》启示和唯物史观运用的阐述逻辑出发，通过马克思主义政治经济学的生成与发展路径透视中国特色社会主义政治经济学的历史进步意义，进而反思政治经济学核心范畴内涵的历史转向与嬗变，并以此在新的经济现实与政治经济学范畴和内涵条件下提出构建中国特色社会主义政治经济学的新思路。中国特色社会主义政治经济学的构建过程事实上就是社会主义生产关系背后经济规律的揭示过程，因此中国特色社会主义政治经济学构建应该立足于中国实践，提炼中国经验，主要围绕四个维度进行思考：中国道路与世界历史辩证统一，唯物史观与问题导向有机结合，阐发政治经济学核心范畴的时代内涵，发掘中国特色社会主义市场经济成功实践的思想资源。

293.《再论中国特色社会主义市场经济体制》

作者：周文、包炜杰

期刊：《经济学家》

刊期：2019 年第 3 期

在改革开放 40 周年和中美贸易摩擦的大背景下认识中国特色社会主义市场经济体制，一方面，需要从理论上澄清"社会主义市场经济非市场经济论""国家资本主义论""国进民退论"（私企退出论）等错误观点，另一方面，要进一步揭示和阐明社会主义市场经济的体制优势，即发挥"社会主义基本制度"和"市场经济"两个方面的优势及坚持政府与市场的辩证关系。针对美国在贸易战中对我国的污名化指称以及社会主义市场经济实践基础上理论创新的现实需求，我们认为，应当摆脱关于"社会主义市场经济是不是市场经济"的语词之争，从现代化经济体制层面把握社会主义市场经济，避免西方话语陷阱，积极构建以社会主义市场经济为基础的中国特色社会主义政治经济学。

294.《高质量发展的政治经济学阐释》

作者：周文、李思思

期刊：《政治经济学评论》

刊期：2019 年第 4 期

改革开放以来，中国经济经历了长达 40 年的快速增长，取得了举世瞩目的成绩，然而高速增长带来的诸如经济社会结构失衡、环境污染等问题日益凸显。高质量发展是中国准确把握经济新常态阶段性特征，推进中国由大到强的关键转变，也是抓住世界大环境变革机遇，提升国际地位的有力转变。高质量发展正在掀起我国经济领域一场广泛而深刻的变革，带来从理念到实践的全面革命。2018 年高质量发展成为国内讨论的热点，学者们已从不同角度对高质量发展进行了阐释，然而现有文献中从政治经济学角度阐述高质量发展的较少，基于此，本文力求从马克思主义政治经济学的视角解析高质量发展的内涵，即高质量的发展是物质资料生产方式顺应时代潮流的伟大转变，是生产力的发展与生产关系的变革的统一。高质量发展一方面要求解决生产力内部要素的矛盾，以推进生产力自身的发展；另一方面要通过深化改革调整生产关系以适应生产力的发展，促进生产力进一步解放和发展。

295.《国家主体性、国家建构与建设现代化经济体系——基于西欧、美国与中国的现代化发展经验》

作者：周文、包炜杰

期刊：《经济社会体制比较》

刊期：2018 年第 5 期

"建设现代化经济体系"是当前我国经济体制改革的一个重大命题。如何才能建设现代化经济体系，真正实现"国家强"和"顺应现代化发展潮流"呢？对于这一问题的回答，不仅要借鉴现代化发展的国际经验，探讨现代世界形成过程中国家富强的根本原因，更要立足于我国国情和发展实践，提炼和总结"中国奇迹"背后所蕴含的基本规律，从而揭示建设现代化经济体系的关键要素。从发达国家的现代化经验来看，西欧的国家传统和美国的制造业传统是国家富强和实现现代化的内在关键；从"中国奇迹"

的基本规律来看，正确处理政府与市场的关系是社会主义市场经济取得成功的根本原因。文章通过对现代化经验的比较分析和借鉴吸收，结合建设现代化经济体系的战略安排，提出以下三条建议：第一，在发展导向上凸显新时代中国特色社会主义的国家主体性；第二，在经济体制上基于政府与市场的辩证关系强化有效国家建构；第三，在产业体系上大力发展以制造业为核心的实体经济。

296.《牢牢把握发展混合所有制经济的方向——关于混合所有制经济同基本经济制度的关系的一点看法》

作者：周新城

期刊：《经济理论与经济管理》

刊期：2014 年第 12 期

十八届三中全会提出发展混合所有制经济以来，理论界就混合所有制问题展开了激烈的讨论。争论的焦点在于，我们为什么要发展混合所有制经济？发展混合所有制经济的目的是什么？混合所有制经济应该朝什么方向发展？本文将基于十八届三中全会的内容，谈论关于混合所有制经济的一些看法。发展混合所有制经济是全面深化改革的一个组成部分，而经济改革的目标是完善和发展中国特色社会主义基本经济制度；从促进不同所有制经济共同发展、巩固和增强公有制的主体地位，增强国有经济的主导作用以及鼓励、支持和引导非公有制经济朝着有利于社会主义方向发展，牢牢把握并推动混合所有制经济成为基本经济制度的重要实现形式。

297.《收入再分配的理论基础：基于社会贡献的原则》

作者：朱富强

期刊：《经济学家》

刊期：2014 年第 8 期

收入再分配成为中国现阶段的重要议题，但现代主流经济学却难以为之提供理论支持。究其原因，现代主流经济学将市场机制下的工资收入视为人们的劳动贡献或应得权利的体现，从而是合理和正义的。但是，为市场收入的合理性进行辩护的两个基本理论——边际生产力分配理论和资格理论都存在致命的逻辑缺陷。事实上，现实市场机制下的收入分配并不是由劳动贡献决定的，而是由特定的分配规则决定的，而分配规则涉及其他非技术和经济的因素。因此，在既有的市场机制和分配制度下的初始分配收入往往存在很大的不正义性，这就从社会正义的角度为收入再分配提供了理论基础。

298.《习近平新时代中国特色社会主义经济思想的一致性、整体性与创新性——纪念新中国成立70周年》

作者：庄尚文、朱晨之、许成安

期刊：《首都经济贸易大学学报》

刊期：2019年第2期

新时代中国特色社会主义的发展需要深入贯彻习近平新时代中国特色社会主义经济思想。结合相关文献，系统梳理习近平新时代中国特色社会主义经济思想的源流、内容及其理论贡献，并论述习近平新时代中国特色社会主义经济思想的一致性、整体性与创新性。习近平新时代中国特色社会主义经济思想是对马克思主义与中华优秀传统文化的融合与继承，是对中国特色社会主义伟大实践的提炼与升华，是对传统经济学关于政府与市场二元思维的突破与创新。

299.《新时代乡村振兴与新型城镇化融合发展的理论依据与实现路径》

作者：卓玛草

期刊：《经济学家》

刊期：2019年第1期

乡村振兴与新型城镇化如"鸟之双翼、车之双轮"，中国共产党将马克思、恩格斯城乡理论与当代中国实际相结合，在十九大报告中提出"实施乡村振兴战略"目标新定位、战略新思想、发展新思路。城乡关系重塑以

"城乡统筹—城乡发展一体化—城乡融合"的逻辑主线进入新时代。只有牢牢把握习近平中国特色社会主义经济思想及"三农"思想精髓,才能深刻理解"'三农'问题是农业与二、三产业融合发展的结构问题、'三农'问题是农民、农民工'人的全面发展的问题'、是城乡'共生互动'的融合发展问题"的理论依据;只有深刻理解中国城镇化道路的独特机制和"以人为本"的新型城镇化协调推进道路的模式选择,才能构建新时代乡村振兴与新型城镇化双轮驱动,实现"统筹融合式、共生可持续、包容一体化、高效高质量"的实现路径。

300.《习近平新时代中国特色社会主义金融思想研究》

作者:邹新悦、蔡卫星、潘成夫

期刊:《广东财经大学学报》

刊期:2018年第2期

习近平金融思想是指导我国金融改革发展稳定的行动指南,可将之阐释为战略性、本源性、安全性及创新性四个层面。根据逻辑体系可将其进一步概括为:一个关系处理,即金融发展战略应处理好政府与市场之间的关系,金融资源配置市场发挥决定性作用,同时政府承担有效的宏观调控功能;两个服务到位,即金融服务于供给侧结构性改革,服务于国家重大战略大局;三个体系创新,即金融体系供给创新、金融监管体系创新、金融调控体系创新;四个安全管理,即金融机构内控安全、金融市场主体规范安全、金融开放监控安全、金融环境生态安全;五大理念贯彻,即金融创新、金融协调、金融绿色、金融开放、金融共享等核心内容。习近平金融思想是马克思主义中国化的最新成果,是回应世界金融发展的重大理论创新,是新的历史起点上我国金融工作的行动指南,亦是习近平新时代中国特色社会主义思想均衡观在金融领域的具体践行。

后 记

自 2017 年首发以来，编写组已连续四年对中国政治经济学学术影响力进行评价。本年度报告仍以学术刊物发表的论文作为评价基准，系统梳理了 2012—2019 年中国政治经济学的学术进展状况。本年度报告选取了三十个细分政治经济学研究主题进行学术评价，评选了每个主题最具影响力的学术论文并进行了内容概述。本年度报告还开展研究载体评价，对开展政治经济学研究的学术机构和发表政治经济学论文的学术刊物进行了学术影响力评价。本年度报告完善了评价方法，修正了影响力指数的权重参数。我们真诚地希望政治经济学学界的各位同仁对报告提出宝贵意见和建议，编写组的联系方式是：00031959@whu.edu.cn。

《中国政治经济学学术影响力评价报告·2020》编写组

2020 年 6 月

图书在版编目（CIP）数据

中国政治经济学学术影响力评价报告.2020/王立胜,程恩富主编.—济南：济南出版社,2020.11
 ISBN 978-7-5488-4412-9

Ⅰ.①中… Ⅱ.①王…②程… Ⅲ.①中国特色社会主义—社会主义政治经济学—学术评议—研究报告—2020 Ⅳ.①F120.2

中国版本图书馆 CIP 数据核字（2020）第 229698 号

出 版 人	崔　刚
责任编辑	郑　敏　张　倩　任肖琳
装帧设计	侯文英
出版发行	济南出版社
地　　址	山东省济南市二环南路 1 号（250002）
编辑热线	0531-82056181
发行热线	0531-86131728　86922073　86131701
印　　刷	济南新科印务有限公司
版　　次	2020 年 11 月第 1 版
印　　次	2020 年 11 月第 1 次印刷
成品尺寸	170mm×240mm　16 开
印　　张	19.5
字　　数	400 千
定　　价	89.00 元

（济南版图书,如有印装错误,请与出版社联系调换。联系电话:0531-86131736）